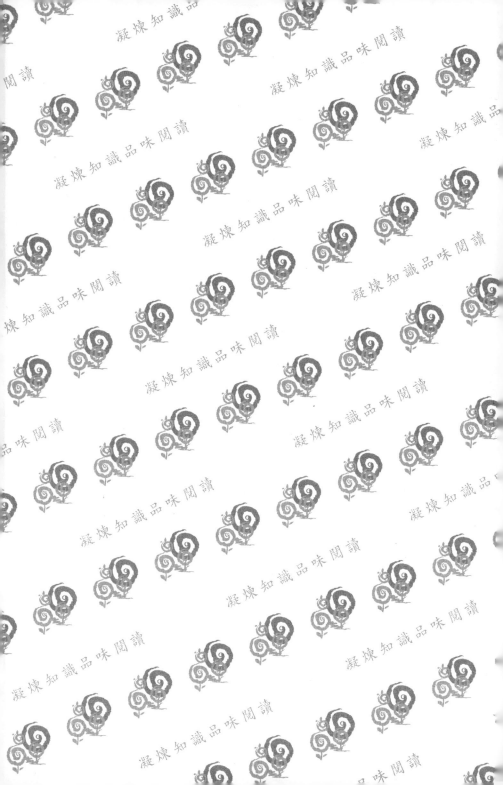

論辯與推理

先秦思維方法的
對比與轉化

李賢中　著

五南圖書出版公司 印行

自 序

　　由於人類的理性運作有其共同性，因此「推理方法」不僅存在於西方，中國與印度的文化傳統中，也有各具特色的「推理」思想。「Logic」在印度稱為「因明」，是有關探究事物原因的學問；在中國則曾被稱作「名學」、「辯學」或「名辯學」。從中國推理方法與西方邏輯相通的一面看，固然有一些相同的要素；不過，由於自然、人文環境的不同，語言表達上的差異，中、西思維方式也有其各自特殊的一面，包括推理的目的、表現方式、主要推理類型等面向都有別於印度與西方。在西方所發展的邏輯系統，重視推論的必然性、正確性，而華人的思維方法相對來說，則較著重改變人行為的實用性與有效性，像在中國古代說服君王的想法、論辯治國之道以及倫理、教化等問題，所涉及的許多思辨、推理方法。在表現方式上，古希臘最早的邏輯研究，受到幾何學與數學的影響，因此亞里斯多德（Aristotle，西元前384-322）的「三段論」既有明確的論式，也有系統的推演規則。中國古代不同於希臘的這種純演繹的推理方式，而是以「類比推論」為主，類比推論的內容涉及接收訊息者的主觀聯想與解讀，因此不能僅從推論形式上考察，還涉及思想內容在文化、思潮脈絡下的可推、不可推或如何推等問題。這些差異源於不同的文化背景和社會條件，思維方法、推理方式與人們的生活環境有密切的關係，因此，思維方法、推論形式與思想內容以及外在環境因素都有連帶的關係，需要視為一整體來進行探究。

　　近數十年來，有關中國名學、辯學、名辯學及中國邏輯史的研究，已有相當之成果。如早期的虞愚、汪奠基、沈有鼎、溫公頤；之後的孫中原、崔清田、劉培育、周云之等學者，以及他們所培養出的一批

中壯年學者，大都已在中國各大學任教，在學術界有一定之影響力，在他們的相關著作中已有初步系統及持續性的發展。至於臺灣學界對於中國古代論辯與推理方法的關注則相對較少。

從以往的研究成果來看，研究者首先會確立研究的範圍，再透過閱讀各個家派或某思想家之文獻，進行理解、詮釋、重構等程序，篩選出與「推理」相關的材料。或某些研究者基於對「邏輯」此一概念內涵的理解與把握，再進行材料篩選。在名稱方面，有些學者為區別與西方「邏輯」的不同而採用「名辯思想」或「名辯邏輯」來表述。基本上，許多學者已發現依循《墨子·小取》中的名、辭、說、辯結構，或《荀子·正名》中的名、辭、辨說結構來進行研究是可行之路，並擴大涵蓋範圍，將「認知」與「知識」的相關材料，如《墨經》、《荀子》、《公孫龍子》等認識論的相關思想納入研究對象，因為「名」的確立來自正確的認識，認知的結果為「實」，而「名」反映「實」的內涵；透過概念之「名」組成語句之「辭」，經由不同的語句、推理的「說」構成論點不同的「辯」等思想內容。因此大體上，整個先秦名辯思想的理論是在：認知、名、辭、說、辯的理論架構下，進行相關材料的解讀，研究其中的思維方法與推理規則，進而加以比較並嘗試建立系統。

相應於中國古代名辯學的發展脈絡，本書《論辯與推理——先秦思維方法的對比與轉化》的內容，可分為三大部分。其一，談名辯與推理：介紹荀子、墨子、韓非子的名辯思想與先秦儒、道、墨、法、名各家的推理方法，是對名辯思想的基本概念與推理方法的介紹。其二，論辯方法與比較：先從出土文獻《戰國縱橫家書》說明縱橫家蘇秦的論辯方法，再將墨子與蘇秦、墨子與孟子、孟子與荀子的論辯觀與方法進行比較。其三，名辯思想的轉化與應用：從墨家思維方法來掌握意義單元的「思想單位」，並從名家公孫龍、惠施及辯者的思想，以及「思想單位」的意義架構來比較儒家與墨家的論辯；此外也將「思想單位」應用於哲學諮商和管理學的跨域研究，進行古代思想的對比整合、古今互通

的對比應用。全書從名、辭、說、辯析論，比較到轉化、發展與應用，有其整體性的理路架構。

　　在中國古代學術研究方面，學界較重視各家各派實質內容的研究，對於古人如何進行思考及其推理方法，則較爲忽視。雖然許多人並沒有意識到思維方法的重要性，但每個人的工作、生活、人際互動中，經常都要運用思辨、推理等思維方法，以解決問題。在教育上，我們也需要訓練學習者具有發現問題、分析問題、解決問題的能力，當我們思考日常問題或進行道德推理時，除了學習西方邏輯之外，也要了解中國古代思維方法與推理應用的智慧。因此本書將筆者近年有關中國名辯學的研究成果集結成冊，或可有拋磚引玉之效，提供有興趣的同道做進一步的討論與研究。此外，由於古代思維方法所具備的實用性與有效性，如何推廣應用於現代生活，這也是值得發展的方向，期待讀者們的回饋與指教。

李賢中
於臺灣大學哲學系水源校區
2023年春

目　錄

第壹部分　名辯與推理

第貳部分　論辯方法與比較

第參部分　名辯思想的轉化與應用

第壹部分

名辯與推理

荀子的名辯思想在先秦哲學中有相當的代表性，荀子的認知思想為其正名思想之基礎，名、辭為構成辯說的組成元素，注重合宜表達、有效的溝通。其中的「約定俗成」為其正名思想的重要原則，目的在於建立以禮義為客觀軌範的有序社會。他的名辯思想，涉及認知主體的能力、認知的對象、認知的過程、名的性質與作用、制名的原則與方法、辯說的態度、判準與方法等相關問題的探討。本書第一章即探討「《荀子》名辯思想」，荀子的名辯思想在他人性、倫理、政治思想中，也有相當重要的理論地位。

先秦名辯思想，在「名」與「說」、「辯」之間還有「辭」必須探究。《墨子‧魯問》說：「翟以為不若誦先王之道，而求其說，通聖人之言，而察其辭，上說王公大人，次匹夫徒步之士。王公大人用吾言，國必治；匹夫徒步之士用吾言，行必脩。」墨家探討「辭」有其實用上的目的，由於先王的思想、聖人的言論都是以文字保留下來，因此墨家運用古代聖王的思想來說服戰國時代各階層的人，必須要「察其辭」，也就是要考察其文辭中的意義，第二章的主題即「《墨子‧小取》論『辭』的意義」。墨家〈小取〉中提供了許多探討辭意的線索，值得我們深入考察。

探討完「辭」之後，接下來就要研究「辯」。辯說涉及推理，古代以「推類」為主要推論形式，而「同」就是重要概念；「同」是兩事物比較的結果，也是推論的重要根據。「推」是墨家辯學中的推論形式之一，在辟、侔、援之後，包含論證與反駁兩種功能。第三章〈論「同」與「推」〉列舉先秦儒、道、墨、法、名各家對於「推」的運用，進而指出基於「同」而「推」以及經由「推」以致「同」的思維過程，說明「推」與「同」所構成的「推類」特性。「同」與「推」是先秦邏輯的基本概念，必須準確掌握才能了解先秦名辯學的核心思想。

中國哲學的發源階段在先秦時期，先秦時代的最後一個學派且發揮極大影響力的是法家哲學，法家集大成者──韓非，其思想受到儒、

道、墨、名各家思想的影響。韓非的思想內容務實而犀利，促使秦國統一六國，因此第四章探討「《韓非子》的思維方法」。其思維方法包括：辟式、歸納式、推式、兩難式、連珠體等，是韓非建構其思想的重要方式。韓非的思維方法與其建立富國強兵的法治思想有密切的關係，他透過各種說服性推理論證，強調法的周遍性，推導出「法」的哲學基礎，雖然執行的手段嚴厲，但仍企圖謀求人民長遠之利益。其政治影響展現在法、術、勢的綜合運用與權衡，以及應變而變的思辨精神。

第一章
《荀子》名辯思想

一、名辯思想在《荀子》思想中的理論地位

所謂「名辯思想」，乃是指：探討認知、表達、辯論、說服及相關問題的思想，主要以「知」、「名」、「辯」三範疇爲探討對象。名的產生來自認知的結果，「名」組成「辭」，「辭」構成「說」，不同的論說形成「辯」；而「名辯思想」就是擷取其中「名」與「辯」這兩個代表性概念，來指稱這一類型的思想。名辯思想是荀子尋求建立社會秩序的解決方案之一，本章探究其認知、正名與辯說思想在其治亂思想中的內涵與作用。以下先就荀子認爲「社會失序、國家混亂」之原因進行分析。

（一）禮義、忠信、法制不彰

> 古者禹、湯本義務信而天下治，桀、紂棄義倍信而天下亂。故爲
> 人上者，必將愼禮義，務忠信，然後可。此君人者之大本也。
> （〈彊國〉）

荀子認爲領導者秉持信義的道德操守是治理天下的根本條件。但是上位者僅僅以個人的道德操守，尚不足以規範臣民百姓的行爲，也不足以發揮社會群體的合作效能，因此必須從管理階層、組織運作、激勵制約等制度的層面進行群體行爲的管理。如他說：

> 人之生不能無群，群而無分則爭，爭則亂，亂則窮矣。（〈富國〉）

人必須在群體的生活中才能生存與發展，群體生活的互動，必須有一定的法則才能避免紛爭，其中的分寸、界線為何？又要如何建立管理的制度才能「群而有分」？荀子說：

> 凡爵列、官職、賞慶、刑罰，皆報也，以類相從者也。一物失稱，亂之端也。夫德不稱位，能不稱官，賞不當功，罰不當罪，不祥莫大焉。……刑稱罪則治，不稱罪則亂。（〈正論〉）

居上位者必須有道德，管理者必須有能力，使個人在群體中皆有其分位，有其應盡之義務、責任，也有其應享之權力與待遇，權責清楚則事功不亂。對於屬下的功過評價必須準確，施予之賞罰也必須確當，也就是以每一個人於其所在分位的行為表現，有一制度性的回報，使「群而有分」因賞功罰過的回報，愈趨穩固，制度性的外在規範力更加強大，否則將導致國家之亂亡。

（二）人之性惡不能化

人類社會為何需要禮法的制約？因為人性中有私欲的作用，人欲若不加以節制，則是導致群體生活失序的主要原因。

> 禮起於何也？曰：人生而有欲，欲而不得，則不能無求。求而無度量分界，則不能不爭；爭則亂，亂則窮。先王惡其亂也，故制禮義以分之，以養人之欲，給人之求。使欲必不窮於物，物必不屈於欲。兩者相持而長，是禮之所起也。（〈禮論〉）

　　人性中的欲求不足，若順從欲望本能的驅動，會導致人們逾越自己的分位，必須透過外在的力量加以限制，也就是由禮義確立人在群體中的位置，滿足人在分位中的欲望，使人欲的需求與物質的供給維持平衡，這就是禮之所以產生的理由。荀子也從人群無禮互爭而亂的現象，認為人性中有其惡的一面。

> 人之性惡，其善者偽也。今人之性，生而有好利焉，順是，故爭奪生而辭讓亡焉；生而有疾惡焉，順是，故殘賊生而忠信亡焉；生而有耳目之欲，有好聲色焉，順是，故淫亂生而禮義文理亡焉。然則從人之性，順人之情，必出於爭奪，合於犯分亂理，而歸於暴。故必將有師法之化，禮義之道，然後出於辭讓，合於文理，而歸於治。（〈性惡〉）

　　荀子主張唯有透過外在禮義師法的教化改正，才能彰顯人們辭讓的道德性，建立社會群體的秩序。然而，禮義師法的教化必須透過語言、文字、論說的方式才能傳達與普及化。於荀子的世代，此一傳達普及化的工具、媒介卻被某些人誤用、亂用、蓄意扭曲，而破壞了是非的標準。因此，錯誤的言論也就成為天下混亂的重要因素之一。

（三）姦言起、是非不明

　　荀子說：

> 「假今之世，飾邪說，文姦言，以梟亂天下，矞宇嵬瑣，使天下混然不知是非治亂之所存者，有人矣。」（〈非十二子〉）

　　在荀子的時代，有不少人利用此一混亂局面，文飾姦邪的言論，擾

亂人心；用各種奇怪的說詞，使天下人無從分辨是與非的標準。對比於
以往明君治理天下的情況，就與當時有很大的差別。

> 故明君臨之以埶，道之以道，申之以命，章之以論，禁之以刑。
> 故其民之化道也如神，辨說惡用矣哉！今聖王沒，天下亂，姦言
> 起，君子無埶以臨之，無刑以禁之，故辨說也。（〈正名〉）①

　　古代的明君以在位之勢，導引臣民共由之道，使用同一套言論、意
義一致的命令，禁令也文意清楚，大家知道如何遵守，對於人民的管理
自然順利，並不需要一再的重申或多方辯說。可是當天下混亂，各種破
壞秩序的邪說興起，國君的勢位被質疑，刑法的文字意義被扭曲，在這
種情況下，為了治好天下，辯說就是不得不進行的手段了。

　　從以上《荀子》書中對於天下亂因的分析，我們可以知道，荀子的
正名、言辯思想其目的在於治亂。天下亂的原因有三方面：

第一，管理手段無法發揮作用。管理手段又可分為兩方面，其一是具有
　　　教化作用的禮義道德；其二是具有強制性的刑法禁令。

第二，由於管理的對象是人，而人性有惡質，使得禮義道德不彰，刑法
　　　禁令不行，這是管理方法無法奏效的內在原因。

第三，管理方法無法奏效的外在原因是邪說飾、姦言起。價值規範的內
　　　容、刑法禁令的表述有歧義，因此荀子必須透過正名、言辯的
　　　方式，來端正視聽。其一方面在駁斥當時各家的姦言邪說，另
　　　一方面則在於建立典章、制度、法令文字意義的確定性，進而
　　　構成治理上的共由之道。

　　正如韓非所謂：「聖人之所以為治道者三：一曰利，二曰威，三

---

① 〔先秦〕荀況：〔唐〕楊倞注：《荀子》，上海：上海古籍出版社，1989
年，頁133-134。

曰名。夫利者所以得民也，威者所以行令也，名者上下之所同道也。」
（《韓非子·詭使》）荀子雖然不特別強調「利」與「威」的作用，但
他的「正名」思想卻是使上下可以有共同遵行的軌範，是治國平亂的重
要方法。

二、名辯思想中認知的主體與對象

首先，分析「名」與「辯」的內涵。從「名」的字源意義來看，
甲骨文「名」原與「明」為同一字。金文「名」乃口對物稱名之象。小
篆「名」，《說文解字》訓為「命」，云：「名，自命也，从口从夕，
夕者冥也，冥不可見，故以口自命。」乃自稱己名之意。依此，「名」
含有明、命物、自命等意義。[2]所謂「辯」，《說文解字》：「辯，治
也从言在辛、辛之間。辯，罪人相與訟也，從二辛。」段注：「治者，
理也，為治獄也。」清人朱駿聲《說文通訓定聲》指出：「辯，假借為
辨。」《說文解字》：「辨，判也。判，分也。」「辯」除了「治」、
「辨」意之外，還有：別、明、正及泛指一切對立思想、觀點之間的爭
論、辯論等意。[3]

由於言辯的組成元素在於名，而名的成立在於認知的作用，因
此，荀子的正名思想從「人」此一認知主體的各種能力予以分析，且荀
子的認知思想也與墨家後期的《墨經》思想有相類之處。荀子對於墨家
所謂的「知材」與「五路」的五種認知官能，[4]與「知，接也」的情形

---

② 李賢中：《先秦名家「名實」思想探析》，臺北：文史哲出版社，1992
年，頁168。

③ 張曉芒：《先秦辯學法則史論》，北京：中國人民大學出版社，1996年，
頁3-4。

④ 《墨子》指出了認知主體的認知能力：「材」及「五路」。如〈經上〉：
「知，材也。」〈經下〉：「知而不以五路，說在久。」其中，「材」

有更明確的論述。⑤如他說：

> 形體、色理以目異；聲音清濁、調竽、奇聲以耳異；甘、苦、
> 鹹、淡、辛、酸、奇味以口異；香、臭、芬、鬱、腥、臊、漏
> 庮、奇臭以鼻異；疾、癢、凔、熱、滑、鈹、輕、重以形體異；
> 說、故、喜、怒、哀、樂、愛、惡、欲以心異。心有徵知。
> （〈正名〉）

荀子將認知對象與認知主體的能力聯繫起來，對於視覺、聽覺、味覺、嗅覺、觸覺與各感官所及之對象與性質，做出清楚的分辨。對於統合這五種感官作用的天君之特性，荀子也有進一步的分析。其中「心」對於五官所得事物特徵、性質、訊息會有好、惡的反應，此「心」在認知的作用上除了能綜合各感官而來的徵知之外，還有「能慮」的作用，透過感知、反應、思考，心還有選擇的能力。荀子說：

> 性之好、惡、喜、怒、哀、樂謂之情，情然而心爲之擇謂之慮。
> （〈正名〉）

從認知對象來看，荀子之「心」所想要知的對象爲「道」。他說：

指認知主體的本有認知能力，「五路」指「五官」，「久」則是指「時間」。「時間」這樣的概念就無法僅用五官的能力認知，還需要其他的比較、綜合能力。

⑤ 認知主體與認知對象的關係爲「接」。如〈經上〉：「知，接也。」〈經說上〉：「知：知也者，以其知過物，而能貌之，若見。」感官必須與物接觸，認知主體才能有所知，如視覺與物接觸而在心中留下一物像，貌似該物。

> 先王之道……曰：禮義是也。道者，非天之道，非地之道，人之
> 所以道也，君子之所道也。（〈儒效〉）

荀子之「道」是禮義之道，具有政治上的周遍性，此「道」表現
在：貴賤分、政令施、群眾化，有一定的方向性與規範性，包含著：君
道、臣道、君子之道等。因此荀子所關切的認知對象是「道」；然而要
如何知「道」呢？他說：

> 人何以知道？曰：心。心何以知？曰：虛壹而靜。心未嘗不臧
> 也，然而有所謂虛；心未嘗不兩也，然而有所謂壹；心未嘗不動
> 也，然而有所謂靜。（〈解蔽〉）

認知的主體在於「心」，「心」的虛、壹、靜三種德能使其能知。
何謂虛？此指心有容受性，可以記憶許多學習「道」的知識。所謂：

> 人生而有知，知而有志。志也者，臧也；然而有所謂虛，不以所
> 已臧害所將受，謂之虛。（〈解蔽〉）

臧即「藏」，為「包藏」或「記憶」之意，指出心有容受萬物的
性質，這就是心的容受性。

> 心生而有知，知而有異；異也者，同時兼知之；同時兼知之，兩
> 也；然而有所謂一，不以夫一害此一謂之壹。（〈解蔽〉）

何謂壹？此指心有兼知性，人所認知的事物不只一件，人的心可以
同時認知許多事物，而不會彼此混亂。在眾多的知識訊息中，人可以專
注於其中之一的思考，這是人們都有的經驗。又何謂靜？此指心在認知

過程中的活動性與自我調適性，所謂：

> 心，臥則夢，偷則自行，使之則謀，故心未嘗不動也；然而有所
> 謂靜，不以夢劇亂知謂之靜。未得道而求道者，謂之虛壹而靜。
> （〈解蔽〉）

　　人心的活動有其自主性，可鬆弛、可專注，也可以在吵雜混亂的環
境中，保持人內心的安靜。荀子表明心知的能力是天生具有，透過「天
官意物」的「徵知」，且「待天官之當簿其類」（〈正名〉），然後才
可緣天官而分辨對象性質的差異。因此，心徵於萬物以知，是認知主體
的統合認知能力。此外，荀子的「心」還有自主性與意志力。所謂：

> 心者，形之君也，而神明之主也，出令而無所受令。自禁也，自
> 使也，自奪也，自取也，自行也，自止也。故口可劫而使墨云，
> 形可劫而使詘申，心不可劫而使易意。（〈解蔽〉）

　　心是身的統率者、領導者，有自我克制、自我堅持的自主性，即使
身體受到了約束，其心仍然是自由的；由此，荀子的認知心也與其道德
倫理生活有密切的關係。

　　綜合以上，心有容受性、兼知性、活動性及自主性。因此可以接
受禮義與師法之化。以上荀子這些相關論述，都是對認知主體能力的分
析，並且對於「化性起偽」的道德可能性也做了理論上的說明。

　　在認知的對象上，荀子強調認知與政治、倫理的關係，他所說的知
「道」，也是政治之道；既然是政治之道，就必須使人們有一致的認識
與表達，如此才能經由溝通，明白政令法規的意義，大家遵守相同的規
範。因而必須論及認知之後有關表達的名辯思想，其中荀子最重視的是
「約定俗成」此一原則。

三、荀子的正名思想

荀子的思想是以禮義為核心，知統類、法後王、隆禮義，並以正名思想為其建立社會秩序的方法。荀子在〈非十二子〉中批評了惠施、鄧析等名家的代表人物，就其評論諸子的標準來看，韋政通先生指出：「荀子非十二子是本於一非常凸出的政治意識，而此一意識中所含的內容即『禮義之統』。因此我們可以判斷，荀子評論諸子所持的標準，是一『足以完成治道的禮義之統』。這正是他全副精神所傾注的重心，也是他各部分思想所輻射的焦點。」⑥此外，荀子也在〈正名〉中批評了造成語意混淆、人民困惑的墨子、惠施、公孫龍等人的某些思想。他說：

> 故王者之制名，名定而實辨，道行而志通，則慎率民而一焉。故析辭擅作名以亂正名，使民疑惑，人多辨訟，則謂之大姦，其罪猶為符節、度量之罪也。（〈正名〉）

荀子在〈正名〉中強調正名的政治作用，主要的目的在於統一人民的思想，使人民知道如何遵守社會的規範。反對名家、辯者那種異於常規的歧異說法、破壞原本約定的名實觀，造成溝通上的混亂。

（一）名的性質與作用

> 名也者，所以期累實也。辭也者，兼異實之名以論一意也。辨說也者，不異實名以喻動靜之道也。期命也者，辨說之用也。（〈正名〉）

---

⑥ 韋政通：《荀子與古代哲學》，臺北：商務印書館，1992年，頁281。

　　「名」是由許多相類的事物所構成，也就是荀子所謂之「共名」，為一普遍之概念，如「人」是由張三、李四、王五等共同的特性期會而成，意即共相。命題、語句則由數個指不同之實的「名」結合在一起所表達的意思，如：「人是會受環境影響而改變的」此一語句包含著：人、環境、影響、改變等「名」組合成一語句而有其意思。當人用許多語句連接在一起來進行言說、辯論時，語句中各個「名」不能改動它原來的名實關係，必須在原來約定俗成的意義下進行言說論述，名與辭構成辯說，發揮表達的作用。

　　荀子認為在表達過程中，名的性質就是反映事物之實，名的作用就在於「以名舉實」，累積許多的名，可以形成語句、文章，而達成人際間的思想交流。所以明智的人制訂了不同的名稱，來指稱不同的實物與事態，進而分辨了社會階級的貴賤高低，區別了各種事物的同異，如此人們的意志、思想才能夠彼此溝通了解，事情才能做得成功，公共的事務才能合作完成。若世上沒有「名」，就會如荀子所說：「異形離心交喻，異物名實玄紐，貴賤不明，同異不別；如是，則志必有不喻之患，而事必有困廢之禍。」（〈正名〉）從「辨同異」來看，「名」有認識的作用；從「明貴賤」來看，「名」也有政治倫理上的作用；從「志喻」來看，「名」也有溝通的作用。[7]可見「名」對於人類社會的發展、秩序的建立有非常大的作用。

---

[7] 李哲賢：《荀子之名學析論》，臺北：文津出版社，2005年，頁114-116。

（二）制名的原則與根據

　　「名」的制訂有什麼原則呢？荀子認為，相同的事物要用相同的名來稱謂，單名可以表達的就用單名，如「馬」；如果單名不足以表達就用兼名，如「白馬」。許多同類的事物可以用普遍抽象的「名」來代表，如共名或別名，隨著抽象程度的不同而有大、小的共名或別名，隨著表達時的需要來分別使用。荀子說：

> 然後隨而命之，同則同之，異則異之。單足以喻則單，單不足以喻則兼，單與兼無所相避則共；雖共，不為害矣。知異實者之異名也，故使異實者莫不異名也，不可亂也，猶使同實者莫不同名也。故萬物雖眾，有時而欲遍舉之，故謂之物，物也者，大共名也。推而共之，共則有共，至於無共然後止；有時而欲偏舉之，故謂之鳥獸，鳥獸也者，大別名也。推而別之，別則有別，至於無別然後止。（〈正名〉）

　　荀子認為「名」的主要作用在於溝通，因此必須是在人們共同約定的意義下來使用「名」，不可以標新立異，使用一些特殊的觀點、異於俗約的「名」而混亂了思想。如他說：「名無固宜，約之以命，約定俗成謂之宜，異於約則謂之不宜。名無固實，約之以命實，約定俗成，謂之實名。名有固善，徑易而不拂，謂之善名。」（〈正名〉）因此，適宜的「名」就是約定俗成的「名」，也就是一旦名實關係經過約定，某名指某實的關係就不可以隨意更動，而所謂好的名稱是大家都能了解其中的意義的名稱，也是在使用上十分簡易、便利的名稱。

四、荀子的辯說思想

（一）辯說的態度與判準

　　對於「辯」，荀子採取了一種積極的態度。在荀子看來，正確的辯論對於是非的釐清乃是有效的方法，所以他主張：「君子必辯。」他說：

> 凡言不合先王，不順禮義，謂之奸言；雖辯，君子不聽。法先
> 王，順禮義，黨學者，然而不好言，不樂言，則必非誠士也。故
> 君子之於言也，志好之，行安之，樂言之，故君子必辯。（〈非
> 相〉）

　　荀子肯定真誠的人必然在心智、行為、言語上都是法先王、順禮義的，若違反這些標準，君子必然會有所辯論。荀子曾三任祭酒之稷下學宮也是當時論辯的中心。[8]荀子辯的目的在於實行禮法以建立社會秩序，維護社會秩序的方法在於形成良好的社會風氣，而形成良好社會風氣的前提又在於形成知識分子的共識，知識分子對於事理的掌握或有不同，此時就必須透過「辯」的方式予以說服。在荀子看來，以正道辨奸邪，就好像用一種客觀的標準來判定事情的是非曲直，使各家邪說不能混淆視聽。如他所說：「以正道而辨姦，猶引繩以持曲直，是故邪說不能亂，百家無所竄。」（〈正名〉）因此，荀子並不同於孟子的「不得已之辯」，而是積極有為的運用「辯」，不但辨三惑、非十二子，還對說辯的元素、原則、方法做了深入的研究。

　　「名」的主要作用既然在於表達、溝通，組合不同的名可以形成語

---

⑧ 李賢中：〈孟荀辯論觀比較〉，《重慶工學院學報》第22卷第7期（2008年7月），頁25。

句,再累積、運用不同語句就可以表達一個人的複雜思想。如果兩種不同的思想相互論辯時,必須依循怎樣的原則呢?荀子說:

> 辨說也者,心之象道也。心也者,道之工宰也。道也者,治之經理也。心合於道,說合於心,辭合於說,正名而期,質請而喻。辨異而不過,推類而不悖,聽則合文,辨則盡故。以正道而辨姦,猶引繩以持曲直,是故邪說不能亂,百家無所竄。(〈正名〉)

辯說時,心思的作用要呈現道,心是道的臣宰,道是治理天下的不變法則。心思意念必須合於道,言說表達必須合於心中之道,先正名然後才能下判斷,事物的根據和實情才能使人明白清楚。辨別不同的名稱而沒有過失,進行同類的推演而沒有錯誤。這樣聽起來就合乎禮法,論辯也能盡舉其根據。用正確的道理就可以辨別邪說,如同用繩墨可以檢測、衡量事物的曲直。因此邪說就不能造成社會上的混亂,也可以阻止百家謬說的流行。

再者,在辯說的過程中,荀子還指出要做到:「以仁心說,以學心聽,以公心辯。」(〈正名〉)亦即在辯說中要相互謙讓,寬以待人,秉持虛心學習的態度,公正無私地以理服人,如此才是士君子之辯。

(二)對「三惑」的批評

基於上述制名、用名以及辯說的原則,荀子對於當時各家的謬說提出了批駁,也就是他的「三惑之辨」。荀子說:

> 「見侮不辱」,「聖人不愛己」,「殺盜非殺人也」,此惑於用名以亂名者也。驗之所為有名而觀其孰行,則能禁之矣。「山淵

平」，「情欲寡」，「芻豢不加甘，大鐘不加樂」，此惑於用實
以亂名者也。驗之所緣以同異而觀其孰調，則能禁之矣。「非而
謁楹」，「有牛馬非馬也」，此惑於用名以亂實者也。驗之名
約，以其所受悖其所辭，則能禁之矣。凡邪說辟言之離正道而擅
作者，無不類於三惑者矣。故明君知其分而不與辨也。（〈正
名〉）

　　此乃荀子針對宋銒、墨子、惠施、公孫龍等人在名實關係上的混
淆，以及在認知與表達、個別與一般的狀況所做的批評。

　　其中，「用名以亂名」就是指僅看名的差異性而不顧名在形成時
的相關性，侮、辱之名不同，人、己之名不同，但彼此意義相連而不可
分。「殺盜非殺人也」雖然從墨家來看，盜乃犯法之人，不同於一般
人，但盜畢竟也歸屬於人這一類，「殺盜非殺人也」這種說法會混淆民
眾，造成私刑猖獗，而使國家法令窒礙難行。對於這一類型的錯誤，必須
要檢驗當初制名時的目的為何，考察哪種說法才行得通，就可予以禁止。

　　「用實以亂名」則是對於極少數的特例，以普遍的方式來論述。如
對名家惠施「山淵平」一說的批駁，在某些特殊的情形下，或許會出現
所謂山與淵一樣高的情形；[9]但是荀子認為我們不應該用個別、例外的
事實以混亂反映普遍現象的一般認識，因為這是以偏概全的詭辯。荀子
認為要制止這種「以實亂名」的錯誤，只要通過感官的反映，看看哪一
種說法符合一般客觀實際的狀況，就可以制止了。

　　至於「用名以亂實」中的「有牛馬非馬也」一說，則是批駁公孫龍
〈通變論〉中「二無一」的原則。公孫龍主張：一個組合概念的形成，
在其形成時與個別的部分有關，但是當此一組合概念形成之後，就成為
一個具有獨立內涵的「名」，而與原先組成的部分無關。如：「牛」、

---

[9] 如高原上的深淵與平原上的丘陵相比。

「馬」這兩個概念組合而成的「牛馬」之名，就其為獨立概念而言，其中無「牛」亦無「馬」；因而有「二無一」之說。荀子認為：作為「兼名」的「牛馬」雖然與單名的「牛」或「馬」是有區別的，但「牛馬」之集合並不是一個既非牛又非馬的新概念，實際上只是「牛」、「馬」兩個子集合的合稱，「牛馬」之名並沒有改變「牛」和「馬」這兩個名所包含的內涵與外延。所以，不能簡單地把名詞組合上的區別，混同為概念本質上的區別。[10]制止這種「用名以亂實」的詭辯，只需要檢驗所約定之名，用大家都能接受的意義去反駁大家所不贊同的名詞，就可以避免這種錯誤。

荀子反駁「三惑」所根據的標準是：從制名的目的，來觀察哪種說法行得通；回溯到人的感官認知能力，與心徵知的思考作用來加以檢驗；並且從約定俗成的原則來加以檢驗，如此就能禁止這些混亂的表達方式。不然，三惑將會造成名的意義失去標準，導致禮法、政令內容不明的困難。

（三）辯的方法

在說辯的法則方面，荀子把握了墨家關於推理論證的要素：故、理、類「三物必具」（《墨子・大取》）的原則，包含：「辯則盡故」（《荀子・正名》）、「言必當理」（《荀子・儒效》）、「推類而不悖」（《荀子・正名》）等原則。[11]

1. 「故」就是原因或理由，辯說不僅要「持之有故」，並且還需要「盡故」，也就是全面充分地說明辯說的理由和根據。

2. 「理」就是推論的道理，《荀子・解蔽》指出，人們最大的弊病就是「蔽於一曲而闇於大理」。所謂「言必當理」就是指言詞必須合

---

⑩ 周云之：《名辯學論》，瀋陽：遼寧教育出版社，1996年，頁244。

⑪ 孫中原：《中國邏輯學》，臺北：水牛出版社，1993年，頁364-366。

乎道理，並且「凡知說，有益於理者，為之；無益於理者，舍之；夫是之謂中說。……知說失中，謂之奸道。」（《荀子・儒效》）知識和辯說都必須以「理」為標準，「理」又可分為事物之理與思想法則之理，兩者皆為荀子所重視。

3. 「類」就是事物的種類，在「推類而不悖」方面，荀子指出在推論的過程中，不可模糊事物之類的界限，避免產生悖謬和混亂，《荀子・非相》中說：「類不悖，雖久同理。」即事物的類別是相對確定的，雖然過了很久還是同一個道理；相同的事物有相同的情狀、性質和規律。此外，在辯說中可以「舉統類以應之」（《荀子・儒效》）。而什麼是「統類」？就是從個別事物或某些事類之中概括出普遍性原理，荀子的「求其統類」與傳統邏輯中歸納的思維進程有相似之處。[12]至於求出的「統類」，即普遍原理，其是否符合實際？是否正確？則必須要用實際的經驗加以驗證。

　　荀子對諸子進行批判就是運用上述原則，揭露他們異類相比的錯誤，如：

> 足可以遍行天下，然而未嘗有能遍行天下者也。夫工匠農賈，未嘗不可以相為事也，然而未嘗能相為事也。用此觀之，然則可以為未必能也，雖不能無害可以為。然則能不能之與可不可，其不同遠矣。（〈性惡〉）

　　腳可以走遍天下，這是可能性，這與腳實際走遍天下是不同的。由於「能不能」與「可不可」兩者不同，因此不可相推。又如荀子也曾批評子思、孟子「聞見雜博。案往舊造說，謂之五行，其僻違而無類」

---

[12] 溫公頤、崔清田：《中國邏輯史教程》，天津：南開大學出版社，2001年，頁55。

（《荀子・非十二子》），也是從「異類不可比」的觀點進行批判。⑬

此外，《荀子・天論》指出：「無用之辯，不急之察，棄而不治。」荀子不僅對說辯的法則相當的重視，他也非常重視「辯」的功能與作用，並且對於「辯」與名、辭、說的關係，都有所探討，可說在名辯學上建立了相當有系統的理論。

五、小結

荀子學說的整體類似於他的思想地圖，而本章所探討的「名辯」思想，則在該地圖中有一定的座標位置，並且在該思想地圖上也有許多與「名辯」思想相關的理路脈絡。以下將以問答的形式呈現「名辯」思想在整體荀子學說中的理論位置。首先，《荀子》思想的基源問題是：「如何建立一成就禮義之客觀軌道」，⑭其他主要問題包括：

1. 人群共同生活所面臨的問題為何？會有爭亂。

2. 為何會有爭亂？人生而有欲求。⑮

3. 如何息爭止亂？化性起偽、明分使群。

4. 如何明分使群以維繫人群社會之和諧發展？禮義法制。

5. 如何使人人遵行禮義法制？先使人人明瞭禮義法制之意義、沒有曲解。

6. 如何使人人明瞭禮義法制的意義，能有共同是非的判準？正名與辯說。

7. 正名辯說思想的內容為何？

正名與辯說即本章所謂「名辯思想」，涉及認知主體的能力、認知的對象、認知的過程、名的性質與作用、制名的原則與方法、辯說的態

---

⑬ 李賢中：〈孟荀辯論觀比較〉，頁27。

⑭ 勞思光：《新編中國哲學史（一）》，臺北：三民書局，2011年，頁317。

⑮ 李賢中：〈荀子尚賢與管理思想探析〉，《孔子研究》2014年第1期（總第141期），頁51。

度與判準等相關問題的探討。撮要言之，如下：

「名」具有一定的普遍性，其作用在於指「實」，「實」乃是從認知的結果而來，認知的過程在於天官意物與心的徵知，從認知而獲得名的意義。名也是構成語句的組成元素，由語句來表達人的思想；不同的思想學說導生辯論，因此「名」是人在進行表達時最基本的單元。正名，就在於對此一基本單元正確性的要求，也就是必須來自正確的認識。唯有正確的認識才有正確的表達，因此荀子對於認知的主體能力、認知對象與認知過程皆有所探討。荀子在表達方面，所強調的是有助於禮義社會的合宜性表達，這種合宜性在於「約定俗成」，這是荀子特別看重的制名原則。

荀子對於「採取辯說的方式表達思想」是積極而主動的，他主張必須透過辯說的方式才能揭發姦言與邪說，端正社會風氣。荀子認為辯說的判準在於是否符合「道」；此道乃是「人道」，以仁義為其根本，是治理天下的不變法則，也是衡量事物、判定是非的標準。在辯的態度上，荀子主張要公正無私，以理服人。對於當時社會上流行的一些錯謬言論，荀子歸納出三種類型：用名以亂名、用實以亂名以及用名以亂實；反駁的方法在於回溯認知過程中，天官與天君的作用來加以查驗，還有從制名的目的、約定俗成的原則來加以檢證。在辯的方法上，荀子強調要充分掌握事物的原因、事態的理由，不但要持之以故，還要盡故而論。此外，要能掌握事物的類別，根據統類，事物的普遍道理、推論的理則來進行論述；以故、理、類三個核心概念作為辯說的方法根據。

「名」與「辯」不僅是表達自己思想、駁斥對方謬論的手段，同時也是人類知性發展的方式之一，從以上的思想脈絡，可以讓我們了解荀子名辯思想在其整體學說中的理論價值。對荀子而言，名辯思想是他改善社會風氣、建立社會秩序的重要方法，值得我們繼續深入探討。

第二章
《墨子‧小取》論「辭」的意義

一、從「辭」的構成、作用與種類考察其意義

（一）「辭」的構成

　　《墨子‧小取》：「夫辯者，將以明是非之分，審治亂之紀，明同異之處，察名實之理，處利害，決嫌疑。摹略萬物之然，論求群言之比。以名舉實，以辭抒意，以說出故，以類取，以類予。」「辯」的構成要素包括：「名」（概念）、「辭」（命題）與「說」（論說）。墨家認為辯論的目的，是要分清楚是非的區別，審察治亂的法則，釐清事物同異的地方，考察名實的道理，衡量事態的利害關係，解決各種疑難困惑。墨家認為言辯的方法包括：考察諸事萬物的要旨、真相，探討比較各種言論的類別；用名稱標舉事物的實質，用語句來表達思想意念，用推理來展示所持論點的理由或原因；根據事物的類別來取例證明，根據事物的類別來予以反駁。《墨子‧經上》：「舉，擬實也。」用「名」來模擬事物的狀況或性質就是「以名舉實。」《墨子‧經上》：「言，出舉也。」言論就是舉實之名的組合。又說：「執所言而意得見。」用「言辭」來表達人的心思意念，就是「以辭抒意」。

　　從以上的引文與說明，我們可以知道「辭」在墨子思想中有其結構上的特定地位，它是介於「名」與「說」之間。語言是由「名」組成的，名與名連結構成「辭」，而「名」則是來自於人的認知作用，如人認識到某一水果，於是以「蘋果」命名，當人們提及「蘋果」之名來指涉對象，如此即是「以名舉實」。再者，「名」與「名」的結合構成

「辭」，如：「我」、「喜歡」、「吃」、「蘋果」等名可結合成：「我喜歡吃蘋果。」這就是「以辭抒意」，之後繼續發展，一些語句的組合就能構成推論的學說或理論。[1]因此，「辭」的意義從構成的元素來看，我們必須了解其中每一「名」的概念內涵，而「名」的概念內涵則在認知上對「實」的把握。

（二）「辭」的作用

就「辭」的作用而言，「辭」主要在表達人的心意，亦即前述的「以辭抒意」。因此，當我們要了解「辭」的意義，除了掌握其組成元素，各「名」的概念內涵之外，還必須要了解使用語辭的人，他的思維情境為何，因為同樣的一句話在不同的思維情境中會有不同的意義，如《墨子‧小取》：「其然也，有所以然也。其然也同，其所以然不必同。其取之也，有所以取之。其取之也同，其所以取之不必同。」例如《墨子‧非攻下》中，有人反對墨子「非攻」思想，因此舉出「禹征有苗」、「湯伐桀」、「武王伐紂」等聖王的事例皆曾有戰爭攻伐，墨子既然肯定歷史上這些聖王的功績，並且作為自己言談的標準，[2]就不應該主張「非攻」。然而我們若探究這些戰爭現象的所以然，以及墨子為何要取這些事例的原因，就可以發現其「然」同樣是「戰爭」，但其「所以然」卻有「攻」與「誅」的不同。「攻」是大國所發動的侵略性戰爭，而「誅」則是以有道伐無道的正義之戰，乃聖王所從事的戰爭。

---

[1] 「說」是由多數的「辭」（語句）組合而成，且包含推理成分。如：我喜歡吃色澤鮮豔且營養豐富的水果，蘋果是色澤鮮豔且營養豐富的水果，所以我喜歡吃蘋果。

[2] 墨子的「三表法」首先就以聖王之事為思想言論的標準。《墨子‧非命上》：「子墨子言曰：『有本之者，有原之者，有用之者。於何本之？上本之於古者聖王之事。』」參見李賢中導讀、題解：《墨子》上（據孫詒讓《墨子閒詁》校改），臺北：五南圖書公司，2020年，頁432。

如此，必須要進一步探究使用其「辭」者的思維情境與當時的環境背景，才能分辨其確切的意義。

(三) 「辭」的種類

　　《墨子‧小取》：「或也者，不盡也。假者，今不然也。」辭的種類有「或」、「假」等。「或」乃並非都是如此，「盡」則是指全稱的語句，這種量詞在古漢語中常是被省略的。如〈小取〉：「白馬，馬也。」亦即所有的白馬都是馬。又如《墨子‧大取》：「鬼，非人也。」是指所有的鬼都不是人。「不盡也」即非全稱語句，「或」之辭乃是帶有特稱的語句。如〈小取〉：「馬或白者，二馬而或白也，非一馬而或白也。」「馬或白者」（有些馬是白色的）這句話的意義是指至少是在兩匹馬的情況下，指出其中的一匹馬是白色的，或一些馬中，有些馬是白色的。這讓我們看到，墨家〈小取〉的作者已發現有些句子由於用了某個特殊的「名」，如「或」、「盡」而呈現出它特定的意義。也就是說，一些「辭」的意義帶著隱然的其他語句與它所構成的脈絡關係。當你使用該類型的語句，相關脈絡的意義也會跟隨而至。此外，一些「辭」與「辭」的關係，也有「是而然」與「是而不然」的情況，並非窮盡的「然」或「不然」。

　　其次，「假」之辭，乃是一種假設性的語句。某些語句涉及時態上的不同觀點，現在並非如此。從「或」來看，就有將來可能是如此，或過去曾經如此之意。如〈小取〉：「且入井，非入井也；止且入井，止入井也。且出門，非出門也；止且出門，止出門也。」其中「且」是將要發生而尚未發生的事。一個人將要進入井中，但是他尚未進入井中。但是，當某人阻止一個正要進去井中的人，卻是正在阻止行動中的他，「且入井」就與「假」之辭有關。這種語句的意義，描述一種可能性，是說明一種尚未發生而有可能會發生的狀況。一般而言，〈小取〉

的「以名舉實」其「實」是已發生、可觀察的事物，至「以辭抒意」階段，出現推判未來可能性之狀態的語句意義。「辭」的意義可以相應於用「辭」者的思維情境，而有超出各「名」所舉之「實」單純組合的意義，如所謂的「言外之意」。

二、從「侔」式推論考察「辭」意的構成特性

《墨子・大取》：「夫辭以故生。」辭所判斷的內容必須根據原因或理由才可產生。墨家〈小取〉的作者，在整理「侔也者，比辭而俱行也」，「侔」式推論的方式為：基於兩個語句的類似性進行類推，並嘗試找出其中的推論規則。〈小取〉的作者在逐步建立規則時，歸納出下列五種情況：「夫物或乃是而然，或是而不然，或不是而然，或一周而一不周，或一是而一非也。」③我們可以從中考察「辭」之構成特性及其脈絡意義。

（一）**是而然**。〈小取〉：「白馬，馬也；乘白馬，乘馬也。驪馬，馬也；乘驪馬，乘馬也。獲，人也；愛獲，愛人也。臧，人也；愛臧，愛人也。此乃是而然者也。」

其意為：白馬是馬；乘白馬是乘馬。驪馬是馬；乘驪馬是乘馬。婢是人；愛婢是愛人。奴是人；愛奴是愛人。這就是「是而然」的情況。

---

③ 原文為：「夫物或乃是而然，或是而不然。或一周而一不周，或一是而一『不是也，不可常用也。故言多方，殊類異故，則不可偏觀也』非也。」「周」舊本誤作「害」，「不是也，不可常用也。故言多方，殊類異故，則不可偏觀也」為衍文。此據孫詒讓引王引之注文校改，另依後文於「或是而不然」之後增補「或不是而然」。見孫詒讓：《墨子閒詁》，臺北：華正書局，1987年，頁381、383。

意義分析：「白馬，馬也」是將兩個相關的概念聯繫起來，用現代的語詞來代替即：「白馬是馬」。「白馬是馬」中的「是」爲歸屬性的肯定，即「白馬」類屬於「馬」類。當兩概念有歸屬性關係時，對於外延較小概念之前所加的動作之「名」，其構成的「辭」若能成立，則該動作之「名」加於外延較大概念前所構成的「辭」同樣也可以成立。如：公車是車；搭公車是搭車。計程車是交通工具；搭計程車是搭交通工具。

(二) **是而不然。**〈小取〉：「獲之親，人也；獲事其親，非事人也。其娣，美人也；愛娣，非愛美人也。車，木也；乘車，非乘木也。船，木也；入船，非入木也。盜人，人也；多盜，非多人也；無盜，非無人也。奚以明之？惡多盜，非惡多人也；欲無盜，非欲無人也。世相與共是之。若若是，則雖盜人，人也；愛盜，非愛人也；不愛盜，非不愛人也；殺盜人，非殺人也，無難盜無難矣。此與彼同類，世有彼而不自非也，墨者有此而非之，無也故焉，所謂內膠外閉，與心毋空乎，內膠而不解也。此乃是而不然者也。」[4]

其意爲：婢的雙親，是人；婢事奉她的雙親，不是事奉人。她的妹妹，是一個美人；她愛她的妹妹，不是愛美人。車是木頭做的；乘車卻不是乘木頭。船是木頭做的；進入船，不是進入木頭。盜是人；多盜並

---

[4] 「其娣，美人也；愛娣，非愛美人也。」「娣」原作「弟」。參見譚家健、孫中原譯注《墨子今注今譯》，北京：商務印書館，2009年，頁364。「船，木也；入船，非入木也。」「入」原文誤爲「人」。「無難盜無難矣」衍「盜無難」三字。參見李賢中導讀、題解：《墨子》下（據孫詒讓《墨子閒詁》校改），臺北：五南圖書公司，2020年，頁207、209。

不是多人；沒有盜，並不是沒有人。以什麼說明呢？厭惡多盜，並不是厭惡多人；希望沒有盜，並不是希望沒有人。這是世人都認為正確的。如果像這樣，那麼雖然盜是人，但愛盜卻不是愛人；不愛盜，不意味著不愛人；殺盜，也不是殺人，這沒有什麼疑難的。這個與那個都是同類，世人贊同那個說法而自己不以為有錯，墨家提出這個說法來非議他們。沒有其他緣故，有所謂內心固執、耳目閉塞與不能虛心地接受；內心膠固，得不到合理的解說。這就是「是而不然」的情況。

意義分析：

1. 在語句中具有歸屬性的兩個概念，它們的意義會隨著使用者所加之「名」的「語用」需要而有不同的指涉，有時指向外延較大的大類，有時指向外延較小的小類。前者為「是而然」，後者為「是而不然」。

2. 構成語句——「辭」的元素，前後兩概念，雖然有歸屬性的關係，如：「獲之親，人也。」但是後一句所加之名與之有特殊關係時，則後一句的意義並不會如前一句成立，如：「獲事其親，非事人也。」因獲事其親，強調的是「其親」的特殊性，而非「人」的普遍性。

3. 構成語句——「辭」的元素，前後兩概念，如果沒有歸屬性的關係，如：「車，木也。」其意為：車是木頭做的，木頭是製作車的材料。則也不能從前一句推出加名的後一句成立。如：「乘車，非乘木也。」

4. 「盜人，人也；多盜，非多人也；無盜，非無人也。」所加於小類概念前之「名」若為量詞：多、少，或存在與否之「名」：有、無，則其語意強調小類而非大類。

5. 「惡多盜，非惡多人也；欲無盜，非欲無人也。」所加於小類概念前之「名」若為好惡之名，如：惡、欲、愛、殺等，其語意皆強調小類而非大類概念，所以「雖盜人，人也；愛盜，非愛人也；不愛

盜，非不愛人也；殺盜人，非殺人也」。此處「盜」所強調的是觸犯法禁的人，而非一般無罪之人。因此，若有人愛盜，並非愛一般人；殺有罪的人，也不是殺一般人。

如此，關係意向名、質料名、量名、存有名、好惡名、回應動態名等，都無法等同歸屬關係兩名所構成的「比辭俱行」，而有「是而不然」的各種狀況。

(三) **不是而然**。〈小取〉：「且夫讀書，非讀書也；好讀書，好書也。⑤且鬥雞，非鬥雞也；好鬥雞，好雞也。且入井，非入井也；止且入井，止入井也。且出門，非出門也；止且出門，止出門也。若若是，且夭，非夭也；壽且夭，壽夭也。⑥有命，非命也；非執有命，非命也。無難矣。此與彼同類，世有彼而不自非也，墨者有此而罪非之，無也故焉，所謂內膠外閉，與心毋空乎，內膠而不解也。此乃是而不然者也。」

其意為：將要讀書，並不是正在讀書；喜好讀書，則是喜好書。將要鬥雞，不是正在鬥雞；喜歡鬥雞，可說是喜歡雞。將要跳入井，不是入井；阻止將要跳入井，則是正在阻止入井。將要出門，不是出門；阻止將要出門的人，就是正在阻止他出門。如果像這樣，將要夭折，不是已夭折；醫治將要夭折的人，則是正在使夭折的人延續他的壽命。主張有「命」，不是確證真有「命」；但反對有「命」，則是正在反對「命」。這沒有什麼疑難。這個與那個同類，世人稱讚那個卻不以為自己錯了，墨家提出這個來非議他們。沒有其他緣故，有所謂內心固執、

---

⑤ 原文為「且夫讀書，非好書也。」依孫詒讓改為：「且夫讀書，非讀書也；好讀書，好書也。」見孫詒讓：《墨子閒詁》，臺北：華正書局，1987年，頁382。

⑥ 原文為「且夭，非夭也，壽夭也。」依前後文意增改。

耳目閉塞與不能虛心地接受；內心膠固，得不到合理的解說。這是「不
是而然」的情況。

意義分析：

1. 將要發生的可能性與正發生及已發生的實然狀況不同。因此不論是
　讀書、鬥雞、入井、出門這些情況，都有「可能發生」與「正在發
　生」的不同情況。

2. 「夭折」之事與對於「命」的看法也同樣有未然與已然的分別。其
　中，「非命」是墨家的主張，墨家論證那些主張「命」的人，只是
　從可能性立論，而墨家反對「命」之「反對」此一動作，則是實然
　的現實性。

（四）一周而一不周。〈小取〉：「愛人，待周愛人，而後為愛人。不
　　愛人，不待周不愛人；不周愛，因為不愛人矣。乘馬，不待周乘
　　馬，然後為乘馬也。有乘於馬，因為乘馬矣。逮至不乘馬，待周
　　不乘馬，而後為不乘馬。此一周而一不周者也。」⑦

　　其意為：愛人，要等到普遍愛了所有的人，然後才可以稱為愛
人。不愛人，不必等到普遍不愛所有的人；不普遍愛，因為不愛人。乘
馬，不必等到乘了所有的馬才稱為乘馬。只要有馬可乘，或乘過一匹馬
就可以稱為乘馬了。至於不乘馬，必須要不乘所有的馬，然後才可以稱
為不乘馬。這是一方面普遍而另一方面不普遍的情況。

意義分析：

1. 語意的確立與使用語言者的思維情境有關，而個人的思維情境，則

---

⑦ 舊本「不待周乘馬」句，脫「不」字。「而後為不乘馬」句，脫「為」
　字。下又衍「而後為不乘馬」五字。參見李賢中導讀、題解：《墨子》
　下（據孫詒讓《墨子閒詁》校改），臺北：五南圖書公司，2020年，頁
　207、211。

與其所認同的某些學派價值觀或哲學思想有關。由於墨家主張「兼愛」，因此對於「愛人」所指涉的「人」必須是普遍的。因爲墨家認爲「愛人」必須符合「兼」的普遍性才能算真正愛人。至於否定性的語意，只要不愛一人，即爲「不愛人」。

2. 對於不在團體或個人思維情境的限定範圍內，則沒有普遍性的要求。因此，「乘馬，不待周乘馬，然後爲乘馬也。」至於在否定性方面，則正相反，不乘馬的意思就是從來沒有騎過任何一匹馬。

（五）**一是而一非。**〈小取〉：「居於國，則爲居國；有一宅於國，而不爲有國。桃之實，桃也；棘之實，非棘也。問人之病，問人也；惡人之病，非惡人也。人之鬼，非人也；兄之鬼，兄也。祭人之鬼，非祭人也；祭兄之鬼，乃祭兄也。之馬之目眇，則爲之馬眇；之馬之目大，而不謂之馬大。之牛之毛黃，則謂之牛黃；之牛之毛眾，而不謂之牛眾。一馬，馬也；二馬，馬也。馬四足者，一馬而四足也，非兩馬而四足也。一馬，馬也。馬或白者，二馬而或白也，非一馬而或白。此乃一是而一非者也。」[8]

其意爲：居住在國內，就是在國內；有一座房子在國內，不是擁有整個國家。桃的果實，是桃；棘的果實，不是棘（是棗）。慰問人的疾病，是慰問人；厭惡人的疾病，不是厭惡人。人的鬼，不是人；哥哥的鬼，是哥哥。祭人的鬼，不是祭人；祭哥哥的鬼，是祭哥哥。這一匹馬的眼睛眇，可稱牠是瞎馬；這一匹馬的眼睛大，卻不能稱這一匹馬大。這一頭牛的毛黃，就稱它是一頭毛黃的牛；這一頭牛的毛多，卻不能稱

---

[8] 「祭人之鬼」舊本脫「人」字，參見李賢中導讀、題解：《墨子》下（據孫詒讓《墨子閒詁》校改），臺北：五南圖書公司，2020年，頁207-208、212。

做許多頭牛。一匹馬，是馬；兩匹馬，也是馬。馬有四隻腳，是說一匹馬有四隻腳，不是兩匹馬共有四隻腳。當說「有些馬是白色的」，是說至少要有兩匹馬，其中之一是白色的，並不是指一匹馬而有的是白色的。這就是一方面對而另一方面錯的情況。

意義分析：

1. 「辭」的縮簡表達方式，其語意根據「約定俗成」原則，但是其「約定」也有一定的道理，或根據「名」所出現的位置、命名時認知的把握、人際關係中的親密程度、局部與整體的描述方式等。

2. 「居於國」可縮簡爲「居國」，但是「有一宅於國」其中的「一宅」卻不能縮簡。因其「宅」是在其國之內，「有國」則是擁有整個國家。

3. 「桃之實，桃也。」這是當初的命名。而「棘」之實當初命名爲「棗」，就不能與「桃」相提並論。

4. 探問人的病是關心人，厭惡人的病也是關心人。因此，不能以同樣的縮簡原則去了解「問人之病，問人也；惡人之病，非惡人也」的句意。

5. 「人之鬼，非人也；兄之鬼，兄也。祭人之鬼，非祭人也；祭兄之鬼，乃祭兄也。」這與前述「不是而然」有些類似，主要是因爲表達者與其中所論及的對象有特殊的關係，當有特殊關係時，原本語句中的大類、小類的排斥關係就會有所變化。這是所表達者之「語用」的指涉而轉移，而其「語用」則與情感因素有關。

6. 「之馬之目眇，則爲之馬眇；之馬之目大，而不謂之馬大。」同樣是觀察「馬」的眼睛，如果有所缺陷，則可以用「瞎馬」來稱呼牠。但是如果用「大」來描述「馬」的眼睛，則不能以縮簡的方式稱爲「大馬」，因爲那將會使人誤認爲是整匹馬的「大」。

7. 「之牛之毛黃，則謂之牛黃；之牛之毛眾，而不謂之牛眾。」同樣是觀察「牛之毛」，毛黃可稱爲「黃牛」，但是毛多卻不能稱爲

「多牛」。顏色之名可加在毛所附的主體而形容主體，但是量詞之名卻不能加在毛所依附的主體，因為其量詞是形容「毛」而非牛。不過，「黃」原本不也是形容「毛」而不是「牛」，但為何可轉換至形容整頭牛？這是人們在進行約定俗成時認知上的共識。牛之「黃毛」分布構成了整頭牛形，因此，對於毛的形容可以轉換至「牛」的整體；「多」則是對於毛量的形容與比較，「毛之量」不能轉換到「牛之量」。

8. 「一馬，馬也；二馬，馬也。馬四足者，一馬而四足也，非兩馬而四足也。一馬，馬也。馬或白者，二馬而或白也，非一馬而或白。」同樣是「馬」，在不同的語句中，有時是指「馬類」，有時是指「個別馬」。一馬、二馬皆是個別馬，而「馬也」則是指「馬類」，至於「馬四足者」則是指「馬類皆是四足」，是指「馬」的共同特徵皆為四足。因此，其語意不能用「a＝c，b＝c，所以a＝b」。也就是「馬類的共同特徵：有四足」，不可因為一匹馬是馬類，兩匹馬也是馬類，從「類」的觀點轉換至「具體個別」的觀點，而推論至「兩匹馬共有四足」。同樣，有些馬是白的，也不能誤用在單匹馬是白的。由於在語言表達上常將「類名」與「具體物名」用同一符號表達，所以〈小取〉的作者才要強調在不同意義脈絡下的「同名異謂」情況。

三、語句意義與推論規則

〈小取〉的作者了解在進行論辯時，需要透過已證成的類推形式，作為必須依循的規則來進行。當時推理的主要形式為類比推理，在「辟」式推論中，當彼物的性質為未知時，可以透過已知此物的性質來推得。前提是兩物從某觀點觀察，若有相似之處，就可將此物之性質類推於彼物，所謂「舉他物以明之」。當時的思想家看到「物」與「物」

之間的類同性，同時也注意到「辭」與「辭」的相似性；既然「物」與「物」之間可類推，因此也嘗試透過「辭」與「辭」的相似性來建立推理的規則。於是就從「白馬，馬也」，推出「乘白馬，乘馬也」，且有「是而然」的模式。

但是，當建立起「是而然」的初步模式之後，隨即碰到了許多例外的情況，如：「船，木也；入船，非入木也。」這涉及到二名（主詞與賓詞）之間聯繫的複雜性。「白馬，馬也」與「船，木也」和「獲之親，人也」都是將兩個「名」聯繫在一起，但聯繫的「繫詞」並未呈現，若以「是」來表達該呈現而未呈現的繫詞，其意義也不一樣。這與當時的表達慣性及他們的定位系統有關。[9]

對於「侔」式推論例外的處理方式，當時的思想家將不同的例外情況分別建立「辭」的類推形式，測試過程中，「辭」不再僅由單純的兩名所構成，進一步發展到時態之名、動作之名與事物之名所構成的「辭」。如：「且入井，非入井也；止且入井，止入井也。」就其形式上看，「止且入井，止入井也」可以用「A，B也」來表述，但是「A」已包容了且、入、井三個概念的意義組合；此與「白馬，馬也」單純兩概念的組合方式已不一樣，而建立「不是而然」的類推模式。

至於「一周一不周」的「比辭」，已經脫離了「A，B也」的表述形式，涉及學派內的概念定義。如：「愛人，待周愛人，而後爲愛人。不愛人，不待周不愛人，不周愛，因爲不愛人矣。」就現代表達的慣例而言，「愛人」未必要求普遍的愛所有人，「騎馬」也不必指騎遍所有的馬。由於墨家的「兼愛」學說，對於「愛人」有特定的意義，「愛人」即普遍的愛所有人，因此會出現一周（愛人）、一不周（乘馬）的情況。

---

[9] 李賢中：〈從先秦思想看定位系統〉，《鵝湖學誌》第69期（2022年12月），頁14-24。

　　在「一是一非」方面，區分了「居國」和「有國」的差異、「問人」與「惡人」的不同，及「祭人」與「祭兒」、「馬肵」與「馬大」、「牛黃」與「牛眾」等，在不同脈絡與約定俗成上意義的差別。此外，也涉及命名的差異性，如同樣是「眼目」，若有缺陷，可以指出對象的整體，像「瞎馬」；但健全狀態的「眼大」卻不能稱為「大馬」，因為眼大的「大」是與其他動物的眼睛比較，或是指馬的眼睛在馬臉上的比例較大，而「大馬」之「大」則是與其他馬的形體相互比較。就牛的毛色與毛量來看，對個體之牛和群體之牛的命名方式，也有差別。由此可見，「辭」的表達，其意義的約定與人的認知、思維及命名方式都有關係。

　　以上這些例證顯示，要建立「侔」式推論的形式規則有其困難，因為影響語意的因素太多，無法排除一直出現例外的情況；即使有某種推論形式，其適用的範圍也相當有限。但〈小取〉的作者所做的努力仍有值得肯定的方面：其一，呈現建立語句間推論關係的相關因素與互動關係。其二，呈現古人嘗試建立推論規則的發展過程，以及其中的困難，可以作為我們的借鑑與調整發展方向的反思。

四、小結

　　墨家〈小取〉作者為探討「辯」的作用、目的與方法，其中涉及「辭」（語句）的意義問題，從不同類型的語句關係，嘗試建立起一些推論規則，如：辟、侔、援、推。或「侔」式推論中的：是而然、是而不然、不是而然、一周而一不周、一是而一非等。雖然其中許多規則都會有例外，導致規則的適用範圍有限，但我們卻可以從中發現各種「辭」的意義。

　　以下，說明本章涉及語句的構成與其意義變化的相關因素：
1. 「辭」即語句。「辭」的意義在於構成語句之「名」的意義組合。

2. 「辭」的意義從構成的元素來看，我們必須了解其中每一「名」的概念內涵，而「名」的概念內涵則在於對「實」的把握。

3. 「辭」的意義與某些特定觀點的「名」有關，特別是與全稱、特稱，及時間模態等因素相關的「名」。

4. 「辭」的意義與所表達內容，涉及表達者與其關係人的特殊關係，也與其主觀的情感因素有關。

5. 「辭」的意涵需要掌握使用其「辭」者的思維情境，才能分辨其確切的意義。

6. 語意的確立與使用語言者的思維情境有關，而個人的思維情境則與其所認同的某些價值觀或某些理論有關。

7. 「辭」的縮簡表達方式，其語意根據「約定俗成」原則，但是其「約定」也有一定的根據，如根據「名」所出現的位置、命名時認知內容的把握、人際關係中的親密程度、局部與整體的描述方式等因素。

　　總之，「辭」的意義在於組成元素「符號」、使用者「人」以及社會環境或傳統思想等因素。就組成元素而言，涉及「名」的指涉性、約定性。[10]就使用者而言，涉及「語用」的主觀性、相對客觀性。至於從社會環境的觀點來看，「辭」的意義不僅是「名」的指涉性與約定性的問題，還涉及整個傳統與文化脈絡相互影響的狀態。因此，我們也可以這麼看，即「辭」的意義乃是處於主客互動、意義確立與變動的動態過程中。

---

[10] 李賢中：《先秦名家名實思想探析》，臺北：文史哲出版社，1992年，頁195-196。

第三章
論「同」與「推」——先秦推理思維的
基本概念

一、「同」的意義與類型分析

有關「同」的意義、「同」的類型、「同」與「異」的關係,以及「同」、「異」的比較等問題,在《墨子》、《公孫龍子》、《莊子》及惠施「歷物之意」中皆有論及。本章以《墨子》中的材料為主,名家、道家、法家、儒家的材料為輔,進行探討。

(一) 「同」是相對於「異」而被確立,「同」是在特定觀點比較下的呈現

《墨子・經上》:「同,異而俱於之一也。」《墨子・經說上》:「同(侗),二人而俱見是楹也,若事君。」所謂的「同」是相異的事物而有一致的方面,如同兩人共見一物,二臣共事一君。至於「同」有哪些種類?〈經上〉:「同,重、體、合、類。」〈經說上〉:「同,二名一實,重同也。不外於兼,體同也。俱處於室,合同也。有以同,類同也。」從《墨子》對於「同」的分類,可以看出每一類型的特定觀點。二名同指一實的「重同」,是認知結果轉化為表達符號後,在指涉認知對象的觀點下,二符號指同一對象的情況。「體同」則是指同一整體的兩個部分,如車門與車輪,其觀點必須把握整體與部分、部分與部分的關係。「合同」則是指相異的兩物同在一空間的情

況，如時鐘的齒輪與發條，同在鐘室之內。而「類同」則是指在觀點確立下的分類所屬物之比較，如白馬、黑馬皆在「馬類」的觀點下相同。

（二）「異」是相對於「同」而被確立，同一事物又因比較觀點的轉換，而顯出差異

《墨子‧大取》：「有其異也，為其同也；為其同也異。」因此，所謂的「異」是相對於「同」而被確立。如男女有別，這是「異」，而男女之所以能夠比較，此乃因他們「同」是人。其次，《墨子》提到任何可分別為二的事物必然有所相異，如〈經上〉：「異，二、不體、不合、不類。」〈經說上〉：「異，二必異，二也。不連屬，（不）體也。不同所，不合也。不有同，不類也。」相異，是兩物在相同觀點下的差異，或歸屬於同一類的否定。再者，同一事物在不同觀點的比較下，會有不同的表達。〈經上〉：「同異交得放有無。」〈經說上〉：「同異交得，於福家良知（恕）有無也。比度，多少也。蛇（兔）蚖旋（還）圓（圜），去就也。鳥折用桐，堅柔也。劍尤甲（早），死生也。處室子，子母，長少也。兩色交（絕）勝，白黑也。中央，旁也。論行、行行、學實，是非也。雞（難）宿，未成也。兄弟，俱適也。身處志往，存亡也。霍，為姓，故也。賈宜，貴賤也。」[1]就經意而言：事物的同、異相互對立，又彼此相關，例如有與無。（放即「仿」）就經說而言：出身富家的人不一定有知識，沒錢的人也可能有知識。一數與他數相比度，可以既是多也是少。蛇、蚯蚓的運動狀態，既去又就。鳥兒築窩的樹枝，既堅也柔。殺敵致死的劍與護身的盔甲有相似的作用，殺敵的同時也就在護己之生。在家中，一個

---

[1] 〈經說上〉引文括號內為原文，根據孫詒讓：《墨子閒詁》，臺北：華正書局，1987年，頁319-320。文句改字與文意參考孫中原：《中國邏輯史（先秦）》，北京：中國人民大學出版社，1987年，頁291-293。

人可以既是母親又是女兒，這是既長又少。一物與他物相比，可以既白（淡）又黑（濃）。空間中某處可以既作中央、又作旁邊。一個人的言論和行動、行動和行動或學問和實踐之間，可以既有是又有非。一個事物在生長過程中可以既成又未成。一個人可以既爲兄又爲弟。一個人可以身在此而志在彼，從這意義說其雖存猶無。姓霍的人可以既是霍又不是霍（某種動物）。成交的物價可能既貴（對買者）且賤（對賣者）。由此可歸納出，由於同一事物與其他事物有不同的關係，相同的事物在不同觀點的比較下就會顯出差異。

（三）「比較」是某一主體將兩個不同的對象，置於特定的觀點下來進行對比的活動，比較的結果再以「名」、「辭」予以表達

有關「同」的分類，除了〈經上〉之外，〈大取〉還有許多不同觀點下的分類。〈大取〉：「智與意異。重同，具同，連同，同類之同，同名之同；丘同，鮒同，是之同，然之同，同根之同。有非之異，有不然之異。有其異也，爲其同也，爲其同也異。」其中前四種，與〈經上〉所論之同相合，次序略異。所謂「重同」即二名一實，「具同」即俱處於室的「合同」，「連同」即不外於兼的「體同」，同類之同即「有以同」之「類同」。其次，「同名之同」是指二實同名，如「璞」既指玉未理者，又指鼠未臘者。[②] 「丘同」是指異物處於同一區域，「鮒同」是指二物同附一體，「是之同」是指比辭而俱行的侔式推論中，「是而然」在前項肯定上的相同，如：「白馬，馬也（乘白馬，乘馬也）。」「獲，人也（愛獲，愛人也）。」「然之同」是侔式推論中「是而然」或「不是而然」，在後項肯定上的相同，如前例括弧內之

---

② 見《尹文子·大道下》：「鄭人謂玉未理者爲璞，周人謂鼠未臘者爲璞。」

兩辭。再者，「非之異」是指比辭俱行中的「一是一非」，如：「居於
國，則爲居國；有一宅於國，而不爲有國。」「不然之異」是指侔式推
論中「是而不然」後項否定上的差異。如：「（車，木也；）乘車，非
乘木也。」「（船，木也；）入船，非入木也。」最後，事物經過比較
而顯出差異，乃是基於所比較事物某一觀點下的相同性；但是兩物之所
以相同，也就顯示了它們是不同的東西。

（四）進行比較時，比較者所選定的某些觀點或比較標準，有其特定的個人主觀性或學派、社群的主觀性

在推論過程中，辟、侔、援、推四種方法都會因爲分類觀點上的不
同，或選取某一類的理由不同，而有推論上的限制。〈小取〉：「夫物
有以同，而不率遂同。辭之侔也，有所至而正。其然也，有所以然也。
其然也同，其所以然不必同。其取之也，有所以取之。其取之也同，其
所以取之不必同。」如果不能掌握對方的分類標準，則無法進行有效的
溝通。〈經下〉：「狂舉不可以知異，說在有不可。」

〈經說下〉：「牛狂與馬惟異，以牛有齒、馬有尾，說牛之非馬
也，不可。是俱有，不偏有、偏無有。曰牛與馬不類，用牛有角、馬無
角，是類不同也。若舉牛有角、馬無角，以是爲類之不同也，是狂舉
也，猶牛有齒、馬有尾。」「狂舉」就是錯誤的列舉，錯誤的列舉就無
法辨別事物類別的差異，因爲不能超越分類的標準。例如牛和馬雖然不
同，但牠們之所以不同的理由，並不是因爲牛有齒、馬有尾。因爲牛馬
都有齒與尾的這些部分，而不是一方全然有、另一方全然沒有。[3]如果
說牛與馬是不同類的兩種動物，用牛有角、馬無角的特徵比較，因爲一
有一無，所以說牛馬之類不同，是可以成立的。如果不是這樣舉例就是

---

③ 此處「偏」乃「遍」意。參考溫公頤、崔清田主編：《中國邏輯史教
　程》，天津：南開大學出版社，2001年，頁122。

狂舉，就好像前面用牛馬兩者皆有的齒與尾，來舉例說明「牛馬不同」一樣。

　　然而，牛與馬到底是同類還是異類？這要看論述者他在表達論述的脈絡中，採取怎樣的分類標準。以下我們可以名家公孫龍的看法爲例。《公孫龍子・通變論》：「羊與牛唯異，羊有齒，牛無齒。而羊牛之非羊也，之非牛也，未可。是不俱有，而或類焉。羊有角、牛有角。牛之而羊也；羊之而牛也，未可。是俱有，而類之不同也。」從牛與羊在臼齒與特徵上的差異，說牛與羊不同類，是不妥的。雖不是雙方都有相同之某一特徵，但仍可以歸爲一類。相對的，牛、羊都有長角，依此相同特徵說牛是羊或羊是牛，也是不妥的。就算有相同的特徵，也未必可歸爲同一類。

　　由此可見，人在進行思考、表達時，他會因所處情況的變化，而有比較標準的主觀性。又如〈小取〉：「愛人，待周愛人，而後爲愛人。不愛人，不待周不愛人；不周愛，因爲不愛人矣。乘馬，不待周乘馬，然後爲乘馬也。有乘於馬，因爲乘馬矣。逮至不乘馬，待周不乘馬，而後爲不乘馬。此一周而一不周者也。」其中，愛人與乘馬就在墨家學派的特殊比較觀點下，一周而一不周。

（五）先秦各家面對「同、異」所採取的態度

　　《公孫龍子》的分類標準是浮動的，視其使用上的需要而做調整。例如〈通變論〉：「謂雞足，一。數足，二。二而一，故三。謂牛羊足，一。數足，四。四而一，故五。牛、羊足五，雞足三。故曰：牛合羊非雞。非有以非雞也。」其中數足、謂足的分類相加，就異於俗約。

　　墨子則要求辯論雙方的觀點必須是一致的，〈小取〉：「有諸己不非諸人，無諸己不求諸人。」亦即自己所採取的觀點不可要求別人不得

採取，自己所不採用的觀點也不能要求別人去採用。如此，至少在辯論的過程中，分類的觀點要先固定下來。

莊子、惠施都清楚同、異的關係與變化，但傾向於「大同」的統合觀點。《莊子・天下》：「大同而與小同異，此之謂小同異；萬物畢同畢異，此之謂大同異。南方無窮而有窮，今日適越而昔來。連環可解也。我知天下之中央，燕之北、越之南是也。氾愛萬物，天地一體也。」其中「大同」即大類，「小同」即小類，大類與小類有所不同，萬物之間的比較都能有所同、有所異。在時間上、空間上的比較，都會因為觀點的轉換，而有或同或異的看法。但萬物在惠施看來卻是相互一體，異中有同，因而採取氾愛萬物的態度。

莊子也知道不同的觀點會看到事物不同的面貌，但是要有整體的把握，還是必須從合同處領會。〈德充符〉：「仲尼曰：『自其異者視之，肝膽楚越也；自其同者視之，萬物皆一也。』」〈齊物論〉：「天地，一指也；萬物，一馬也。」天地萬物各有其異，但若是從「道通為一」的觀點則皆同為一。

二、「推」的意義把握與應用

「推」是墨家辯學中的重要推論形式，在辟、侔、援之後，所謂的「推」即：「以其所不取之，同於其所取者，予之也。」其中，「不取」、「取」以及「同於」都與「同」的意義、類型、比較的觀點密切相關。以下從墨家、儒家、道家、名家及法家中之實例，展示「推」的各種應用。

（一）墨家：《墨子》之例

「推」，亦稱歸謬式的類比推理。④其方法是用對方所不贊同的，聯繫起對方所贊同的，以推翻對方的論點。如《墨子・公輸》載墨翟對公輸般說：「北方有侮臣，願藉子殺之。」公輸般說：「吾義固不殺人。」墨翟就指出公輸般造雲梯幫楚國攻打宋國，許多無辜的宋國百姓必將因此而被殺害，這是「義不殺少而殺眾，不可謂知類」。公輸般終為墨翟所折服，此處就用了「推」的方法。就「推」的同異運用而言，由於對方所贊同的，卻是我方所反對的，因此先構作一與其所贊同之論點（如：攻國）同類之主張，但此一主張必須為對方所反對（如：殺人），如此構成矛盾以歸謬（如：反對殺人卻同意攻國），反顯我方所反對的論點無誤。

從反駁理論的觀點看，由於「推」之中「其所不取」與「其所取」的兩者同類，「予之也」則是為顯出對方的矛盾，如果對方承認自己的錯誤，而放棄原本的觀點，也就達到反駁的效果；並且，如果對方不但放棄原本的觀點，反而贊成我方的觀點，則在推論進行中又間接的達到證明我方觀點的正確性。因此，從「推」式運作的過程中可見其「反駁」的作用。

在〈公孟〉中，公孟子曰：「無鬼神。」又曰：「君子必學祭祀。」子墨子曰：「執無鬼而學祭禮，是猶無客而學客禮也，是猶無魚而為魚罟也。」這就是以「推」式來反駁之例。其中，公孟子所取的是「無鬼神而學祭禮」，其所不取的是「無客而學客禮」，以及不取「無魚而為魚罟」，但這後兩者與前者「無鬼神而學祭禮」是具有同樣的性質──都是自相矛盾的。墨子把這些自相矛盾的事例同時呈現在公孟子面前，這就是「予之也」，使他不得不放棄「無鬼神而學祭禮」的觀點。至此，則墨子已達到反駁的效果。

---

④ 孫中原：《中國邏輯研究》，北京：商務印書館，2006年，頁287。

（二）儒家：《孟子》之例⑤

在《孟子》一書中也採取了墨家的「推」式論辯方法，如：

> 「孟子謂齊宣王曰：『王之臣有託其妻子於其友而之楚遊者，比
> 其反也，則凍餒其妻子，則如之何？』王曰：『棄之。』曰：
> 『士師不能治士，則如之何？』王曰：『已之。』曰：『四境之
> 內不治，則如之何？』王顧左右而言他。」

其中「棄之」、「已之」是齊宣王說的，屬於「不取」部分，而最
後「王顧左右而言他」，則表示其「所取」的部分。別人所做不合道義
的事，齊宣王就會予以斥責，但自己所做不合道義的事卻無所謂而不反
省自責，所以孟子將其所「不取」與「所取」的類同性凸顯出來，而顯
出齊宣王的自相矛盾。

（三）道家：《莊子》之例⑥

> 申徒嘉，兀者也，而與鄭子產同師於伯昏無人。子產謂申徒嘉
> 曰：「我先出，則子止；子先出，則我止。」其明日，又與合堂
> 同席而坐。子產謂申徒嘉曰：「我先出，則子止；子先出，則我
> 止。今我將出，子可以止乎！其未邪？且子見執政而不違，子齊
> 執政乎？」申徒嘉曰：「先生之門，固有執政焉如此哉？子而悅
> 子之執政而後人者也？聞之曰：『鑑明則塵垢不止，止則不明
> 也。久與賢人處則無過。』今子之所取大者，先生也，而猶出言
> 若是，不亦過乎！」子產曰：「子既若是矣，猶與堯爭善，計子

---

⑤ 《孟子‧梁惠王下》。
⑥ 《莊子‧德充符》。

之德不足以自反邪？」申徒嘉曰：「自狀其過以不當亡者眾，不狀其過以不當存者寡。知不可奈何而安之若命，唯有德者能之。遊於羿之彀中。中央者，中地也；然而不中者，命也。人以其全足笑吾不全足者多矣，我怫然而怒；而適先生之所，則廢然而反。不知先生之洗我以善邪？吾與夫子遊十九年矣，而未嘗知吾兀者也。今子與我遊於形骸之內，而子索我於形骸之外，不亦過乎！」子產蹴然改容更貌曰：「子無乃稱！」

子產用申徒嘉的「德不足」（與堯爭善）與之辯難，申徒嘉則重新詮釋了何謂「有德者」，使子產看到自己的錯誤。其中，申徒嘉就是用子產所不取的「德不足」同於其所取的「有德者」，而使子產有所醒悟。

（四）名家：《公孫龍子》之例[⑦]

在《公孫龍子》中，有一段孔穿與公孫龍的對話。

穿曰：「素聞先生高誼，願為弟子久，但不取先生以白馬為非馬耳；請去此術，則穿請為弟子。」龍曰：「先生之言悖……且白馬非馬，乃仲尼之所取，龍聞楚王張繁弱之弓，載忘歸之矢，以射蛟兕於雲夢之圃，而喪其弓，左右請求之。王曰：『止。楚人遺弓，楚人得之，又何求乎？』仲尼聞之曰：『楚王仁義而未遂也。亦曰人亡弓，人得之而已，何必楚。』若此，仲尼異楚人於所謂人。夫是仲尼異楚人於所謂人，而非龍異白馬於所謂馬，悖。先生修儒術而非仲尼之所取，欲學而使龍去所教，則雖百龍，固不能當前矣。」

---

⑦ 《公孫龍子‧跡府》。

　　其中，公孫龍以孔穿所不取的「白馬非馬」，而同於孔穿所取仲尼的「楚人非人」，促使孔穿不得不承認自己的自相矛盾而無以應焉。

（五）法家：《韓非子》之例[8]

> 子圉見孔子於商太宰，孔子出，子圉入，請問客，太宰曰：「吾已見孔子，則視子猶蚤蝨之細者也。吾今見之於君。」子圉恐孔子貴於君也，因謂太宰曰：「君已見孔子，亦將視子猶蚤蝨也。」太宰因弗復見也。

　　其中，商太宰所不取的子圉，在相對於見君的情況下，商太宰也將類同於子圉的地位，若以「太宰因弗復見也」的結果研判，商太宰當然是有取於己，在子圉運用「推」，使太宰看出其所不取同於其所取者的情況下，他就只好改弦更張了。

三、「推」與「同」的關係

　　推類的思維不僅是「不取」與「取者」的類比關係，有時也是由「不取」所顯之「理」在「取者」之上的應用，產生一種推理之性質。由於「理」有層次性、複雜性，若不恰當引用不同層次之「理」則會有推不出之錯誤產生，然若能先行釐清「理」的脈絡，則這種推理的價值就可予以肯定。

---

[8]　《韓非子‧說林上》。

（一）「不取」與「所取」之異同

公輸般不取「殺人」而取「攻國」，殺人與攻國都是一種事態，涉及因果關係。公孟子不取「鬼神存在」而取「學祭禮」，是一種認知上的判斷與傳統禮儀，也涉及因果關係。齊宣王不取「無道之臣」，而取「無道之君」，表面上是兩種類型的人，其中涉及價值觀與權力關係。子產不取「德不足」而取「有德者」，涉及境界與價值觀。孔穿不取「白馬非馬」而取「楚人非人」，涉及概念的分類、歸屬問題以及倫理關係。商太宰不取如蚤蝨的子圉，而取將如蚤蝨的自己，是人在情境中的地位，涉及利害關係。因此，取與不取的類型有：人物、事態、情境、概念。其中又涉及價值觀、因果關係、權力關係、利害關係及倫理關係等背景脈絡。這些類型之理、關係之理就是使它們得以相同的關鍵。

由於「所取」的類型不同，因此對於所取者可區分為三個層面：首先是對象，其次是對象所在的關係脈絡，第三是理解此一關係脈絡的主體之思維情境。其中第一與第二層次是比較能夠掌握的部分，與客觀經驗接近。第三個層次則為客方主觀上的理解與認知，這是能否釐清其所取為何的關鍵因素。第一層次是客方所想的內容，第二層次則是客方為何如此想的客觀原因，第三層次則為客方之所以如此想的主觀理由。其探究之方法在於掌握客方之「所取」是：「基於……所見，在……關係脈絡下之……對象。」例如：公輸般的「所取」是基於正義的價值觀所見，在人際關係的脈絡下不可殺人。齊宣王的「所取」是基於忠信的價值觀所見，在因果關係的脈絡下必須盡忠職守、不負所託。子產的「所取」是基於尊卑有等的價值觀之所見，在人際關係的脈絡下貴賤必有差別，以及子產基於齊物與安時處順的道家思想之所見，在修道者境界提升的脈絡下，體道者乃無分別心、有德者知不可奈何而安之若命。孔穿的「所取」在公孫龍的引用詮解下，是基於循名責實的正名思想之所

見，在概念分析的脈絡下，彼此具有類屬關係的概念並不相同。[9]商太宰的「所取」則是基於人人自私自利的人性論所見，在利害關係的脈絡下，唯以能夠使自己趨利避害之事方可行。

（二）所「同」的切入角度

所謂「同」，是在比較之後，其中涉及比較的對象、比較的主體，以及比較的標準。涉及比較主體的立場、觀點，而這些變數又與比較主體的傳統、知識、語言、個性、習慣等背景因素，及當時所處環境、內在心境有關，可以是千變萬化的。因此墨辯中解釋「類同」是：「有以同。」也就是其比較的標準是有所根據的某一觀點下的「同」，至於其標準「類」是在怎樣的觀點下構成，則會因人而異。以下就以「類同」的觀點來說明「推」中之「同於」的切入角度。

在墨子「殺人」與「攻國」的事例中，原本是用兩個概念分別指涉兩種事態，但經由因果關係的擴大，衍生出「攻國」必然「殺人」，而使這兩概念可以歸在同一類，因而使「同於」可以成立。

齊宣王與其臣、士師乃是君臣間的權力關係，因此齊宣王在臣下虧負所託、士師不能盡職分時，他能「棄之」、「已之」，但他的兩次判斷卻是來自相同的價值觀，當齊宣王自己不能盡為君的本分時，依「棄之」、「已之」的價值觀也應受處分，雖然王顧左右而言他的迴避了這個問題，但前後一致的價值觀即是此例之所「同」。

子產之所取乃有德者──伯昏無人（子之所取大者，先生也），而不取德不足之兀者──申徒嘉，可以從三方面來分析其「不取」與「所取」之「同」何在。首先，申徒嘉解釋所謂的「有德者」是：「知不可

---

⑨ 實際上孔穿自己並未提出他之所以反對「白馬非馬」的理由，而是公孫龍替他提出。從儒者的價值觀來看，孔子的「楚人非人」乃是基於「恕」道之推己及人，從儒家仁義思想之所見，在倫理關係的脈絡下所愛的人不必以國家為範圍，才是孔子的本意。

奈何而安之若命,唯有德者能之。」因此申徒嘉也是有德者。其次,子產所取的伯昏無人與申徒嘉相處十九年,而未嘗知申徒嘉爲兀者,子產從學於伯昏無人,也應該取其師之態度。其所不取者正是其取者之所取,故而有所同。第三,子產從形骸上否定了申徒嘉,因而從執政者的權位階級觀念,不願意與申徒嘉這種受過刑戮而斷腳之人同進退,正顯示其價值觀的混亂,「德」之境界不高。唯有回到子產所取的「遊於形骸之內」,才能不受外在富、貴、窮、達的影響,而使德充於內而自符應於外。因此,其「不取」的價值觀宜向「所取」的有德者價值觀認同。

孔穿所不取的「白馬非馬」其理由並未在《公孫龍子‧跡府》中有所交代,但公孫龍用「夫是仲尼異楚人於所謂人,而非龍異白馬於所謂馬,悖」卻是有力的駁斥。因爲「楚人與人」的關係正類同於「白馬與馬」的關係,「楚人」此一概念歸屬於「人」此一概念,而不同於「人」此一概念,正如「白馬」此一概念歸屬於「馬」此一概念,而不同於「馬」此一概念。既然「楚人異於人」可以成立,那麼「白馬異於馬」也就可以成立,這是孔穿所「不取」與其「所取」之所以「同」的地方。

從人際間的利害關係來看,子圉和商太宰的關係就如同商太宰與宋國國君的關係,商太宰不取如蚤蝨的子圉,宋國國君也不會取如蚤蝨的商太宰。因此,商太宰所不取的情況會同於他所取的情況。他取仲尼而不取子圉,宋國國君也會取仲尼而不取他。前者是他所要做的事,也就是他的「所取」,後者是他不希望發生的情況,也就是他的「不取」,而這兩種情況是彼此類同的。

四、「同而始推」與「推以致同」

辯說,往往是從立敵雙方主張的不同之處出發。首先,要確認對方所取或不取者爲何。其次,構作對方隱然未現的所取或不取者。第三,

透過各種事態、關係的擴大、延伸，將其所取與不取歸為一類，呈現在對方已經改變的思維情境之中，使對方陷入自相矛盾，因而不得不放棄原先之所取的態度、思想、行為等，進而承認我方的主張為正確。因此「推」雖然包含著從已知到未知的推論過程，但是，對方並非處於無知的狀態，而是要對方放棄其原先之所取者。簡言之，「推」的目的就在於使對方放棄，使對方改變原先的主張。

因此，要探究「推」的過程會涉及辯說雙方各自的思維情境，經驗界中事物的各種關係，思維主體對於這些關係的認知與把握，推論過程中雙方思維內容的變化，以及相應於變化所做的推論調整，以達到最後使對方放棄，並歸順於我方主張的目的。

從「推」的「予之也」來看，所謂「予之也」乃是在一定前提之下呈現辯論對方自相矛盾的狀況，例如兩種事物如果是同類，則應具有相同之性質，前提是兩者同類，彼此之間在性質、作用，以及人對他們的態度、處理的方式就不能不同，若是不同即自相矛盾。因此前提能否成立？能否為立、敵雙方所共認，就是能否「予之」的關鍵因素。

「予之也」包含論辯雙方思維情境交融之吻合、排斥、既合又斥的情況：

1. **雙方思維情境相吻合的情況**：墨子與公輸般的殺人與攻國。因為只要將攻國的因果關係延伸就自然可見殺人之結果，而使公輸般的不取與所取相同，而能順利的「予之」而歸謬。此外，子圉與商太宰，子圉引見孔子而被孔子比下去的情況，與太宰引見孔子而被孔子比下去的利害關係是顯而易見的，也能順利的「予之」而歸謬。

2. **雙方思維情境相排斥的情況**：子產與申徒嘉在「有德者」的理解上原本是不同的。子產認為申徒嘉乃德不足，申徒嘉則認為子產有過，子產不取賤而取貴，取有德而不取無德者，因而子產的不取與所取即使透過因果關係的延伸也無法歸為同類，直到子產聽進申徒嘉的辯說並修正對「有德者」的理解，才使相斥的情況改變。

3. **雙方思維情境既合又斥的情況**：可以孔穿與公孫龍的一段為例。
「白馬非馬」與「楚人非人」，以其表達形式與概念的獨立性兩方面看，都是可歸為同一類型的；如X歸屬於Y但X非Y，亦即「楚人」與「人」兩概念的關係，正如「白馬」與「馬」兩概念的關係，這是相合的部分。但若從這兩命題提出的思想背景來看，則並不相同。公孫龍的「白馬非馬」是從概念內涵、外延的邏輯立場提出，而仲尼的「楚人非人」則是從仁義的倫理立場提出（楚王仁義而未遂），兩命題的意向與相對於思想背景的意義是不同的，這是它們相斥的部分。

以上，情境交融、彼此共認的第一種情況「予之也」最無問題。思維情境互斥的第二種情況則必須透過其他的比喻、解釋、推理等過程構成彼此共認，再「予之也」才有效。既合又斥的第三種情況，嚴格說來並不具有說服對方的作用，雖然在特定的立場、角度下「予之」確有其理，但未必能改變對方的思維情境與思想內容。

簡言之，取與不取兩者必須有以同，方能予之。如殺人與攻國必須有所同、「白馬非馬」與「楚人非人」必須有所同，而「推」的思維過程是：有所同方能有所推，這是「同而始推」。但其推導的方向卻是要由概念上的差異，導向思維情境的相同，如子圉與商太宰、子產與申徒嘉最後所取得的共識，其最終目的是為取得行動上的協調或一致，這是「推以致同」。

從「同而始推」看，推者必須構作「不取」與「取」的「同」。從墨子與公輸般的例子來看，公輸般之不取「殺人」是墨子設計的，若不是墨子說：「北方有侮臣，願藉子殺之。」也套不出公輸般說出「吾義固不殺人」的話。這表示墨子對於公輸般有一定的了解，知道他的想法與反應。因此，在辯說過程中，對方的「不取」是隱然的存在，需要主方透過問答過程使其呈現。孟子與齊宣王的對答中也有類似的情形。齊宣王的不取——「棄之」、「已之」，就是在孟子的設計下被套出。

從「推以致同」來看，子圍構作了商太宰原先所沒有意識到的、也是他所不取的情況，使太宰明白自己未來可能的遭遇，進而在行動上取得了雙方的共識。子產不取德不足之兀者──申徒嘉，申徒嘉辯說的著力點也在於構作其未呈現的所取──伯昏無人，一有德者的表現，最後改變子產對申徒嘉的態度。

五、小結

許多學者都認為先秦邏輯思想的主要形式就是「推類」[10]，其中的「類」就是「同」，基於「同」而「推」的思維特色在對於「同」有怎樣的看法，就會有怎樣的推論方式。而對於「同」的看法又來自於比較的觀點，經過比較之後，除了「同」之外，還有「異」，並且比較之所以可能也在於異中之同的共通基礎。

就「同」的類型而言，墨家的分類有：二名同指一實的「重同」，兩物共同隸屬於一整體的「體同」，兩物同在一空間的「合同」，以及概念上的「類同」等。惠施則簡單的二分為「大同」與「小同」。在比較的觀點方面，墨辯與公孫龍有較多的探討；在比較的態度方面，莊子從合同一體的立場看這紛雜差異的天地萬物。

在應用「同」以「推」方面，先秦各家都有靈活的例證，其中在「取」方面可表述為：基於……所見，在……關係脈絡下之……對象。可分析為對象、對象所在的關係脈絡，以及此一關係脈絡的主體之思維情境等三個層次。在「予」方面，有情境融合、情境互斥，以及既合又斥等三種情況。墨辯的基本推論方法就是「以類取、以類予」（〈小取〉），透過「取」、「予」的分析，有助於我們了解先秦哲學家們對

---

[10] 溫公頤、崔清田主編：《中國邏輯史教程》，上海：上海人民出版社，1988年，頁5。

於「推」的運用。

又「類」即是「同」，「以類取、以類予」就是「以同取、以同予」，其中包含「同而始推」以及「推以致同」兩方面，基本上是要由概念、思想的差異導向共識的形成、行為的一致。因此，先秦邏輯的「推類」具有實用之特性。至於在比較先秦時代各家同、異的觀點背後，有怎樣的形上思想？以及基於「同」而「推」的有效性如何？則是值得繼續探討之問題。

第四章
《韓非子》的思維方法

一、法家的思想淵源

春秋戰國時代是中國古代諸子之學興盛的時期，周朝自平王東遷之後，王室式微，禮崩樂壞，諸侯力政，篡弒兼併，天下大亂。為扭轉時弊，諸子百家各種學說應時而起，儒、墨、道、法、名、陰陽各家爭鳴。《史記・太史公自序》：「《易大傳》：『天下一致而百慮，同歸而殊途。』夫陰陽、儒、墨、名、法、道德，此務為治者也。……法家嚴而少恩；然其正君臣上下之分，不可改矣。」從「務為治」的觀點看，孔子透過仁義道德教化及正名思想以正政，孟子以性善論闡釋價值根源問題及以仁政王道思想解決政權如何轉移問題。道家老子以道法自然，為無為，則無不治為其政治哲學。至於墨子，著重以「兼愛」治天下之亂，為求實際改善天下百姓的生活。名家公孫龍則強調古之明王「審其名實，慎其所謂」以治天下的重要性。荀子企圖建立一成就禮義之客觀軌道，化性起偽，以師法、正名恢復社會秩序，而其弟子韓非則是：如何抱法、處勢、用術，建立一有力統治，以追求富國強兵等。雖然法家主張嚴刑峻罰，曾被批評為刻深寡恩，[①]但是司馬談認為法家所建立起君臣上下的制度與權力的有效運作，仍然是有價值的。

其中，韓非為戰國後期的思想家，不但吸收各家思想，也做出創新

---

① 《戰國策・秦策》：「商君治秦，法令至行，……期年之後，道不拾遺，民不妄取，兵革大強，諸侯畏懼。然刻深寡恩，特以強服之耳。」見溫洪隆注譯：《戰國策新譯》，臺北：三民書局，2008年，頁57。

轉化。在法家部分，韓非之前有慎到重「勢」、商鞅重「法」、申不害重「術」，韓非集其大成。他的「集」不是無條件的接受，而是批判、修正後的選擇和融貫，重新建構一個有系統的法家哲學。[2]韓非批評商鞅「有法無術」只是將國家的資源轉送給大臣，而無益於國家的富強。又，商鞅之法以斬首之功為官，使政府官員的能力與任務無法配合，乃「不當其能」。[3]此外，韓非批評申不害，「有術無法」使奸臣有利用詭辭脫罪的機會；且申不害的「術」過於僵化的要求，使得不在其位的官員，雖知不言，造成君主在資訊的收集上受到阻礙。[4]韓非對於慎到的批評在於慎子所談的「勢」為繼承而來的「自然之勢」，而韓非所強調的則是國君透過任法運術，所產生的「人設之勢」。韓非說：「抱法處勢則治，背法去勢則亂。今廢勢背法而待堯、舜，堯、舜至乃治，是千世亂而一治也。抱法處勢而待桀、紂，桀、紂至乃亂，是千世治而一亂也。」（《韓非子·難勢》）這種「勢」的運用，中等之資的人才就可以勝任，不必等待賢者才能治理好國家。

在韓非對於先秦各家思想的吸收與轉化方面，韓非說：「用一之道，以名為首。名正物定，名倚物徙。故聖人執一以靜，使名自命，令事自定。」（《韓非子·揚權》）此正名思想遠承自孔子：「名不正，則言不順；言不順，則事不成；事不成，則禮樂不興；禮樂不興，則刑罰不中；刑罰不中，則民無所措手足。」（《論語·子路》）從名不正到刑罰不中，中間經過禮樂不興，也可看出儒家經荀子到法家的發展脈絡。荀子說：「知者為之分別制名以指實，上以明貴賤，下以辨同異。」「故王者之制名，名定而實辨，道行而志通，則慎率民而一

---

② 王讚源：《中國法家哲學》，臺北：三民書局，1991年，頁21。

③ 見《韓非子·定法》。見陳啟天：《增訂韓非子校譯》，臺北：商務印書館，1994年，頁81。

④ 見《韓非子·定法》，出處同上，頁81。及《申不害·佚文》：「治不踰官，雖知不言。」

焉。」（《荀子・正名》）此處可以看到荀子認爲社會秩序的建立、人民思想意念的溝通、國家的統一皆有賴於正名。此外還有名家鄧析、尹文的「循名責實」思想，[5]都影響了韓非的形名法治思想。

　　在道家老、莊思想方面，對於韓非也有深刻的影響。老子所謂：「人法地，地法天，天法道，道法自然。」（《老子・25章》）莊子也有：「天地有大美而不言，四時有明法而不議，萬物有成理而不說。」（《莊子・知北遊》）其中四時有明法，在法家而言，以法治國就如某種自然法則是客觀必然的。在治國理論上，莊子有：「上無爲也，下亦無爲也，是下與上同德，下與上同德則不臣；下有爲也，上亦有爲也，是上與下同道，上與下同道則不主。上必無爲而用天下，下必有爲爲天下用，此不易之道也。」（《莊子・天道》）這是君臣所道不同，君上無爲，而臣道有爲的思想。韓非也有類似的主張：「夫物者有所宜，材者有所施，各處其宜，故上下無爲。使雞司夜，令狸執鼠，皆用其能，上乃無事。」（《韓非子・揚權》）如此，韓非也採取君道無爲，臣道有爲的作法，但他更進一步指出：君道可以無爲的關鍵在於他能將各種人才擺放在恰當的位置上，並發揮出合宜的功能。這是韓非受道家思想影響的線索。

　　在墨家的影響方面，墨家來自天志的法儀標準，是至仁者，「然則奚以爲治法而可？故曰莫若法天。天之行廣而無私，其施厚而不德，其明久而不衰，故聖王法之。」（《墨子・法儀》）此韓非將之轉化爲法之權威性、普遍性思想，云：「明主使其群臣不遊意於法之外，不爲惠於法之內，動無非法。」「法不阿貴，繩不撓曲。法之所加，智者弗能辭，勇者弗敢爭。刑過不避大臣，賞善不遺匹夫。故矯上之失，詰下

---

⑤　《鄧析子・無厚》：「循名責實，察法立威，是明王也。」《尹文子・大道上》：「以名稽虛實，以法定治亂。」見楊家駱主編：《增補中國思想名著——名家六書・墨經校詮》，臺北：世界書局，1985年，頁6、24。

之邪，治亂決繆，絀羨齊非，一民之軌，莫如法。」（《韓非子·有度》）在律法之前，智、勇、上、下人人平等，王公貴族亦同人民百姓受約束。

此外，還有墨家的「尚同」思想，也為法家所採取。墨子的主張是以「天志」為最高權威頂點，墨子首先要選擇賢良者立以為天子、三公、諸侯、卿宰、鄉長。故云：「鄉長唯能壹同鄉之義，是以鄉治也。」「國君唯能壹同國之義，是以國治也。」「天子唯能壹同天下之義，是以天下治也。」（《墨子·尚同上》）然而法家運用了此一政治架構，卻不以「天」為最高權威，而以國君為最高權力頂點：「國之所以治者三：一曰法，二曰信，三曰權。法者，君臣之所共操也；信者，君臣之所共立也；權者，君之所獨制也。人主失守，則危；君臣釋法任私，必亂。故立法明分，而不以私害法，則治；權制獨斷於君，則威。」（《商君書·修權》）韓非之君論也是主張集權專制，著重如何使君主勢位不失：「夫國之所以強者，政也；主之所以尊者，權也。故明君有權有政，亂君亦有權有政，積而不同，其所以立異也。故明君操權而上重，一政而國治。」（《韓非子·心度》）我們從韓非對於當時顯學儒、墨兩家的批評，可以看到韓非雖然受到儒、墨兩家思想的影響，但是他也做了許多的批判，如批評儒、墨兩家思想雜亂矛盾、真偽難定，指出：「故明君務力。夫嚴家無悍虜，而慈母有敗子，吾以此知威勢之可以禁暴，而德厚之不足以止亂也。」（《韓非子·顯學》）韓非從他自己的觀察，配合當時環境之變局提出了新的主張，形成法家最具系統性的哲學思想。

秦國為何能統一六國，形成大一統的國家，因素雖然很多，但其中有一個關鍵因素就是秦國運用了法家的思想，⑥然而思想的內容雖然重

---

⑥ 秦孝公時期，商鞅開始在秦國實施變法圖強。商鞅的變法效果很顯著。《戰國策·秦策》：「商君治秦，法令至行，……期年之後，道不拾遺，

要，但思維方法則更爲重要。法家有哪些思維方法？這要考察法家中各思想家的思維方法，不是一篇論文所能處理的。因此本章選取法家的代表，也是法家思想的集大成者韓非，專門研究他的思維方法。在思考方法方面，我們需要先分成兩部分來考察，其一是所依之理，其二爲所據之理。「所依之理」是指名辯邏輯之理，是推理所必須依循的演繹法、歸納法及類比法等；「所據之理」則是指：倫理、自然之理、法理、心理、文理、義理等事物現象作用、價值根據、理論本身之理。[7]「所依之理」如同火車的平行軌道，有其形式上的必然性。「所據之理」如同火車鐵軌所行經的山川、地勢，涉及土質軟硬、路線曲直、上坡下坡、橋梁山洞等不同地區的環境現象之理。「所依之理」不論在哪種環境中，都必須是平行的軌道，有一定的推理方法與規則形式，但是在不同的施工環境中，所依、所據之理相互關連而有相應的推理方法。

二、《韓非子》思維方法中的所依、所據之理

（一）辟式

《墨子‧小取》：「辟也者，舉他物而以明之也。」類比法是透過兩類事物的相似性，由此類事物的性質或關係，推出彼類事物也會具有同樣的性質或關係。例如《韓非子》書中記載：上古之民，爲了避免禽獸蟲蛇的侵害，而用樹枝樹葉在樹上搭成鳥巢般的住所，老百姓對他

民不妄取，兵革大強，諸侯畏懼。」之後，秦王嬴政亦喜韓非之書，《史記‧老子韓非列傳》：「人或傳其書至秦。秦王見〈孤憤〉、〈五蠹〉之書，曰：『嗟乎，寡人得見此人與之游，死不恨矣！』李斯曰：『此韓非之所著書也。』秦因急攻韓。韓王始不用非，及急，乃遣非使秦。秦王悅之。」可見法家思想是秦統一六國的重要指導思想。

[7] 李賢中：〈先秦邏輯史研究方法探析〉，《哲學與文化》第44卷第6期（總第517期）「中國邏輯史研究方法論」，2017年6月，頁75。

心悅誠服，請他做統治者，而稱他為有巢氏。他們吃東西都是生食、生肉，河裡面抓起來的魚、蚌殼都生吞活剝，吃了以後容易胃痛、腹瀉、生病。有人發明了鑽木取火，造福了許多古代百姓，稱他做燧人氏。中古時代，天下發生大水災，鯀和禹父子相繼疏導河流。近古時代桀、紂暴亂，而湯、武征伐。韓非子指出：「今有構木鑽燧於夏后氏之世者，必為鯀、禹笑矣。有決瀆於殷、周之世者，必為湯、武笑矣。然則今有美堯、舜、湯、武、禹之道於當今之世者，必為新聖笑矣。是以聖人不期脩古，不法常可，論世之事，因為之備。」（《韓非子·五蠹》）其中，有巢氏、燧人氏、鯀和禹、商湯、周武王，都是對他們所處時代有貢獻者，但是中古時代用上古時代的方式來解決問題（他物1），就如同近古時代用中古時代的方式來解決問題一樣被人嗤笑（他物2）。如果到韓非子那個時代還用鑽木取火、築巢於樹來生活的話，大家一定會笑他，可見我們不能把以前的東西照搬到現代（以明之）。這就是韓非所用「舉他物而以明之」的辟式推論，一種關係類比的推理方法，這也就是前述的「所依之理」。至於「所據之理」則是「變古的歷史觀」，亦即韓非所主張的：聖人不必遵循古代的制度治世，不必效法從前的慣例做事，要考慮當前世代的實際狀況，提出對應而有效的解決辦法。如他〈五蠹〉所提出的：「世異則事異」、「事異則備變」。時代改變則事情變化，事情變化則相應的設備制度也需要跟著改變。

（二）歸納式

在韓非之前有孔子的「性相近，習相遠」之說，有孟子的「性善說」，有荀子的「性惡論」，還有告子的性可善可惡等說法。到了戰國末年，韓非的時代，國與國之間的兼併，戰爭更加慘烈，人心險惡。在《韓非子》裡面，他從父子關係、夫妻關係、主僕關係、君臣關係、群己關係等各種人際關係，多方面的觀察歸納出人性自為，人人都是為追

求自己的利益爲其優先的心理傾向。例如：「父母之於子也，產男則相賀，產女則殺之。此俱出父母之懷衽，然男子受賀，女子殺之者，慮其後便、計之長利也。」（《韓非子‧六反》）「人爲嬰兒也，父母養之簡，子長而怨。子盛壯成人，其供養薄，父母怒而誚之。」（《韓非子‧外儲說左上》）這種父子關係，子女的存亡、親長的奉養都只是出於利害的考慮。至於「孝子愛親，百數之一也」（《韓非子‧難二》）雖然有少數的孝子出現，那也是非常偶然的。由於歸納法，所推得的結論，比前提所包含的內容更多的東西，因此並不具備演繹推理的必然性。[8]而韓非也說明了例外只是少數。又如夫妻關係：「丈夫年五十而好色未解也，婦人年三十而美色衰矣。以衰美之婦人事好色之丈夫，則身死見疏賤，而子疑不爲後，此后妃、夫人之所以冀其君之死者也。」（《韓非子‧備內》）這段引文指出那些衰美之婦本身就會疑慮被疏遠看輕，又懷疑自己的兒子能否繼承君位，這就是爲什麼那些夫人、后妃希望君主早死的緣故，由此也可看出夫妻之間也是以利害相對應。再如君臣關係，也是一樣：「君臣之際，非父子之親也，計數之所出也。」（《韓非子‧難一》）「故君臣異心。君以計畜臣，臣以計事君，君臣之交，計也。害身而利國，臣弗爲也；富國而利臣，君不行也。臣之情，害身無利；君之情，害國無親。君臣也者，以計合者也。」（《韓非子‧飾邪》）可見君臣關係也都是利害相交，彼此算計，人人皆挾自爲心。

其中，歸納出人性自爲的歸納法即爲其「所依之理」，而自私的人性論則爲其「所據之理」。由於人人自利，因此賞罰可用，必須信賞必罰、重賞重罰，此所據之理，也就成爲韓非法治思想的理論根據。

---

[8] 陳瑞麟：《邏輯與思考》，臺北：學富文化公司，2005年，頁107。

（三）推式

　　韓非的推理方法常在進說君王，因此必須要迎合君王的心理，了解君王的動機、意向，才能恰當的提出建言。如所謂：「凡說之難：非吾知之，有以說之之難也；又非吾辯之，能明吾意之難也；又非吾敢橫失，而能盡之難也。凡說之難，在知所說之心，可以吾說當之。」（《韓非子·說難》）辯說必須要了解對象與自己的關係。

　　韓非的「推」，來自墨家，亦稱歸謬式的類比推理。[9]所謂的「推」即：「以其所不取之，同於其所取者，予之也。」（《墨子·小取》）其方法是用對方所不贊同的，聯繫起對方所贊同的，以推翻對方的論點。如第三章第二節所舉之例，見《韓非子·說林上》：

　　　　子圉見孔子於商太宰，孔子出，子圉入，請問客，太宰曰：「吾已見孔子，則視子猶蚤蝨之細者也。吾今見之於君。」子圉恐孔子貴於君也，因謂太宰曰：「君已見孔子，亦將視子猶蚤蝨也。」太宰因弗復見也。

　　商太宰不取如蚤蝨的子圉，而取將如蚤蝨的自己，是人在情境中的地位，涉及利害關係。因此，取與不取的類型有：人物間的利害關係、權力關係及倫理關係等背景脈絡。這些關係之理就是使它們得以相同的關鍵。商太宰的「所取」是：基於人人自私自利的人性論所見，在利害關係的脈絡下，唯以能夠使自己趨利避害之事方可行。

　　從人際間的利害關係來看，子圉和商太宰的關係就如同商太宰與宋國國君的關係，商太宰不取如蚤蝨的子圉，宋國國君也不會取如蚤蝨的商太宰。因此，商太宰所不取的情況會同於他所取的情況。他取仲尼而不取子圉，宋國國君也會取仲尼而不取他。前者是他所要做的事，也就

---

⑨ 孫中原：《中國邏輯研究》，北京：商務印書館，2006年，頁287。

是他的「所取」，後者是他不希望發生的情況，也就是他的「不取」，而這兩種情況是彼此類同的。

在子圉方面，構作了商太宰原先所沒有意識到的、也是他所不取的情況，使太宰明白自己未來可能的遭遇，進而在行動上取得了雙方的共識，於是由思想的差異導向共識的形成、行為的一致。商太宰所不取的子圉，在相對於見君的情況下，商太宰也將類同於子圉的地位，若以「太宰因弗復見也」的結果研判，商太宰當然是有取於己，在子圉運用「推」使太宰看出其所「不取」同於其「所取」者的情況下，他就只好改弦更張了。由此我們也可了解韓非的思維方法，其「所依之理」為「推」的運用，其「所據之理」則為人性自為的人性論。

（四）兩難式

《韓非子·孤憤》的兩難論證，如：

> 夫以疏遠與近愛信爭，其數不勝也；以新旅與習故爭，其數不勝也；以反主意與同好爭，其數不勝也；以輕賤與貴重爭，其數不勝也；以一口與一國爭，其數不勝也。法術之士，操五不勝之勢，以歲數而又不得見；當塗之人，乘五勝之資，而旦暮獨說於前；故法術之士，奚道得進，而人主奚時得悟乎？故資必不勝而勢不兩存，法術之士焉得不危？其可以罪過誣者，以公法而誅之；其不可被以罪過者，以私劍而窮之。是明法術而逆主上者，不僇於吏誅，必死於私劍矣。

韓非以兩難式的手法說明「法術之士」面對「當塗之人」的困境，最後以兩難論證說明，法術之士或被公法而誅，或被私劍窮之，結論就是難逃一死；其所依之理為兩難式，所據之理為「勝敗有勢」之

理。此外，《韓非子‧顯學》也有：「無參驗而必之者、愚也，弗能必而據之者、誣也。故明據先王，必定堯、舜者，非愚則誣也。」不經實際上的參考驗證，而以為必然如此，為愚昧者。根據非必然的事理而為，乃虛妄不實。凡事都根據先王，以堯舜言行為必然，不是愚昧就是虛妄。其所依之理為兩難式，所據之理為「參驗之理」。在兩難論式中，韓非的結論大都推導至類同的困境。

（五）連珠體

情境脈絡推理，也就是從某一情境的後續發展做理由分析。如《韓非子‧解老》：

> 「人有禍則心畏恐，心畏恐則行端直，行端直則思慮熟，思慮熟則得事理。行端直則無禍害，無禍害則盡天年；得事理則必成功，盡天年則全而壽。必成功則富與貴，全壽富貴之謂福。而福本於有禍，故曰：『禍兮福之所倚。』以成其功也。」

以下我們將上述引文加以編號分析：

「1.人有禍則心畏恐，2.心畏恐則行端直，3.行端直則思慮熟，4.思慮熟則得事理。5.行端直則無禍害，6.無禍害則盡天年；7.得事理則必成功，8.盡天年則全而壽。9.必成功則富與貴，10.全壽富貴之謂福。而福本於有禍，故曰：『禍兮福之所倚。』以成其功也。」（《韓非子‧解老》）

$$\text{禍 } 1. \to 2. \to 3. \begin{array}{c} \nearrow 4. \to 7. \to 9. \searrow \\ \\ \searrow 5. \to 6. \to 8. \nearrow \end{array} 10.\text{福}$$

　　其中，「禍兮福之所倚」是所欲說明的事理，透過各種情況的關連性指出此一事理的所以然。這是連珠體的論式，前四句為第一珠，五、六句為第二珠，七、八句為第三珠。二、三珠的結論分別由第一珠「行端直」、「得事理」推出。然第三珠的「全而壽」又是從第二珠的「盡天年」所推得。最後再從第三珠的「必成功」推出「富與貴」，統合「全壽富貴」乃「福」而解釋了老子的「禍兮福之所倚」。[10]韓非是以情境脈絡推理作為情境處理的方式。「人有禍」的情境，可以有各種不同的反應，或憤怒、或憂慮，或逃亡、或殺人等，都有可能。但韓非將之推導於「心畏恐」，這也是合理的反應之一。其次，「心畏恐」的反應也有許多可能性，如更加肆無忌憚為所欲為，或推卸責任、畏罪自殺或負荊請罪；當然，「行端直」也是合理的反應之一。再者，「行端直」是否一定就「思慮熟」那也未必。但是，韓非卻能在他所想要呈現之「理」的推導下，將各情境串接成合理且連續的脈絡，進行脈絡推理。其所依之理為「連珠體」，其所據之理為「反者道之動」、「物極必反」之理。

三、法家的價值與影響

　　一般哲學史家對於法家的評價並不好，如勞思光《新編中國哲學史（一）》中指出：「韓非思想雖然受到儒、道、墨之影響，然本身有一否定論之價值觀念為其骨幹，故所取與諸家者，皆為技術末節以輔成其學說；其基本精神乃一大否定，而諸家之說適為此否定論所利用，此則中國古代哲學史中之一大悲劇，此一文化之一大劫運也。」[11]然而，法

---

[10] 溫公頤、崔清田主編：《中國邏輯史教程》，天津：南開大學出版社，2001年，頁69-70。

[11] 勞思光：《新編中國哲學史（一）》，臺北：三民書局，2011年，頁357-358。

家雖然有負面的思想內容，但是其爲求生存、應變而變，靈活運用各種思維方法，且吸收、轉化、集成與創新的主張自成一家之言，仍有其値得注意的價値。

韓非富國強兵思想仍以愛民之目標。《韓非子·六反》：「故法之爲道，前苦而長利；仁之爲道，偸樂而後窮。聖人權其輕重，出其大利，故用法之相忍，而棄仁人之相憐也。」這是韓非觀察當時情勢與民性所做的權衡，基本上還是爲了人民長遠的利益。法家哲學的精神在於透過法制來建立國家的秩序、維繫社會的公平正義，一方面有規範人民行爲的功能，另一方面也有導引人們價値方向的作用。法家哲學從現代的觀點來看，它的特色有：[12]

其一，從墨家的「法儀」思想轉化而強調「法」的周遍性，也就是現代法律思想中的「罪刑法定主義」。亦即罪、刑須由法律規定，法無明文則不爲罪，法無規定則無刑罰。韓非說：「使人無離法之罪，魚無失水之禍。」（《韓非子·大體》）韓非以「辟式」用魚與水的關係爲喻，說明人民要生存、國家要發展，「法」是必要條件，有了「法」就如魚得水一般，可見「法」的重要性。並且韓非主張「法」要做到對人行爲全面的規範，只要「法」所沒有籠罩到的部分，就不能判罪，這雖然是一種理想，但卻是韓非法家哲學的思想特色。

從現代社會來看，「罪刑法定主義」有助於人民在社會中自由行動的安全感，不會被隨便羅織罪名，特別是對於保障人權方面非常重要。「法」的周遍性也是我們現代民主法治社會所需要的，因此立法的速度一定要趕得上時代的變化。例如：網路時代的科技產品日新月異，隨著新產品的新功能出現，網路犯罪的方式也就推陳出新。如果立法速度趕不上時代的變化，「法」的規範內容無法涵蓋新的犯罪行爲，「罪刑法定主義」反而會是保障罪犯的利器。當然，爲了立法的速度達到相當的

---

[12] 李賢中：《韓非，快逃！》，臺北：三民書局，2016年，頁187-191。

周遍性，也不能犧牲立法的品質。所以，「法」的周遍性至今仍然是現代社會所追求的目標。

其二，重視「法」的價值根據，法律所執行之賞罰與毀譽要相應。賞罰的標準是由統治者所訂立，賞罰標準的根據為某種價值判斷或價值取向，然而統治者與被治者的價值取向未必相同，當兩者有差距時，賞罰的權威性就面臨挑戰，如果硬是用權勢的高壓手段，強迫人民服從，必然累積民怨、醞釀政治危機，一旦爆發，政權將會轉換重組。韓非對這種情況有深刻的認識，他說：「賞者有誹焉，不足以勸；罰者有譽焉，不足以禁。」（《韓非子‧八經》）這是從「歸納式」的例外情況著眼，也就是對受賞的人有所非議，就不能鼓勵臣下立功；對於受罰的人有所讚揚，就不能禁止奸邪的事情發生。因此在訂立法律的賞罰內容時，一定要與社會上的是非標準或價值取向相同。

其三，透過墨家「天志」的權威性，轉而主張人君任勢而集權，韓非深知權力是「法」之所以能夠推行的後盾，他說：「勢位足以屈賢者也。」（《韓非子‧難勢》）管理者未必是最賢能，但是，勢位卻可使更有品德、更有智慧的人聽命於管理者，這「屈賢」是權力的第一功能。韓非又說：「威寡者則下侵上。」（《韓非子‧內儲說上》）管理者要制服群臣必須要有足夠強大的威勢，因此權力的第二功能在於「制臣」。韓非說：「民者固服於勢。」（《韓非子‧五蠹》）其前後脈絡有「連珠體」推論，因此權力的第三功能在於「服民」，當全國臣民不論賢不肖都服從國君的權勢之下了，就可以推行法治，如韓非說：「勢足以行法。」（《韓非子‧八經》）進而可以集中國力從事生產、加強國防，富國強兵。是故，韓非主張任勢而集權，只有權力集中才能達成安國、安民的目標。

其四，韓非改良慎到的「自然之勢」，而提出「抱法處勢」的人設之勢理論。韓非有意將權力置於法制的軌道上，一方面使中等之資的國君可以依法治國，另一方面也透過「法」的約制來防止權力的濫用，但

是，由於立法權操在國君的手中，因此韓非雖然提出「抱法處勢」的理論，但是所抱之「法」既然來自國君，對於國君權力的約制效果就有限了。這裡也可以看出，法家的「法治」與民主政治的「法治」不同。

其五，據史載，韓非子「喜刑名法術之學，而其歸本於黃老」（《史記‧老子韓非列傳》）。而當時以黃老爲名的「道家使人精神專一，動合無形，贍足萬物。其爲術也，因陰陽之大順，采儒墨之善，撮名法之要，與時遷移，應物變化，立俗施事，無所不宜，指約而易操，事少而功多」（〈論六家要旨〉）。韓非受黃老道家思想影響，強調君主以術御臣，由於君主一人無法事事兼顧，他必須要用人辦事，如此必然要將他的權力分散出去。一旦群臣握有大小不同的權力，除了爲公辦事之外，也會隨著權力的運用，累積更多的人脈、權勢，加上人性的自私自利，難保臣下不會藉機奪權篡位。因此，在此一現實考慮下，《韓非子》書中論及「術」的篇幅最多最大。「術」是人君暗中御用群臣，其中論及如何知人善任，運用人性心理的各種傾向來統御臣下，爲求達到防奸與責效的目的，涉及明知故問、多方考驗、明查暗訪、掌握實情、激勵、警告、威脅等，相關的論述都可展現韓非子推理、論辯的思維方法。

四、小結

整體而言，韓非子哲學思想的重點，主要是在歷史情境中、在戰國時代競爭情勢中，從個人與國家實際生存的角度出發，重視參驗實證，並以人群的心理傾向爲根據，因人人自爲己利而行，因此賞罰可用；因歷史不斷變化所以不必事事法古，進而發展出系統的說理與辯論的思維方法與實踐行動的規畫。韓非採取「情境構作」的方式，重視以時空人事爲主的歷史、現實事例或案例的因果分析、經驗分析；再從對各種事例、言行的分析中歸納，進行「情境處理」，並由此尋繹出足以解決

問題的思維方法。他在思維方法類別上有：辟式、歸納式、推式、兩難式、連珠體等各種方法，透過各種思維方法的靈活運用，展示其法、術、勢思想的「情境融合」，透過觀變、思變、應變、通變的反應機制，開創了一種代表法家的思維類型。

其文化影響也展現在法、術、勢的綜合運用與權衡。由於「法」對於「術」與「勢」有規範作用，而「勢」與「術」對於「法」僅有輔翼作用。[13]從規範作用看，君主不能用「術」來謀求一己的私利，做不擇手段的事情；至於「勢」，也是受到「法」的規範，所謂「抱法處勢」，也就是權勢的根據在於「法」的規定。從輔翼作用來看，「勢」是行「法」的力量，「術」是行法的方法。因此，在法、術、勢綜合運用之權衡時，常是以「法」為優先考量。

比較先秦儒、墨、道、名各家思想，都有各自所關注的問題，各家也有特定的立場與思考觀點，然而不論思想內容為何，若要能說服他人、回應挑戰、推廣學說，都會與論辯的思維方法相關。名辯推理之學是先秦各家建立學說、發揮影響力的手段。法家作為先秦思想的殿軍，既吸收轉化了各家的部分思想，同時也有融合各家發展成自己的一套思辯方法，這套思辯方法使他們提出了有效的統治思想，雖然手段嚴屬，但是其動機與效果仍有值得肯定的地方，吾人也可從韓非的時代與處境做同情的理解，且從法家應變而變的思維精神著眼，特別在思維方法上探索有哪些思考方法可以借鏡轉化運用於現代。

---

[13] 李甦平：《韓非》，臺北：東大圖書公司，1998年，頁208-213。

第貳部分

論辯方法與比較

　　第一部分介紹了先秦各家名辯思想的基本結構、概念與推論方法；第二部分將對於各家論辯方法進行比較，首先介紹《戰國縱橫家書》之蘇秦思維方法。1973年12月，馬王堆三號墓中發現一部類似《戰國策》的帛書，其中保存了已被埋沒兩千多年關於蘇秦的可信書信資料，特別是前十四章內容，既可以糾正有關蘇秦歷史的許多根本錯誤，又可以校正和補充這一段戰國時代的歷史紀錄。第五章針對《戰國縱橫家書》之中有關蘇秦與燕王、齊王的書信內容進行分析，指出蘇秦書信的內容結構包括：訊息掌握、立場定位、形勢分析、對應策略、效益評估與提出要求。每一思想層面都貫穿著說服性之思維方法，分析其思維方法包括：類比法、對比法、多難論法、層次分析引導法及主體轉換演繹法；並將這些思維方法與先秦各家比較，透過蘇秦思維方法的釐清，將有助於呈現先秦論辯思想的發展。

　　接續上一章《戰國縱橫家書》之中有關蘇秦與燕王、齊王的書信內容，與說服性推理方法；第六章〈《墨子》與蘇秦論辯方法之比較〉，探究在年代上更早的墨家思維方法，墨家說服性推理方法主要為推類法，包括：辟、援、推及兩難式、歸謬等方法，比較第五章蘇秦的推理方法，可見蘇秦所用的許多方法是在墨家方法的基礎上作進一步的轉化。蘇秦求新求變，並不以古者聖王之事蹟為根據，不採墨家「本之者」的典型成功案例。在事態關係上，蘇秦常用假設性因果關係來推測未來事態發展的可能性，而不像墨家尋索事態發展中的必要條件與充要條件。這些考察，將有助於我們更進一步了解縱橫家蘇秦在思想史上的地位。

　　墨子受儒學影響而非儒，孟子評擊墨子，然而孟子的許多思想及思維方法卻相似於墨子。第七章〈《墨子》與《孟子》論辯方法之比較〉，展示墨子推理方法對於孟子的諸多影響，包括：三表法、「辟式」、「援式」、「推式」與歸謬法等推理方法。從內容來看，墨子為求興天下之利以說服君王，以天志為價值根源，其道德意識以社會公

義爲主，範圍擴及國際關係；孟子將說服術運用於說服君王行仁政、王道，以道德心性爲價值根源，其道德關注於君、臣、民之間的倫理關係。從推理特徵看，墨子的推理方法呈現推論的形式與內容密切相關，論述觀點也與情境構作互相配合，此對孟子有多方面的影響。探究墨子推理方法對於孟子之影響，可以讓我們觀察到儒、墨兩家在思想發展上的異同與聯繫性。

　　第八章〈《孟子》與《荀子》論辯觀之比較〉，透過探討孟、荀對論辯的態度、內容、方法等問題，指出從孟子的「不得已之辯」，到荀子的「君子必辯」，是對孔子「訥於言」、「君子無所爭」主張的應時發展，是儒家在表達形式上對外回應的方式轉換，也蘊含著儒家思想之理論深化發展。孟、荀論辯觀的差異在於，孟子雖然用了辯論的方法，但卻沒有以辯論爲探討的主題；荀子則不但用辯論的方法，還探討辯論本身的相關問題。透過孟、荀論辯觀的比較，可釐清儒家內部的理論糾葛；經由論辯的方式，使人了解儒家在發展過程中，如何回應外界的挑戰。

第五章
《戰國縱橫家書》之蘇秦思維方法

一、《戰國縱橫家書》與蘇秦

　　1973年12月，馬堆三號墓中發現的一部類似《戰國策》的帛書，未標書名，共分27章，有一萬一千多字。其中有百分之六十左右不見於《戰國策》和《史記》，提供了我們研究戰國中期合縱連橫思想的重要史料，中國帛書整理小組將此史料定名爲《戰國縱橫家書》。

　　此書可分爲三個部分，第一部分是從第一章到第十四章，第二部分從第十五章到第十九章，第三部分從第二十章到二十七章。其中第一部分的十四章，內容集中，各章間有一定的關係，除第十三章爲〈韓貴獻書於齊章〉可作爲第十二章的附件外，其他各章皆與蘇秦的事蹟、思想有密切的關係，可視爲出自一人之手的整體資料。其中，第一、三、四、八章內容，都有自稱「秦」、「臣秦」、「蘇秦」的文字，[①]從這些文字可以確定這批資料就是蘇秦本人的書信。此外，從書信的內容也可知其中所論及的齊王是齊湣王，燕王是燕昭王。

　　蘇秦（？-西元前284）爲東周洛陽人。[②]他不安於洛陽商賈之業，年輕時離家求師，跟隨鬼谷子學習縱橫之術，初出山說秦，不明形式而碰壁。回家揣摩期年，復出山說西周君，入楚說陳軫。後因燕昭王

---

① 《戰國縱橫家書》第一章：「封秦也，任秦也。」第三章：「燕王請毋任蘇秦以事。」第四章：「臣秦拜辭事。」第八章：「秦將以燕事齊。」
② 《史記・蘇秦列傳》和《戰國策・燕策一》記載蘇秦見燕王曰：「臣，東周之鄙人也。」

求賢而至燕，是戰國時代縱橫家中重要的代表人物。根據《戰國縱橫家書》中的記載，蘇秦的主要活動時代是在西元前四世紀末至三世紀初，是與燕昭王、齊湣王同時代的人物，他的事蹟主要是爲燕昭王作反間。蘇秦奉燕昭王之命入齊，博取齊湣王的信任與重用，目的在於使齊國疲於對外戰爭，削弱其實力，以便使燕國有機可乘。蘇秦用謀施計，不負使命，鼓動齊國攻取宋國，成爲齊湣王的心腹，於齊湣王末年被任爲齊相。西元前288年，秦昭王約齊湣王互尊東、西帝，蘇秦勸齊王取消帝號。西元前287年，與趙李兌一起聯合趙、齊、燕、韓、魏五國，合縱攻秦，迫使秦廢除帝號，並歸還魏、韓部分侵地。齊國乘宋國內亂，於西元前286年攻滅宋國。至西元前284年，燕將樂毅率燕、秦、韓、趙、魏五國聯軍大舉攻齊，樂毅率燕國軍隊深入齊國，攻破齊國國都臨淄，也在這一年，蘇秦爲燕反間之事暴露，被車裂而死，死時約五十餘歲。[3]蘇秦爲燕昭王到齊國去做反間，取得齊王的信任，慫恿齊國攻宋，聯繫中原各國攻秦，造成齊、趙的矛盾，燕國伺機大敗齊國，他削弱了齊國的實力，使原本東西兩大強國的勢均力敵失去了平衡，也間接促成強秦統一六國，建立大一統的國家。這是蘇秦在先秦歷史發展上的重要影響。

對於蘇秦的評價，有褒有貶，在負面的有《荀子·臣道》將蘇秦視爲「內不足使一民，外不足使距難，百姓不親，諸侯不信；然而巧敏佞說，善取寵乎上」無助內政、外交的態臣，所謂：「用態臣者亡。」可見荀子對於蘇秦的觀感甚差。[4]並且在《呂氏春秋·知度》也有：「夫成王霸者固有人，亡國者亦有人。桀用羊辛，紂用惡來，宋用唐鞅，齊用蘇秦，而天下知其亡。」顯示齊國的覆亡與蘇秦有密切的關係。此

③ 參考熊憲光：《縱橫家研究》，重慶：重慶出版社，1998年，頁229。
④ 態臣的「態」字，楊倞注：「以佞媚爲容態。」在荀子心目中，視態臣爲最下最惡；所以然者，蓋態臣既無能復無功，只憑巧言取悅於君，欺上朦下，莫此爲甚。參見韋政通：《荀子與古代哲學》，臺北：臺灣商務印書館，1997年，頁108。

外，在正面評價的有《孫子‧用間》：「昔殷之興也，伊摯在夏；周之興也，呂牙在殷。」西漢出土銀雀山竹簡的《孫子》又見：「燕之興也，蘇秦在齊。」⑤此外，《說苑‧君道》也有：「燕王常置郭隗上坐南面，居三年，蘇子聞之，從周歸燕；鄒衍聞之，從齊歸燕；樂毅聞之，從趙歸燕；屈景聞之，從楚歸燕。四子畢至，果以弱燕并強齊；夫燕齊非均權敵戰之國也，所以然者，四子之力也。」這是從燕國的角度對蘇秦所做的肯定。

二、蘇秦與燕王、齊王的書信內容

唐蘭在其〈司馬遷所沒有見過的珍貴史料——長沙馬王堆帛書《戰國縱橫家書》〉一文中，指出《戰國縱橫家書》前十四章是最早流傳關於蘇秦的書信和談話。他認為帛書《戰國縱橫家書》的重要歷史價值，正在於它保存了已被埋沒兩千多年的可信的關於蘇秦的書信和談話，該十四章既可以糾正有關蘇秦歷史的許多根本錯誤，又可以校正和補充這一段戰國時代的歷史紀錄。⑥除了這十四章外，另外還有幾章也都與蘇秦有關，可作為研究縱橫家的材料。⑦此外，楊寬將《戰國縱橫家書》的各章與《戰國策》和《史記》做了詳細的對比，指出其中前十四章有關蘇秦的資料編排得很有條理，與十五章之後的雜亂無章不

---

⑤ 唐蘭：〈司馬遷所沒有見過的珍貴史料——長沙馬王堆帛書《戰國縱橫家書》〉，北京：文物出版社，1976年，頁137。

⑥ 唐蘭：〈司馬遷所沒有見過的珍貴史料——長沙馬王堆帛書《戰國縱橫家書》〉，北京：文物出版社，1976年，頁127-128。

⑦ 其中二十、二十一、二十二等三章也是蘇秦遊說之辭，但未與前十四章編排在一起，與前十四章的用字也不同，應為另外的輯本資料。參見楊寬：〈馬王堆帛書《戰國縱橫家書》的史料價值〉，北京：文物出版社，1976年，頁172。本章暫不處理此三章。

同。⑧他推論這部分是從一部有系統的著作中輯錄出來，並論證這部帛書的編成年代，當在秦漢之際，乃是秦漢之際編輯而成的一種縱橫家言的選本。以下將各章大要略作說明。

（一）〈蘇秦自趙獻書燕王章〉書信時間在西元前286年上半年⑨

這是蘇秦被扣留在趙國時，寫給燕昭王的信，從書信中可以看出蘇秦為要安撫燕王的焦慮。燕王為何不安？因奉楊君李兌封邑給蘇秦，並且要蘇秦去遊說齊國的大臣公玉丹和強得，因此蘇秦表態他還是效忠於燕王。具體作法有：製造事端使齊國不相信趙國，使秦國不仇恨燕、梁以保燕國安全，設法使齊、趙、韓、梁、燕等國聯合與秦約定退兵之日，不再排斥齊國。在情勢分析方面，蘇秦指出上策：使齊、趙不合；中策：齊、趙、韓、梁、燕五國聯合，不排斥燕國；下策：趙與齊、秦和好，他們一起圖謀危害燕國。此外，蘇秦非常擔心被趙國扣留，不放他去齊、韓、梁國，因此蘇秦於信末說：「知能免國，未能免身。」請燕王派田伐或使孫趕快召見他，讓他離開趙國。

（二）〈蘇秦使韓山獻書燕王章〉書信時間在西元前286年上半年

蘇秦仍被扣留，趙國的將領韓徐為對蘇秦有敵意，在奉楊君面前說蘇秦的壞話，以致蘇秦的生命受到威脅。之後齊國的使者李終來到趙國，對於趙國扣留蘇秦之事甚表不滿；奉陽君則派其手下趙足告知趙國

---

⑧ 楊寬：〈馬王堆帛書《戰國縱橫家書》的史料價值〉，北京：文物出版社，1976年，頁168。
⑨ 各篇書信寫作的年代參考馬雍：〈帛書《戰國縱橫家書》各篇年代和歷史背景〉，北京：文物出版社，1976年，頁190。

也對齊國不滿，蘇秦則表示並不知道齊國的事，而遭趙國怪罪。如此一來齊、趙兩國交惡，對燕國雖有利，但對於蘇秦則更加不利，於是蘇秦藉由他在趙國所做的工作情況回報燕王，希望燕王派人來趙國爲蘇秦說好話，以便使蘇秦得以脫身。其書信目的在於指出燕國派人營救蘇秦對燕國而言才是有利的。

（三）〈蘇秦使盛慶獻書於燕王章〉書信時間在西元前286年年初

韓徐爲攻齊期間，蘇秦被扣留於趙，這是蘇秦派盛慶轉給燕王的信函。其中對於齊、趙兩國的互動情形及涉及燕國的局勢分析，也包含奉陽君的特使周納前往齊王面前唆使齊王勿用蘇秦，但是齊王仍然信任蘇秦，而蘇秦也藉機破壞齊、趙兩國的關係，以避免齊、趙或齊、秦的聯合來謀取燕國。並且，蘇秦迫切希望燕王協助脫離趙國對他的扣留。

（四）〈蘇秦自齊獻書於燕王章〉書信時間在西元前286年

蘇秦由趙返齊，在滅宋前。蘇秦爲燕王分析燕、齊兩國關係，並指出他受命來齊國這五年多來，對燕國的貢獻，離間齊、趙之交，使齊、趙不攻燕。但蘇秦卻是冒死在齊國任事，處境十分艱難，希望燕王能對蘇秦有絕對的信任，不受他人閒言閒語的影響。蘇秦感謝燕王對於他的恩澤，銘感至深，爲了報答燕王，不論受任何屈辱甚至死亡都在所不辭。

（五）〈蘇秦謂燕王章〉書信時間在西元前300年

此年爲燕昭王12年，齊湣王2年，蘇秦第一次赴齊前夕。蘇秦向燕昭王提出謀齊的策略，此章的內容就是蘇秦定策的談話紀錄，說服燕王採取進取之道，不要僅以恢復舊有的領土爲足，更要設法擴大燕國的領土，不然蘇秦寧可辭官返回東周家中務農。

（六）〈蘇秦自梁獻書於燕王章（一）〉書信時間在西元前287年上半年

　　齊湣王第二次伐宋期間，蘇秦在魏國向燕王透露齊國的軍事情報，齊王已經知道燕國正伺機攻齊，因此計畫將齊國攻打宋國的軍隊撤回，不論能否得到宋國的土地，到八月分都會撤兵。蘇秦請求前往齊國觀察實際情況再向燕王報告；信中蘇秦也請燕王不必擔心，因為在他的評估，齊國的力量還不足以攻燕，請燕王控制憤怒的情緒才能有利事態的發展。

（七）〈蘇秦自梁獻書於燕王章（二）〉書信時間在西元前287年上半年

　　五國攻秦正在此時前後，蘇秦配合薛公的計謀，唆使齊王先與秦國講和，造成齊國先出賣趙國與秦國講和，後又出賣秦國與趙講和，現又出賣各國與秦講和的反覆無信，導致齊國在當時的國際形象惡劣，以利燕國對齊國出兵。但是蘇秦也提醒燕王，要發動軍事行動時要等待恰當時機，而不要貿然首先發動。

（八）〈蘇秦謂齊王章（一）〉書信時間在西元前288年

　　此一書信是在齊湣王第一次伐宋之後，蘇秦將薛公與齊湣王的事蹟對比與邀功。薛公做不成的事，齊湣王做得成，其中也包含著蘇秦對於齊湣王忠心效力。其次，蘇秦對於當時的局勢分析，其分析焦點在是否攻宋，端視趙國之態度，並掌握事態發展的必然性，由於三晉可能生變，蘇秦強調齊、燕聯合之重要性。蘇秦的目的仍在企圖鞏固燕、齊兩國關係。

（九）〈蘇秦謂齊王章（二）〉書信時間在西元前289年年末

　　此一書信是在蘇秦第二次赴齊前夕。蘇秦首先說明他原本並不打算赴齊為齊王辦事，但齊國受到南方勢力的威脅，如果蘇秦代表燕國來到齊國，就可顯示齊、燕相合的態勢，而有利於齊國，因此蘇秦必須再來齊國，當他來到齊國時，齊王用怎樣的規格接待，他也就會做出相應的準備。蘇秦的目的是請齊王倚重並禮待他，因為此舉可向各國顯示齊、燕聯合的態勢，有利齊國。

（十）〈蘇秦謂齊王章（三）〉書信時間在西元前288年

　　此一書信是在蘇秦自齊返燕前夕。蘇秦表達對於齊王的效忠，當他返回燕國之後，如果燕國做出損害齊國的事，蘇秦一定會以死勸諫，若無法勸成，也會向齊王通風報信，以此來博取齊王的絕對信任。蘇秦是要讓齊王無後顧之憂，放手去攻打宋國。表面上是燕齊兩國聯合，實際上是為燕國攻齊製造機會。

（十一）〈蘇秦自趙獻書於齊王章（一）〉書信時間在西元前287年秋初

　　此一書信是在蘇秦由燕赴梁經趙國時，從趙國上書齊王，蘇秦的目的是說服齊王勿與楚王會晤，也不要誤信誹謗燕國的讒言。因為從趙國的觀點來評估局勢，齊王若與楚王會晤，將會造成趙國疑慮。「先為王絕秦，質子，宦二萬甲自食以攻宋，二萬甲自食以攻秦，韓、梁豈能得此燕哉。盡以為齊，王猶聽惡燕者，燕王甚苦之。願王之為臣甚安燕王之心也。燕齊循善，為王何患無天下。」蘇秦從之前燕國曾為齊國所作的許多事來請齊王勿信讒言。

（十二）〈蘇秦自趙獻書於齊王章（二）〉書信時間在西元前287年8月以後

此一書信是在齊湣王第二次伐宋已結束。蘇秦轉達齊國要與秦國講和的四個原因，主要是在於魏國的不願配合，且魏國還先與秦國講和。蘇秦也轉達趙國的立場是：只要盟國不背棄合約，就算形勢不利也要支持它；如果有盟國先背叛，即使形勢不利也一定要譴責它。蘇秦指出他在結盟各國所做的努力，希望齊國不要背棄三晉，並與燕國保持和睦關係，如此則有利齊國攻宋。⑩

（十三）〈蘇秦謂齊王章（四）〉書信時間在西元前287年上半年

此一書信是在蘇秦初由燕至梁。蘇秦此信的目的是希望齊國能與三晉聯合，而能使三晉聯合攻秦的關鍵人物是薛公，因此他希望齊王能厚待薛公。其次，在聯合攻秦的過程中，希望齊王不要抽出兵力去攻打宋國，而妨礙了聯軍攻秦的計畫，待事成之後再將陶地和宋國的平陵送給奉陽君與薛公，這樣對齊國才有大利。再者，蘇秦也希望齊王不要謀取燕國，將有恩於燕國作為對蘇秦的賞賜，將來齊王成就霸業，封給蘇秦三公之職，使齊王相信蘇秦也是為圖謀己利而效力齊國，因而可以完全信任蘇秦之獻策。

三、蘇秦思維方法之結構與形式

蘇秦書信的內容結構並非每一封信都具有相同的結構，而是綜觀各

---

⑩ 第十三章〈韓珉獻書於齊章〉是韓珉在五國攻秦之後寫的，希望齊王召回他，並與秦國聯合。此章與第十二章內容相關，由於本章研究重點在蘇秦思維方法，因此暫略此章說明。

封書信綜合而成的結構，每封信依其目的而各有不同的偏重，或僅具某幾部分。以下分為結構與形式予以說明。

（一）內容結構

1. 訊息掌握

通常蘇秦的書信在第一部分會說明他所掌握到的訊息，包括：各國的局勢、各國國君或掌權者的意向、動向，例如：《戰國縱橫家書・第十一章》：「奉陽君謂臣……」，《戰國縱橫家書・第十二章》：「臣以令告奉陽君……」，《戰國縱橫家書・第十四章》：「臣使蘇厲告楚王曰：……」[11]等，是透過訊息的轉達而使燕王或齊王了解局勢的變化。

2. 立場定位（以對象主體之利為準）

《戰國縱橫家書・第三章》：「使盛慶獻書於燕王曰：『□□□□雖未攻齊，事必美者。以齊之任臣，以不攻宋，欲從韓、梁取秦以謹趙，趙已用薛公、徐為之謀謹齊，[12]故齊、趙相背也。』」蘇秦寫信給燕王，在立場定位上當然就是從如何爭取、維護燕國的利益出發，從上述的引文可知蘇秦的主要工作在於破壞齊、趙兩國的關係，以使燕國從中得利。信中說：「趙國雖未攻伐齊國，但齊趙關係已經逐漸惡化，這對燕國是件美事。如果蘇秦仍然受到齊國重用，則他的策略是不攻宋，而會聯合韓國、梁國謀取秦國，防範趙國。趙國現已採納薛公與韓徐為的策略與齊為敵，可見齊、趙兩國關係必然惡化。」由於蘇秦

---

[11] 本章所引《戰國縱橫家書》釋文，以馬王堆漢墓帛書整理小組編，《馬王堆漢墓帛書》〔參〕，北京：文物出版社，1983年版為依據。

[12] 薛公即孟嘗君田文，齊王宗族，封於薛。此時因與齊閔王不和，在魏國作相，常與韓徐為一起計畫伐齊。

的立場定位明確，因此在訊息的說明與所提出的策略也都與其立場有關。我們再看蘇秦給齊王的書信，就可見其大不相同的立場。

《戰國縱橫家書‧第十章》：「謂齊王：『燕王難於王之不信己也則有之，若慮大惡○則無之。燕大惡，臣必以死諍之，不能，必令王先知之。必毋聽天下之惡燕交者。』」此處可看出蘇秦對齊王的表態，完全是站在如何維護齊國利益的立場上來論述，雖然燕王因為齊王的不信任而有所埋怨，但絕不會做出損害齊國的事，蘇秦表示如果燕國要做損害齊國的事，他一定會以死來勸諫，如果仍無法勸阻，他一定會讓齊王先知道。他希望齊王不要聽信那些毀謗燕國人的話。事實上就是因為蘇秦取得齊王的信任，而使齊國北方軍備空虛，而使燕國有了可乘之機，齊被燕國樂毅率大軍攻破七十城池，而使齊國國力大傷。

3. 形勢分析（包含：主體之關係網絡、未來變化趨勢、相關因素之變化）

《戰國縱橫家書‧第八章》：「蟲謂臣曰：『傷齊者，必趙也。秦雖強，終不敢出塞溯河，絕中國而攻齊。楚、越遠，宋、魯弱，燕人承，韓、梁有秦患，傷齊者必趙。趙氏終不可得已，為之若何？』」這是蘇秦在給齊王的書信中引述韓蟲的形勢分析所遇之難題，蘇秦順此形勢分析，而提出他的見解：「臣謂蟲曰：『請劫之，子以齊大重秦，秦將以燕事齊。齊燕為一，韓、梁必從。趙悍則伐之，願則執而攻宋也。』蟲以為善。」蘇秦對韓蟲說：可以使用武力強迫趙國順從，你也可以將齊國作為自己的後盾而提高自己在秦國的地位。[13]蘇秦將使燕國服從齊國，齊、燕兩國聯合起來，韓國、魏國一定服從齊國。趙國如果不順從就進攻它，如果順從就予以控制，而去進攻宋國。韓蟲也同意此一局勢分析與對策。

---

[13] 韓蟲與秦國關係密切，又曾為齊相。《戰國策》作韓珉。

4.提出對策、效果評估

　　《戰國縱橫家書・第三章》：「諸可以惡齊、趙者將□□之，以惡可也，以辱可也，以與趙爲大仇可也。」這是蘇秦爲破壞齊、趙兩國的關係所提出來的策略，包括：可使他們之間相互毀謗、可使他們之間相互侮辱、可以宣揚他們之間的宿怨等。又如《戰國縱橫家書・第五章》蘇秦對燕王說明信義的施用範圍，燕王問：「然則信義不可爲與？」對曰：「胡爲不可，人無信則不徹，國無義則不王。仁義所以自爲也，非所以爲人也。自復之術，非進取之道也。」[⑭]蘇秦主張信義適用於自己人或自身的修養，而不適用於國與國之間，如果用在國與國之間就會造成自身、自家的傷害，這種保守復舊的作法不是進取之道。事實上，蘇秦似乎除了對燕王守信、重然諾之外，對於齊、趙、梁、楚各國都不是以信義爲原則的。以上是對於策略原則的說明。

5.自處困境、提出要求

　　《戰國縱橫家書・第四章》蘇秦在齊國寫給燕王的信中提到：「臣之所處重卵也。」蘇秦的處境像累卵一般危險。他又說：「臣恃之詔，是故無不以口齊王而得用焉，今王以眾口與造言罪臣，臣甚懼。」當初燕王派蘇秦到齊國工作，曾被賦予完全的信任，一切都是爲了成就復興燕國的大事；蘇秦是因爲有了燕王的詔令在身，才向齊王進獻一些可博取齊王信任的計策，如今燕王聽信閒言而歸罪於蘇秦，令他感到非常的恐懼。接著，蘇秦就表態效忠，說：「臣之德王，深於骨髓。臣甘死、辱，可以報王，願爲之。」蘇秦表示，燕王對於他的恩德深入骨髓之中，他願以死、以辱報答燕王。如果燕王有更合適的人取代他，他請求返回燕國覆命。

---

⑭ 帛書整理小組指出，這裡的「仁義」，疑當作「信義」。見《馬王堆漢墓帛書》〔參〕，頁33，註九、註十。

　　《戰國縱橫家書‧第十一章》在蘇秦給齊王的信中，引述奉陽君對蘇秦所說：「楚無秦事，不敢與齊遇。齊、楚果遇，是王收秦已。」奉陽君的研判是：楚國要不是幫助齊國拉攏秦國，是不敢和齊國會晤的。如果齊、楚會晤，那一定是齊王與秦國有了聯繫。因此蘇秦對齊王說：「其不欲甚。欲王之赦梁王而復見之。趙氏之慮，以爲齊、秦復合，必爲兩敵以攻趙，若出一口。若楚遇不必，雖必，不爲功，願王之以毋遇喜奉陽君也。」奉陽君他對齊、秦即將聯合的發展趨勢很不滿意，並希望齊王寬恕梁王並與奉陽君會見。趙國的憂慮是如果齊國與秦國重新聯合，一定會成爲攻打趙國的兩個敵人。如果齊國和楚國的會晤尚未定案最好，即使確定了也沒什麼好處，但願齊王不要和楚王會面，以取悅於奉陽君。以上，蘇秦是以奉陽君的認知爲局勢分析，並提出「願王之以毋遇喜奉陽君也」的要求。

（二）方法形式

1. 類比法

　　方法的運用是爲達成說服者的目的，類比法是透過兩類事物的相似性，由此類事物的性質或關係，推出彼類事物也會具有同樣的性質或關係。《戰國縱橫家書‧第九章》蘇秦對齊王說：「南方之事齊者，欲得燕與天下之師，而入之秦與宋以謀齊，臣諍之於燕王，燕王必弗聽矣。臣又來，則大夫之謀齊者大解矣。臣爲是，雖無燕，必將來。繪子之請，貴循也，非以自爲也。□桓公聽之。臣賢王於桓公，臣不敢妄請□□□□王誠重御臣，則天下必曰：燕不應天下以師，又使蘇秦□□□大貴……齊□晷之□□□□之車也。王□□□□□□請以百五十乘，王以諸侯御臣。若不欲□□□請以五十乘來。」此段書信可見蘇秦的目的爲使齊王對於蘇秦的再次出使齊國，予以隆重的禮遇接待，因此書信結尾提出以接待諸侯的規模或以一般使臣的規格接待。如果齊王以諸侯的

規格接待，蘇秦就帶一百五十乘前來，齊王若不願意，則蘇秦會帶五十乘前來齊國。但蘇秦要如何達到此一目的呢？首先，在局勢分析方面，他指出南方各國都希望與燕國的軍隊一起謀取齊國，因此齊國是處在十分危險的狀態。如果蘇秦再次出使齊國，就可以透露出燕、齊兩國的友好，也就可以使燕國的一些大臣以及南方各國想謀取齊國的勢力瓦解。其次，蘇秦在此情況下使用類比法，他將齊湣王類比於齊桓公，將自己隱然比做管仲，從前齊國的管仲要求重用自己，是為了使眾人服從，並不是為了自己，而齊桓公答應了他的要求，故使齊國富強。在此類比法的運用之下，蘇秦也隱然要求齊湣王同意他的請求，因為蘇秦也不是為了他自己的好處，而是為了解除齊國的危機，使齊湣王能有所作為。

2. 對比法

　　類比法是從兩者的相同處進行比較，而對比法則是要從兩者的相對性或差異處進行比較。《戰國縱橫家書・第五章》蘇秦對燕王說：「假臣孝如曾參，信如尾生，廉如伯夷，即有惡臣者，可毋慚乎？」王曰：「可矣。」「臣有三資者以事王，足乎？」王曰：「足矣。」「王足之，臣不事王矣。孝如曾參，乃不離親，不足而益國。信如尾生，乃不誕，不足而益國。廉如伯夷，乃不竊，不足以益國。臣以信不與仁俱徹，義不與王皆立。」王曰：「然則信義不可為與？」對曰：「胡為不可，人無信則不徹，國無義則不王。信義所以自為也，非所以為人也。自復之術，非進取之道也。」從上述引文可見蘇秦所對比的兩端是：「孝、信、廉」等道德用於自己的國家人民是一端，用於外國、外人是另一端。此外，古代所認為的普遍適用「信義」是一端，後代認為有限度適用「信義」是另一端。這兩端的對比是要說明：信義適用的範圍是有限的，適用於自己人的道德規範，並不適用於外人。並且，為求國家整體的利益，必須不受「孝、信、廉」等道德的約束。因此，蘇秦運用此一對比法說服燕王，改變他原本的價值觀。

　　《戰國縱橫家書‧第八章》蘇秦對齊王說：「薛公相齊也，伐楚
九歲，攻秦三年。欲以殘宋，取淮北，宋不殘，淮北不得。以齊封奉陽
君，使梁、韓皆效地，欲以取趙，趙氏不得。身率梁王與成陽君，北面
而朝奉陽君於邯鄲，而趙氏不得。王棄薛公，身斷事。立帝，帝立。伐
秦，秦伐。謀取趙，得。攻宋，宋殘。是則王之明也。雖然，願王之察
之也。是無它故，臣之以燕事王循也。」其中，明顯的對比是薛公與齊
王的行事與功效差異。但其中蘇秦真正想要表達的則是「薛公相齊」與
「蘇秦事齊王」的對比，如此以彰顯蘇秦對於齊國的貢獻，蘇秦對齊王
而言乃是不可或缺的能臣。不然，齊王應負起齊國盛衰的所有責任，不
論是「薛公相齊」或「蘇秦事齊」都由齊王作最後的定奪，也就無法構
成蘇秦所設計的對比。由此我們可以看出蘇秦在顯然對比與隱然對比的
方法運用。

3. 多難論法

　　《戰國縱橫家書‧第四章》：「臣之行也，固知必將有口，故
獻御書而行。曰：臣貴於齊，燕大夫將不信臣。臣賤，將輕臣。臣
用，將多望於臣。齊有不善，將歸罪於臣。天下不攻齊，將曰：善為
齊謀。天下攻齊，將與齊兼棄臣。臣之所處者重卵也。」這種多難
式論法，包含兩難式論證與連鎖性推論。兩難式的建構式形式為：
$(P{\to}Q) \wedge (R{\to}S)$，$P \vee R$，$\therefore Q \vee S$

　(1) 蘇秦如果在齊國受居高位（貴），燕國群臣將不信任他（不利）。
　　　如果在齊國地位低下（賤），燕國群臣將瞧不起他（不利）。
　　　因此他在齊國不論是貴或者是賤，對於蘇秦都是不利的。
　(2) 蘇秦如果在齊國受重用，則燕國群臣將對蘇秦寄予過高的期望。
　　　在這種高期望的氛圍下：
　　　如果齊國對燕國有不好的舉措，則必將歸罪於蘇秦，此也對蘇秦
　　　不利。

(3) 如果天下不攻齊國，則認爲蘇秦爲齊國設想周到。

如果天下攻打齊國，則又會將齊國與蘇秦一併放棄。

因此不論天下攻齊或不攻齊，對於蘇秦都是不利的。

蘇秦這封信是寫給燕王看的，因此他所要呈現的，是燕國群臣對於他在秦國之作爲的反應。如果他爲齊國設想周到，雖然表面上齊國會善待蘇秦，似乎對他有利；但燕國群臣會認爲蘇秦無心損齊利燕，而對他不利；這是蘇秦眞正在意之處。

若從兩難論證的形式上看，前述第二段論述並不符合，其中蘇秦迴避了「在蘇秦受到齊國重用的情況下，齊國對於燕國的各種友好舉措之情況」，因爲蘇秦想要凸顯的是：他爲燕國出使齊國的不利處境。因此在說服燕王了解他所處的不利環境下，各種可能性的共同方向皆爲「不利」，使聽者（燕王）在這種多難式的論法中，自行歸納出蘇秦的不利處境，進而願意對蘇秦賦予絕對的信任，而不受到周邊群臣讒言所影響。

4.層次分析引導法

《戰國縱橫家書・第一章》：「事之上，齊趙大惡；中，五和，不外燕；下，趙循合齊、秦以謀燕。今臣欲以齊大惡而去趙，謂齊王，趙之和也，陰外齊、謀齊，齊、趙必大惡矣。」蘇秦向燕王分析當時的局勢，並指出對燕國最有利、其次有利以及不利的上、中、下三種情況。對燕國而言，最好的情況是齊國與趙國不合；其次，是齊、趙、韓、梁、燕五國聯合，而不排斥燕國；最不好的情況則是趙國與齊國、秦國和好。接下來，蘇秦就說明他的工作正是朝對燕國最有利的情況努力，也就是挑撥齊、趙兩國的關係。這種層次分析蘊含著對說服對象的引導，因爲上、中、下已經是對可預期未來可能情況的優劣排序，被遊說者只要相信這種情勢分析合理，自然會選擇「上」。這種排序一方面以客觀局勢爲根據；另一方面，也可以將對遊說者最有利的作法合理化於「上」的可能性中。事實上，蘇秦要如何對齊王講、講什麼、什麼時

候講、如何講，都不是燕王所能知道的。並且，將未來可能情況分析為三，就算未來情況不是「上」，蘇秦也可以表示自己確已努力，且以「事先早已預期到」的姿態向燕王做後續的表態。

　　這種方法蘇秦也運用在給齊王的書信中。蘇秦從趙國上書齊王，在《戰國縱橫家書·第十二章》說明他將齊王與楚國使者書非會談的內容轉告給趙國的奉陽君，其中提到：「若與楚遇，將與韓梁四遇，以約攻秦。若楚不遇，將與梁王復遇於圍地。收秦等，遂盟攻秦，太上破之，其次擯之，其下完交而□講，與國毋相離也。」蘇秦轉達齊王的意思是：如果要與楚國會晤，就要同韓、魏、燕、趙四國會晤，以聯合攻秦。如果不與楚國會晤，就與魏王再次會晤於圍地，結盟攻秦，以糾正秦國稱帝的作法。最好的情況是攻破秦國，其次是排斥秦國，最下策是盟國共同與秦國結交講和，而不各行其是。這就是齊王與楚國約定的內容，奉陽君聽了之後「甚悅」。在這封信上可以看到，蘇秦一方面藉著齊王的表態，希望趙國在整個結盟組織中，立場必須堅定，以攻破秦國為最高目標，上、中、下策有導引奉陽君選擇上策的作用，至少同盟國之間不會各行其是。另一方面，當時齊王動念想要背棄三晉而與秦國結交，蘇秦也想藉奉陽君的「甚悅」，表示他已說服趙國，取得奉陽君的認同，以此讓齊王打消他意，處理好齊國與燕國、三晉的關係，以鞏固合縱的力量。這是層次分析導引法的間接作用。

5. 主體轉換演繹法

　　《戰國縱橫家書·第五章》：「若以復其常為可王，治官之主，自復之術也，非進取之路也。臣進取之臣也，不事無為之主。」以假言式三段論的形式看：$P \rightarrow Q$，$-Q$，$\therefore -P$。因此，轉述如下：

(1) 如果君主墨守陳規，用守舊的方法辦事，則不是進取的君主所會採取的方法。燕王你是進取的君主，因此你不會採用陳規舊法來辦事。

(2) 進取之臣則效力於進取之君主，蘇秦乃是進取之臣，因此必效力
於進取之君主。

(3) 進取之臣不效力於無爲之君主，蘇秦乃是進取之臣，因此必不效
力於無爲之君主。

蘇秦將原以君主爲主體的條件句陳述，轉化爲以臣下爲主體的條件
句陳述，形成了省略性的演繹推理，而其中隱含著燕王當然是一個進取
之君的影射，若燕王默許此點，也就必須依照蘇秦的方法行事，如此蘇
秦也就達到其說服性推理的目的。

四、小結

就蘇秦的思維方法上看，他與先秦時代各家的名辯思想相互影
響，有許多類似相通之處。首先，其類比法同於《墨子·小取》所謂：
「辟也者，舉他物而以明之也。」蘇秦在與齊王的書信中顯然用的是類
比式論證。

第二，其對比法相似於《莊子·天下》中，惠施歷物之意所謂：
「大同而與小同異，此之謂小同異。」對於事物的理解與分類都是相對
的，各類事物之比較定有所差異。蘇秦運用此一相對比較法指出「信
義」施用範圍的大小不同，效果也有所不同。

第三，《韓非子·孤憤》多例歸納而成的兩論證與蘇秦的多難論法
相類似，如：「夫以疏遠與近愛信爭，其數不勝也；以新旅與習故爭，
其數不勝也；以反主意與同好爭，其數不勝也；以輕賤與貴重爭，其數
不勝也；以一口與一國爭，其數不勝也。法術之士，操五不勝之勢，以
歲數而又不得見；當塗之人，乘五勝之資，而且暮獨說於前；故法術之
士，奚道得進，而人主奚時得悟乎？故資必不勝而勢不兩存，法術之士
焉得不危？其可以罪過誣者，以公法而誅之；其不可被以罪過者，以私
劍而窮之。是明法術而逆主上者，不僇於吏誅，必死於私劍矣。」韓非

很可能受蘇秦這種多難論法的影響，以類似的手法說明「法術之士」面對「當塗之人」的困境，最後以兩難論證說明法術之士或被公法而誅，或被私劍窮之，結論就是難逃一死。

第四，蘇秦的層次分析引導法，相應於《鬼谷子‧謀》中所謂：「凡謀有道，必得其所因，以求其情；審得其情，乃立三儀。三儀者：曰上，曰中，曰下。參以立焉，以生奇。」[15]蘇秦在謀略的層次分析中往往會有上、中、下的說法，對於事態發展的可能性評估。此外，《鬼谷子‧揣闔》中所謂：「或開而示之，或闔而閉之。開而示之者，同其情也；闔而閉之者，異其誠也。」揣闔就是：「撥動與閉藏」。[16]層次分析的部分就有撥動對方的作用，是「揣」；引導的部分則有使對方無其他選擇情況，是「闔」。在《戰國縱橫家書‧第十二章》的案例中，蘇秦分別對趙國奉陽君和齊王都有運用「揣」、「闔」的方法。

第五，主體轉換演繹法在推論形式上是運用《墨子‧小取》所謂：「援也者，曰『子然，我奚獨不可以然也？』」在《戰國縱橫家書‧第五章》案例中，蘇秦的語意隱含著：你燕王是進取之君，難道我蘇秦不能是進取之臣嗎？或者，我蘇秦是進取之臣，難道你燕王不能是進取之君嗎？從以上的說明可以看出蘇秦的思維方法，有些方面受到先秦墨家、名家等名辯思維方法的影響，另一方面也有他自己縱橫家的創發與靈活運用，並影響了其後法家韓非的思維方法與表達方式。

要掌握蘇秦的思維方法，我們必須了解蘇秦所處的時代背景，透過他與燕王、齊王的書信內容解讀，相應於他的時代背景才能掌握書信中文字的意義。其次，是書信內容結構的分析，如此才能從中理解蘇秦的表達慣性與理路發展，進而從內容結構中提煉出思維方法。

---

[15] 「三儀」也有解為：天、地、人。參見琼琼譯註：《鬼谷子》，太原：書海出版社，2001年，頁138。

[16] 〔南朝梁〕陶弘景注：《鬼谷子》，臺北：臺灣商務印書館，1994年，頁1。

從內容結構上看，若以問題導向呈現，蘇秦的書信內容所處理的問題是：

1. 最近發生了什麼事？此即「訊息掌握」。
2. 誰必須面對此事？此即「立場定位」。
3. 此事將會有怎樣的變化發展？此即「形勢分析」。
4. 此事必須如何處理？處理之後會有怎樣的結果？此即「提出對策與效果評估」。
5. 為達到預期的結果，其困難與必須有的支援或資源為何？此即「自處困境與提出要求」。

蘇秦的思維方法相應於上述的問題型態，其思維方法主要運用於解決3、4、5三個問題。類比法與對比法基本上是為達成「3.形勢分析」的現象二分，取其關係中的類同性或差異性，來達成說服的目的；層次分析引導法與主體轉換演繹法則是相應於「4.提出對策與效果評估」，企圖說服燕王或齊王採取蘇秦所提出的策略。至於多難論法則是相應於「5.自處困境與提出要求」，藉由蘇秦自身的多重不利卻是達成對方大利的關鍵聯繫，而使蘇秦所提出的要求必然獲得滿足。

以下我們再以呈現主體欲求的方式來看蘇秦的思想進路，將書信結構與思維方法相結合：

1. 君王想得到什麼？就必須做點什麼。→因為對象不同，因此需要「立場定位」。
2. 為何該如此做？因為現況發展。→因此需要「掌握訊息」。
3. 現況為何？發展為何？現況發展涉及主客關係眾多因素。→因此需要「形勢分析」→類比法、對比法。
4. 該怎麼做？應變而變。因此需要「提出對策與效果評估」→層次分析引導法與主體轉換演繹法。
5. 蘇秦想得到什麼？在發展之中求生存。因此表達「自處困境與提出要求」→多難論法。

　　總之，蘇秦的思維方法主要特色在於說服性推理，目的在於說服君王，藉由君王的權勢，完成他自己的豐功偉業。[17]藉由各種滿足君王們欲望的可能性，與事態發展的複雜交互性，提出蘇秦他對已發生事實的意義詮釋、對於未來事態發展的推測以及提出相應對策。雖然本章力求系統化呈現蘇秦的思維方法，但並未忽視他在動態運用時之靈活性。並且，這些思維方法的釐清，將有助於先秦名辯邏輯史的補充建構與未來發展。

---

[17] 根據《戰國策·燕策一》中記載，蘇秦從一失意的說客，感念燕昭王的知遇之恩，所謂：「迎臣於郊，顯臣於廷。」因此願爲燕昭王到齊國去做反間。但根據鄭杰文教授的分析，在當時的情勢下只有齊、燕聯合、和好，蘇秦才可能「以燕之重」而在齊有地位，否則他不但失卻榮華富貴還有可能危及生命，因此他靈活運用的思維方法很可能最終還是爲了一己之利。鄭杰文教授還列舉了六條線索說明蘇秦可能並非爲燕反間，可資參考。參見鄭杰文：《能變善鬥——中國古代縱橫家論》，濟南：山東人民出版社，1995年，頁461-463。

第六章
《墨子》與蘇秦論辯方法之比較

　　在中國古代流傳至今的文獻中有許多推理文字，其目的著重於說服，如說服君王，或者說服王公貴族或士人採行某種學說，如《呂氏春秋》、《韓非子》、《孟子》、《墨子》以及《戰國縱橫家書》書中的許多內容。[①]其中縱橫家大多發跡於「士」階層中的庶民，他們善於自我表現，個人精神洋溢，在戰國舞臺上叱吒風雲。他們打破一切倫理道德規範，只以成敗論英雄，以個人名利為人生奮鬥的目標，對於國家宗主觀念淡薄，但體現了一種拚搏進取的實踐特質。[②]墨家相較於先秦各家有更為清楚的方法意識，不僅提供對於認知新事物的推理方法，更發展出人際之間說服性的推理。

　　所謂說服性推理是指具有特定目標的推理方法，涉及說服的目的及推理的過程。就說服者而言，其目的有的是為獲取個人的功名利祿，如縱橫家；也有的是懷抱救世之亂的理想性，如墨家。從推理的過程來看，這種類型的推理形態就是為了發揮說服的作用；因此在推理活動進行之前、進行之中，推論者已有整體的謀畫。在先秦時代，各家名辯的思想就與說服性推理有著密切的關係。如《墨子·小取》：

---

① 如《呂氏春秋·審應覽》公孫龍說燕昭王以偃兵、《韓非子·存韓》韓非子上書秦王、《孟子·梁惠王》孟子說梁惠王、《墨子·公輸》墨子與楚王為「止楚攻宋」而論、《戰國縱橫家書》蘇秦與燕王、齊王的談辯與書信等皆是。

② 王洪波：〈談談《戰國策》的部類歸屬問題和戰國縱橫家的人格精神〉，《遼寧大學學報》（哲社版），2000年第2期，頁10。

夫辯者，將以明是非之分，審治亂之紀，明同異之處，察名實之
理，處利害，決嫌疑。摹略萬物之然，論求群言之比。以名舉
實，以辭抒意，以說出故，以類取，以類予。

其中「以說出故」的「說」，包含著大量說服性的辯論。由於墨家
在先秦時代是最具有方法自覺的一家，年代又早於合縱連橫的時代，本
章將墨家與蘇秦兩者的說服性推理思想相互比較，指出縱橫家蘇秦思想
方法的可能來源與引申變化。

一、《墨子》之論辯方法

（一）三表法

《墨子·非命上》：

何謂三表？子墨子言曰：「有本之者，有原之者，有用之者。於
何本之？上本之於古者聖王之事。於何原之？下原察百姓耳目之
實。於何用之？廢以為刑政，觀其中國家百姓人民之利。此所謂
言有三表也。」

三表法是墨家檢證言論以及思想的三個標準。三表法在時間上含
括著過去、現在與未來，本之者是根據過去聖王的經驗效用；原之者是
根據過去的及現在眾人的五官經驗；用之者則是以現在和將來的經驗效
用為準則。[3]在論辯上，符合三表者為正確，不符者為錯誤，三表法已
有歸納法與演繹法的推理形式，如：原之者，是歸納眾人耳目之實的結

---

③ 李賢中：《墨學——理論與方法》，臺北：揚智文化公司，2003年，
　頁53。

果；而本之者，則視古者聖王之事的成功案例爲演繹推論的大前提；至於用之者，則是從實際執行後的效果來進行檢證。

（二）因果推論

〈經上〉：「故，所得而後成也。」

〈經說上〉：「故，小故有之不必然，無之必不然。體也，若有端。大故有之必然，無之必不然，若見之成見也。」④

「故」式推論，是墨家由果溯因的推論方法。所謂「故」是指產生結果的原因或理由，在推論中，「故」也可視爲論證的前提。小故，指的是必要條件，有了這樣的原因不必然產生某一結果，但沒有這樣的原因，則必不能產生某一結果。例如：端點是組成某一物之部分的必要條件。大故，是指充分必要條件，有它必定產生某一結果，沒有它必不產生某一結果。例如：眼能見物需要合宜的光線、適當的距離、正常的視覺官能及專注力等相關因素的整體，此爲完成「見」的充分必要條件。由於論辯過程中，雙方都會提出各自的理由，就可透過小故、大故等之分析，來檢證其理由或原因是否充分。

（三）推類法

在《墨子・小取》中典型的四種推類法即：辟、侔、援、推。

〈小取〉：「辟也者，舉他物而以明之也。侔也者，比辭而俱行也。援

---

④ 原文：「大故有之必無然，若見之成見也。」據孫詒讓《墨子閒詁》校改。見李賢中導讀、題解：《墨子》下，臺北：五南圖書公司，2020年，頁53。

也者，日『子然，我奚獨不可以然也？』推也者，以其所不取之，同於其所取者，予之也。」

1.辟式：舉他物而以明之也。

辟是比喻、比方。辟有兩種功能，一是形象描繪，這相當於修辭學上的比喻；另一是抽象思維，這相當於邏輯上的類比式論證。[5]就其為類比推理而言，如《墨子‧耕柱》所載：

> 「治徒娛、縣子碩問於子墨子曰：『為義孰為大務？』子墨子
> 曰：『譬若築牆然，能築者築，能實壤者實壤，能欣者欣，然後
> 牆成也。為義猶是也。能談辯者談辯，能說書者說書，能從事者
> 從事，然後義事成也。』」

這是將「為義」以「築牆」為譬。

2.侔式：比辭而俱行也。

「侔」是不同語言表達的類比推論，其推理方式是在原判斷主詞、謂詞前附加意義相同的成分，以構成新的表達形式。如〈小取〉：「白馬，馬也；乘白馬，乘馬也。」此顯示兩個辭義相當的命題，其真假也相當。所謂「辭義相當」是指主、謂詞的類屬關係相當。換言之，白馬與馬的關係，好比乘白馬與乘馬的關係。因此，「侔」是一種「關係類比推理方式」，其推論根據是在於「關係間的相似性」。[6]

---

⑤ 孫中原主編：《墨學與現代文化》，北京：中國廣播電視出版社，1998年，頁167。

⑥ 陳榮灼：〈作為類比推理的「墨辯」〉，楊儒賓、黃俊傑編：《中國古代思維方式探索》，臺北：正中書局，1996年，頁209。亦可參閱第二章第二節：從「侔」式推論考察「辭」意的構成特性。

3. 援式：「子然，我奚獨不可以然也？」

「援」是援引對方所說的話來作類比推論的方法，亦即援引對方所贊同的，來論證對方所不贊同的，以證成自己的論點。其類推的原則即〈小取〉：「有諸己不非諸人。」自己有的觀點不能反對別人也持相同的觀點。如〈耕柱〉：「巫馬子謂子墨子曰：『子兼愛天下，未云利也；我不愛天下，未云賊也。功皆未至，子何獨自是而非我哉？』子墨子曰：『今有燎者於此，一人奉水將灌之，一人摻火將益之，功皆未至，子何貴於二人？』巫馬子曰：『我是彼奉水者之意，而非夫摻火者之意。』子墨子曰：『吾亦是吾意，而非子之意也。』」其中的推論就包含著「援」的形式，也就是巫馬子你可以認同奉水者行為的價值（子然）；那麼，我為什麼不可以肯定我兼愛天下行為的價值（我奚獨不可以然）？墨子論辯的技巧還包括先舉一類似的例子，同樣是「功皆為至」，奉水者相當於兼愛者、煽火者相當於不愛天下者，以便於從此例轉換於彼例，指出巫馬子的自相矛盾。[7]

4. 推式：以其所不取之，同於其所取者，予之也。

就「推」而言，推論過程中，對方所贊同的，卻是我方所反對的；於是先構作一與其所贊同之論點同類之主張，但此一主張必須為對方所反對，如此構成矛盾以歸謬，反顯我方所反對的論點無誤。如《墨子・公輸》載墨翟對公輸般說：「北方有侮臣，願藉子殺之。」公輸般說：「吾義固不殺人。」墨翟就指出公輸般造雲梯幫楚國攻打宋國，必將殺害許多無辜的宋國百姓，這是「義不殺少而殺眾，不可謂知類」，公輸般終為墨翟所折服。此處就用了「推」的方法。[8]公輸般「不取」殺人，卻「取」協助楚王攻打宋國，由於其「所取」與「不取」是同類

---

[7] 李賢中：《墨學——理論與方法》，頁56。
[8] 可參見第三章第二節（一）墨家：《墨子》之例。

之事，而公輸般其一取，其一不取而顯示了自相矛盾，因此他必須調整作法。

（四）《墨子》之兩難式

《墨子·明鬼下》：

> 今絜為酒醴粢盛，以敬慎祭祀，若使鬼神請有，是得其父母姒兄而飲食之也，豈非厚利哉？若使鬼神請亡，是乃費其所為酒醴粢盛之財耳。自夫費之，非特注之汙壑而棄之也，內者宗族，外者鄉里，皆得如具飲食之。雖使鬼神請亡，此猶可以合驩聚眾，取親於鄉里。

墨子為了說服那些執無鬼且反對祭祀的人，提出：「準備潔淨的酒醴和五穀祭物，用以恭敬謹慎地祭祀。假使鬼神真有的話，這是讓父母兄姐得到飲食，難道不是有很大的益處嗎？假使鬼神確實沒有的話，這不過是花費他製作酒飯五穀、犧牲祭物的一點資財罷了。而且這種花費，也並不是傾倒在髒水溝去丟掉，而是與內在親近宗族、外在鄉親好友，都可以請他們來飲食。即使鬼神真不存在，這也還可以聯歡聚會，聯絡鄉里感情。」

其中包含著兩難論證形式：（P→Q）∧（R→Q），P∨R，∴Q

祭祀若有鬼神則使父母兄姐得食而有利，祭祀若無鬼神則可聯絡鄉親好友情誼而有利，祭祀無論有鬼神或無鬼神，結論都是有利的。

（五）《墨子》歸謬法

證立己論與反駁對方錯誤理論，都有助於呈現自家的思想。證立己論是主動提出自己的主張，反駁對方則是被動地從對方的錯謬中，相對

地間接呈現己方主張的正確性。「歸謬式反駁」就是屬於被動的立場，待對方提出論點後，從其論點引申出明顯的矛盾，從而反駁對方的言論。其引申的方法有二：一是拉大所論事態的時空情境，另一是呈現事態發展各階段或程度的類同性、與差異性。

〈非儒下〉：「儒者曰：『君子必服古言然後仁。』應之曰：『所謂古之言服者，皆嘗新矣，而古人言之，服之，則非君子也。然則必服非君子之服，言非君子之言，而後仁乎？』」這種歸謬式反駁，就是拉大了儒者所謂君子所處事態的時空情境，將視域焦點挪向君子所效法的古人，從此事態起點的古人言、服皆重新著眼，而以「止」式歸謬：「凡君子必古服古言」與「有些君子未古服古言」不能同時成立。或故式歸謬：因為古人未古言古服，所以古人非君子；如果君子必須仿效非君子，方為仁，則為荒謬。

其次，在呈現事態發展各階段或程度之類同性方面，如〈非攻上〉：「殺一人謂之不義，必有一死罪矣，若以此說往，殺十人十重不義，必有十死罪矣；殺百人百重不義，必有百死罪矣。當此，天下之君子皆知而非之，謂之不義。今至大為不義攻國，則弗知非，從而譽之，謂之義，情不知其不義也。」這是從「攻國而譽之」的事態轉換至「殺人」的情境，殺人就其同而言，不論多少皆是不義的行為；就其相異處，殺愈多則愈不義、罪愈重。由於攻國必殺多人，所以攻國為不義，且為重罪之行為。其中也運用了「推」，殺人愈多罪愈重是其所取，攻國有罪不可譽是其所不取，然而其所取與其所不取乃是同一事態發展的不同程度，但性質相類同，從而歸謬反駁了對方的論點。

孫中原先生認為這一類的錯誤可概括為「明於小而不明於大」（「知小物而不知大物」），這是恰當妥切的。[⑨]此外在〈非攻上〉、〈天志下〉、〈魯問〉中，墨子也用類似的比喻，如：「小視白謂之

---

⑨ 孫中原：《中國邏輯學》，臺北：水牛出版社，1993年，頁59。

白，大視白則謂之黑」，「少見黑曰黑，多見黑曰白」，及「少嘗苦曰苦，多嘗苦曰甘」等來進行歸謬式反駁。

二、《墨子》與蘇秦論辯方法之比較

本節根據第五章第三節：蘇秦思維方法之結構與形式的第（二）部分：方法形式中的五種方法，逐一進行比較、申論。

（一）《墨子》與蘇秦之類比法

本書第五章引《戰國縱橫家書・第九章》蘇秦對齊王表達：「若齊王以諸侯的規格接待，蘇秦就帶一百五十乘前來；齊王若不願意，則蘇秦會帶五十乘前來齊國。」蘇秦在此情況下使用類比法。他將齊湣王類比於齊桓公，將自己隱然比做管仲，從前齊國的管仲要求重用自己，是為了使眾人服從，並不是為了自己，而齊桓公答應了他的要求，故使齊國富強。在此類比法的運用之下，蘇秦也隱然要求齊湣王同意他的請求，因為蘇秦也不是為了他自己的好處，而是為了解除齊國的危機，使齊湣王能有所作為。[⑩]

《墨子・小取》的「辟」是比喻、比方。「辟」有兩種功能，一是形象描繪，這相當於修辭學上的比喻；另一是抽象思維，這相當於邏輯上的類比式論證。[⑪]就其為類比推理而言，陳榮灼指出：「『辟』式推理屬於一種『屬性類比推理方式』，即其推論根據是在於『屬性間的相似性』。」[⑫]事物性質上的相似，可以歸成一類，〈經上〉：「同，

[⑩] 參見本書第五章第三節（二）方法形式之1.類比法。

[⑪] 孫中原主編：《墨學與現代文化》，北京：中國廣播電視出版社，1998年，頁167。

[⑫] 陳榮灼：〈作為類比推理的「墨辯」〉，楊儒賓、黃俊傑編：《中國古代思維方式探索》，臺北：正中書局，1996年，頁209。

重、體、合、類。」〈經說上〉：「有以同，類同也。」「類同」是指在觀點確立下的分類所屬物之比較，辟式推論與「類」的關係密切。

〈小取〉：「辟也者，舉他物而以明之也。」類比法是透過兩類事物的相似性，由此類事物的性質或關係，推出彼類事物也會具有同樣的性質或關係。蘇秦運用此「辟」的方法，其中的「他物」就是「齊桓公與管仲」。他將齊湣王類比於齊桓公，將自己比做管仲，以要求齊湣王同意他的請求；顯然這是一種關係類比。從齊湣王與蘇秦的關係和齊桓公與管仲關係的類似性，推出齊湣王應有的作爲，遂行蘇秦所欲達成的目的。《墨子‧小取》已對於這種類比法加以定義，顯然蘇秦是這種方法的運用者。

（二）《墨子》之「援」與蘇秦主體轉換演繹法

《墨子‧小取》的「援」是援引對方所說的話來作類比推論的方法，亦即援引對方所贊同的，來論證對方所不贊同的，以證成自己的論點。其類推的原則即〈小取〉：「有諸己不非諸人。」如《莊子‧秋水》中莊子與惠施於濠上論「魚之樂」即是。[13]莊子和惠施都用了這種推論方法。惠施是：「你不是魚，怎知魚之樂？」其中的「然」即：「主體不是客體則不知客體。」莊子用此「然」反問惠施：「你又不是我，怎知我不知魚之樂？」惠施再用此「然」追問莊子：「我不是你，不知你之所知，但你不是魚，又如何可知魚之樂？」又如：《公孫龍子‧跡府》公孫龍批評孔丘後代子孫孔穿說：「夫是仲尼異楚人於所謂人，而非龍異白馬於所謂馬，悖。」[14]「援」式推論強調主客雙方，

---

[13] 莊子與惠子遊於濠梁之上。莊子曰：「儵魚出遊從容，是魚樂也。」惠子曰：「子非魚，安知魚之樂？」莊子曰：「子非我，安知我不知魚之樂？」惠子曰：「我非子，固不知子矣；子固非魚也，子之不知魚之樂全矣。」（《莊子‧秋水》）

[14] 穿曰：「素聞先生高誼，願爲弟子久，但不取先生以白馬爲非馬耳；請去

在第一層主客關係上，雙方都不能自相矛盾，主方所說相類於客方所說。在第二層的命題關係上，肯定「楚人非人」，就必須肯定「白馬非馬」。亦即：孔穿你可以肯定孔丘的「楚人非人」，我爲何不能主張「白馬非馬」；這是雙重關係的「關係類比」。

在蘇秦的主體轉換方法上，也有「援」式方法的運用。⑮

1. 燕王你是進取之君，我難道不會是進取之臣嗎？

2. 我是進取之臣，難道燕王你不會是進取之君嗎？

但是蘇秦的「援」式運用，是以預設燕王的主張爲「然」，也就是燕王並沒有自己說他自己是個進取之君，但燕王一定不會反對別人這樣看他。墨家的「援」式推論中的「子然」有三種方式來把握：一是對方明確地說明了他的某種觀點或立場；二是對方所說的話中含有或預設著某種觀點或立場；三是對方根本沒說，而是說服者幫他說，而他自己又不能反對的話，而轉變成對方的主張之「然」。蘇秦所用的援式推論就是第三種方式。他的口氣有一點壓迫式地要求燕王不要墨守成規，他將創新作法納入「進取之君」的概念內涵之中，而所謂的創新作法也就是依從蘇秦所提供的策略。他只是用了一個正面評價的概念「進取之君」，使燕王不得不承認自己是「進取之君」，然後似乎將主動權置於燕王，自己反而是在追隨燕王的進取性而有所變革；實際上眞正的主動性全在蘇秦，《戰國縱橫家書·第五章》他說：「若以復其常爲可王，治官之主，自復之術也，非進取之路也。」

此術，則穿請爲弟子。」龍曰：「先生之言悖……且白馬非馬，乃仲尼之所取，龍聞楚王張繁弱之弓，載忘歸之矢，以射蛟兕於雲夢之圃，而喪其弓，左右請求之。王曰：『止。楚人遺弓，楚人得之，又何求乎？』仲尼聞之曰：『楚王仁義而未遂也。亦曰人亡弓，人得之而已，何必楚。』若此，仲尼異楚人於所謂人。夫是仲尼異楚人於所謂人，而非龍異白馬於所謂馬，悖。先生修儒術而非仲尼之所取，欲學而使龍去所教，則雖百龍，固不能當前矣。」（《公孫龍子·跡府》）

⑮ 參見本書第五章第三節（二）方法形式之5.主體轉換演繹法。

（三）《墨子》之「推」與蘇秦之對比法

　　《墨子》之「推」是雙重關係的「關係類比」，亦稱歸謬式的類比推理。其方法是用對方所不贊同的，來論證對方所贊同的，以推翻對方的論點。類推的原則是：「無諸己不求諸人。」（〈小取〉）如《墨子・公輸》止楚攻宋載墨翟與公輸般之間的對話就用了「推」的方法。

　　燕王認為的普遍適用「信義」是一端，蘇秦認為有限度適用「信義」是另一端。這兩端的對比是要說明：信義適用的範圍是有限的，適用於自己人的道德規範，並不適用於外人。並且，為求國家整體的利益，必須不受「孝、信、廉」等道德的約束。因此，蘇秦運用「對比法」說服燕王，以燕王原本所不取的「不孝、無信、失廉」，同與其所取的「孝、信、廉」改變他原本的價值觀。[16]此方法是墨家「推式」的變化應用，其說服的方法在於使燕王看到道德品格之後的作用或效果的面向，也就是能否有益於國家。如蘇秦所謂：「王足之，臣不事王矣。孝如曾參，乃不離親，不足而益國。信如尾生，乃不誕，不足而益國。廉如伯夷，乃不竊，不足以益國。」燕王原本「所取」的是有利於國家的作為，所「不取」的是違反普遍範圍下的道德，簡單地說就是不取無德者。蘇秦透過他的對比方法指出，無德者（不取）是有利於國家的（所取），其中關鍵在於：只要將普遍範圍下的道德，改變為相對範圍下的道德即可。

　　此外，從此一推論的比較也可見蘇秦的價值觀，他並沒有肯定古代聖王道德性的作為或某種超越的價值根源，如墨家的「天志」。他只要求是否有擴大國家領土，能否稱霸天下的實際效果。因此他一定無法認同墨家三表法中的「本之者」。《墨子・非命上》說：「言必有三表。」〈非命中〉、〈非命下〉說：「使言有三法。」可見三表法是檢證言論以及言論所代表的思想的三個標準。綜合〈非命上〉、〈非命中〉、

---

⑯ 參見本書第五章第三節（二）方法形式之2.對比法。

〈非命下〉各篇的不同提法，我們可以歸結第一表的「本之者」有：

1. 本之於古者聖王之事。

2. 考之天鬼之志。

　　蘇秦只從國家的短期利益考量，即使在一國之內有範圍的道德行為，也是為了利害的考量，而非道德行為本身的價值，這與墨家仁義的價值觀非常不同。[17]墨家的「仁」，是要以所愛的對象為目的而非手段；墨家的「義」，是要以有利於天下人的事為自己的職志。

（四）《墨子》之兩難式與蘇秦的多難論法

　　蘇秦多難論法[18]與墨子的兩難式論辯方法，其一，都是從利害的觀點立論；其二，對於事態發展的可能性進行推測；其三，都懷有說服對方的目的。蘇秦是要表達未來情勢的各種可能性都是對自己不利，希望燕王全然信任他；而墨子則是說明祭祀的行為在鬼神是否存在的兩種可能性上，都是有利於民眾的，因此祭祀是可行的。然而，就推論的形式上看，蘇秦指出了五種對他不利的情況：

1. 蘇秦如果在齊國受居高位（貴），燕國群臣將不信任他（不利）。

2. 如果在齊國地位低下（賤），燕國群臣將瞧不起他（不利）。

3. 如果齊國有對燕國有不好的舉措，則必將歸罪於蘇秦（對蘇秦不利）。

4. 如果天下不攻齊國，則認為蘇秦為齊國設想周到，不信任蘇秦（對蘇秦不利）。

---

⑰ 〈經上〉：「仁，體愛也。」〈經說上〉：「仁。愛己者非為用己也，不若愛馬者。」仁，乃體己之愛，愛人若己。愛自己不是用自己，不像愛馬一般將馬當成工具。〈經上〉：「義，利也。」〈經說上〉：「義。志以天下為芬，而能能利之，不必用。」義，乃是立志謀求天下人之福利為自己的本分，任何人都有能力也能夠做出有利於人的事，不一定出仕當官為世所用。

⑱ 參見本書第五章第三節（二）方法形式之3.多難論法。

5. 如果天下攻打齊國，則又會將齊國與蘇秦一併放棄（對蘇秦不利）。

　　墨子只指出了兩種可能性：

1. 假使鬼神眞有的話，這是讓父母兄姐之鬼得到飲食（有益之事）。

2. 假使鬼神不存在，可以聯歡聚會，聯絡鄉里親友感情（有益之事）。

　　可見蘇秦的多難論法是墨子兩難論法更進一步的發展和運用，具有更強的說服力。

（五）《墨子》歸謬法與蘇秦層次分析引導法

　　墨家歸謬式方法有二，一是拉大所論事態的時空情境，另一是呈現事態發展各階段或程度的類同性與差異性。如前述〈非攻上〉中，殺一人、殺十人與殺百人，有罪過遞增、禍害愈大的情況，也是拉大現象範圍，比較各階段現象的類同性與差異性。攻國一方面是殺十人、百人之後更大的罪過、禍害，照理說應爲君子所否定，但竟然會是被天下君子所肯定的行爲，因而其中必然存在著矛盾而必須有所改變。蘇秦的層次分析也蘊含著對說服對象的引導，因爲上、中、下已經是對可預期未來可能情況的優劣排序，被遊說者只要相信這種情勢分析合理，自然會選擇「上」，同時也必須信任並肯定蘇秦的作爲。[19] 他們都有對於對象的多層次分析，且都以「利之中取大，害之中取小」爲取擇方向。墨家是以主體之合理性標準的一致性爲論據，蘇秦則是以同一主體可能獲利大小的分析爲採取行動的根據。

---

⑲ 參見本書第五章第三節（二）方法形式之4.層次分析引導法。

三、先秦思維論辯方法的發展

　　有關說服性推理方法的研究可分爲三種類型：其一，是情境式的分析，此涉及說服者對於事態發展的掌握及運用，如：條件分析法與制勢引導法。[20]其二，爲說服者對於對方心理的掌握，如：利誘恫嚇法。[21]其三，可以從表達的方式，如從修辭的角度、推理的方式加以分析、考察。就表達的方式而言，又可分爲互動式與主動式。由於《戰國縱橫家書》是蘇秦寫給燕王與齊王的書信，我們只能看到蘇秦的主動論述，而不得見燕王與齊王的回覆，因此本章從主動式的推論技巧進行，說明蘇秦的說服性推理。但墨家的說服性推理除了主動性推理，如「辟」式推論之外，也包含著互動式推理，如「援」式與「推」式。經過前述推理方法的比較之後發現，蘇秦的「類比法、對比法、多難論法、層次分析引導法及主體轉換演繹法」，雖然是以書信的方式主動論述，但是其中也隱含著對於說服對象的心理掌握，除了客觀形勢的分析之外，也能做出與說服對象內心狀態相符合的情境構作。在行文過程中，表面上是單向的論述，但深層的文意卻是主客互動式的推理。

　　就類比法與辟式推論的比較來看，「辟」的所謂「舉他物以明之」，其中的他物必須是對方相當熟悉、能夠理解的事物，如此才能產生「明之」的作用。因此，其方法的操作前提就是說服者對於被說服者認知狀態，及心理傾向或價值觀的掌握。從主體轉換演繹法與「援」式推論的比較來看，蘇秦明顯爲燕王說出了他所不能否定的話，成功的構作了互動式的說服推理。就對比法與「推」式的比較來看，曾參、尾生、伯夷的說法中，蘇秦在書信裡引述了燕王的回覆，因而也形成了互

⑳　鄭杰文：《能變善鬥──中國古代縱橫家論》，濟南：山東人民出版社，1995年，頁508-509、511-513。

㉑　鄭杰文：《能變善鬥──中國古代縱橫家論》，濟南：山東人民出版社，1995年，頁509-511。

動式的說服推理。不過,墨子之「推」重點在使對方的「不取」同於其「所取」,進而使對方放棄原先的「所取」,如公輸般放棄原先的「攻國」。蘇秦對於「推式」的轉化應用則是將對方的「不取」同於「所取」之後,進而使對方接受原先的「不取」。如燕王不取「無孝信廉者」,取「有益於國者」;之後,燕王接受「無孝信廉而有益於國者」。

至於蘇秦的多難論法與雙向式的比較,主要是從事態未來發展合理的可能性立論,其目的在於推導致同類的結果,雖然是主動論式,但其合理性必須是對方所能認同與接受的,不然就無法達成說服的效果。再從層次分析引導法與《墨子》歸謬法之比較來看,不論是情況的上、中、下,或殺人遞增的不義性,也都預設著對方能夠了解這些程度上的差異性,雖然是種主動的論述,但也蘊含著對象對其論述之合理性的認同。

以說服為目的的推理方式,往往結論早定,乃是以其整體思想為其每一推論步驟及思路發展的根據。因此這種推理是說服者內在融貫式的推理,是由大而小,從整體到局部。從這種推理的起點來看,必須是在有了一定的認知結果之後,才能形成定見,這定見可以表達出來,也可以不表達而存在思想主體之內,直到各方面需要表達的要素成熟之後,思想主體才會伺機表達。由於思想界的內容有許多表達的方式,一方面與所要表達的對象有關,另一方面也與思想內容的性質有關;[22]不過,以說服目的為主之推理也只是眾多表達方式之一。

兩家之說服性推理之共同形式,基本上以推類法為主要形式,各自有其深入變化之處,比較兩者思維方法,可見蘇秦的許多方法是在墨家

---

[22] 相同的判斷可以不同的命題表達,此與表達對象的身分、處境、與表達者的關係等因素有關。另表達思想之內容或與聽者一致、或與聽者原本想法衝突、或與其他進言者之同異,也會影響表達者對於表達方式之選擇。

方法的基礎上作進一步的轉化。但是在墨家三表法的「本之者」從蘇秦的進取之說與道德的範圍限定說，可知他不會信從「天志」，蘇秦求新求變，當然也不會以「本之者」的古者聖王之事蹟爲根據。在因果關係上，蘇秦常用假設性因果關係來推測未來事態發展的可能性，如層次分析引導法與多難論法之內容，而不像墨家尋索事態發展中的必要條件與充要條件的因果推論，這是兩者的差異。

　　從兩家說服性推理方法的比較，可以讓我們了解先秦思維、表達方法的發展，及時代環境的變化、價值觀與論辯技巧上的轉變關係密切。這些考察將有助於我們更深入了解縱橫家蘇秦在思想史上的地位，且對於先秦邏輯史的研究也有一定的助益。

第七章
《墨子》與《孟子》論辯方法之比較

一、儒墨交鋒與孟子對墨子的批評

　　《淮南子·要略》稱墨子：「墨子學儒者之業，受孔子之術，以為其禮煩擾而不說，厚葬靡財而貧民，服傷生而害事，故背周道而行夏政。」可見墨子思想淵源於儒家，但他從平民百姓的現實生活加以反省，而有所反對。《墨子·節葬下》就說：「今唯無以厚葬久喪者為政，國家必貧，人民必寡，刑政必亂。」又云：「若人厚葬久喪，實不可以富貧眾寡，定危治亂乎，則非仁也，非義也。」墨子以能否達成國富、民眾、刑政平治為標準來檢驗儒家的思想。後來儒家發展至孟子，將孔子的思想發揚光大。

　　從墨、孟的年代考察，據孫詒讓的墨子年表，墨子的生卒約在周定王元年（西元前468年）至周安王26年（西元前376年）之間，[1]其生活年代略後於孔子而先於孟子。嚴靈峰先生說：「《論語》不言墨子，而墨子稱孔子；莊子剺剝儒、墨，孟子闢斥楊、墨；而墨子不及孟、莊。墨子生在孔、孟之間，大抵可信。」[2]墨子的推理方法集中於《墨辯》中的〈小取〉，但說服術的應用則廣布於墨學十論及其他篇章中。

　　　　子墨子曰：「凡入國，必擇務而從事焉。國家昏亂，則語之尚

---

① 孫詒讓：《墨子閒詁》，臺北：華正書局，1987年，頁641-643。
② 嚴靈峰：《無求備齋選集·經子叢書第十冊》，臺北：中華書局，1983年，頁147。

賢、尚同；國家貧，則語之節用、節葬；國家憙音湛湎，則語之
非樂、非命；國家遙僻無禮，則語之尊天、事鬼；國家務奪侵
凌，即語之兼愛、非攻，故曰擇務而從事焉。」（《墨子‧魯
問》）

　　墨子教導弟子兼愛、非攻等思想，待弟子學成之後，就分派至各國
進行遊說的工作。由於每個國家的情況不同，墨子就教導弟子針對各國
的重點缺失進行勸導，試圖說服各國主政者造福百姓，也因此發展出具
有系統性的辯論、推理方法。

　　墨子先於孟子。孟子所用的推理方法，大都與墨子推理方法的運
用或轉化有關。《魯勝墨辯注敘》：「孟子非墨子，其辯言正辭則與墨
同。」從孟子對於墨子思想的批評，可見孟子對於墨子思想的關注，進
而可探究先秦儒、墨思想的發展和演變。從形式上看，墨子與孟子他們
都應用說服性的推理方法。從內容來看，墨子為求興天下之利以說服君
王，既有道德意識又有功利傾向；孟子將說服術運用於說服君王行仁政
王道，則是為實現仁政、王道的道德理想。

　　孟子（約西元前372年－前289年）生於辯論風氣盛行的戰國時代，
諸子百家爭鳴趨於高峰，孟子也是其中的佼佼者。趙岐在《孟子題辭》
中說「孟子長於譬喻，辭不迫切，而意已獨至」。[3]我們從孟子所使用
的推理辯論的核心概念，如：名所指之實、辭、說、辯等，[4]可以看出
孟子縱然不是直接受墨子思想影響，也受到當時為顯學之墨家所造成思
想風潮的間接影響。在名實問題方面，孟子提出：「仁之實」、「義
之實」、「智之實」、「禮之實」、「樂之實」（〈離婁上〉）；在

---

③　焦循著，沈文倬點校：《孟子正義》，北京：中華書局，1987年，頁18。
④　《墨子‧小取》：「夫辯者……以名舉實，以辭抒意，以說出故，以類
　　取，以類予。」

「辭」方面，孟子將墨家的「辭」加上了：詖辭、淫辭、邪辭、遁辭的批判性描述；在「說」方面有所謂詳說、反說、邪說之論；在「辯」方面，孟子所辯的內容豐富，除了有人禽之辨、王霸之辨、義利之辨以外，還有與夷之辯兼愛，與彭更辯食志、食功，以及與陳相辯勞力、勞心等。此外，《墨子·大取》：「以故生，以理長，以類行也者。」其中推理要素的關鍵概念：故、理、類，在《孟子》書中也曾多次出現。可見《孟子》與《墨子》思維方法的密切相關性。

孔子基本上反對巧言論辯，指出：「巧言令色，鮮矣仁。」（《論語·陽貨》）而主張以風行草偃的教化來感化人，孟子雖然在思想上追隨孔子，但身處「世衰道微，邪說暴行有作」的戰國中期，孟子有其不得已之處境。他說：「我亦欲正人心、息邪說、距詖行、放淫辭，以承三聖者。豈好辯哉？予不得已也。能言距楊墨者，聖人之徒也。」（《孟子·滕文公下》）孟子曾大肆批評墨家思想，但是在論辯方法方面，卻有許多地方參照墨子的推理方法。

墨家在戰國時代是與儒家並列顯學的學派，《韓非子·顯學》有謂：「世之顯學，儒、墨也。儒之所至，孔丘也。墨之所至，墨翟也。」正因為墨家是當時的顯學，因此一方面對於各家都有所影響，同時也受到儒家繼承者孟子強烈的批評。

> 世衰道微，邪說暴行有作。……聖王不作，諸侯放恣，處士橫議，楊朱、墨翟之言盈天下。天下之言，不歸楊，則歸墨。楊氏為我，是無君也；墨氏兼愛，是無父也。無父無君，是禽獸也。……能言距楊墨者，聖人之徒也。（《孟子·滕文公下》）

孟子認為墨子兼愛思想違背人的天性，若將別人與自己的父母等而視之，同而待之，則會背離父子人倫的親情，違反孝道。墨子的弟子夷之則為墨子辯護：

> 夷子曰：「儒者之道，古之人『若保赤子』，此言何謂也？之則
> 以爲愛無差等，施由親始。」徐子以告孟子。孟子曰：「夫夷子
> 信以爲人之親其兄之子爲若親其鄰之赤子乎？彼有取爾也。赤子
> 匍匐將入井，非赤子之罪也。且天之生物也使之一本，而夷子二
> 本故也。」（《孟子·滕文公上》）

　　夷之從志、功爲辯的觀點指出，從墨家的理想來看，正同於儒家對
於聖王將人民視爲自己孩子一般看待。只是從實踐面看，兼愛還是要由
身邊的親人做起。孟子則反對這種說法，他認爲自己兄長的小孩與鄰人
的小孩畢竟是不同的，因爲他們所從出的父母就不一樣，血緣關係的親
情有其本然的根據，這是一本；若將人之親與己之親等視，則爲二本，
此乃違反人性的。

　　墨子在年代上早於孟子，不能針對孟子的批評進行反駁或回應，
但是，我們可以從包含墨家後學思想的《墨子》一書的相關脈絡，以爲
墨家進行回應。首先，兼愛違反人性嗎？我們須先探究人性之內涵爲
何？子曰：「性相近也，習相遠也。」（《論語·陽貨》）孔子並未
明確說明人性的性質，只說明人性本質的相近；但也提出了人有施行
仁愛的可能，如子曰：「仁遠乎哉？我欲仁，斯仁至矣！」（《論語·
述而》）由此可見，重要的是在於人意志的抉擇。另一方面，孔子也提
出人有爲惡的可能，如：「子曰：『克己復禮爲仁……。爲仁由己，而
由人乎哉？』顏淵曰：『請問其目。』子曰：『非禮勿視，非禮勿聽，
非禮勿言，非禮勿動。』」（《論語·顏淵》）可見人的行爲也會有違
背禮義規範的時候。荀子由人有需要克制之「欲」推出了性惡說，孟子
從「四端之心」申說性善論；然而，孟子的性善論，從「今人乍見孺子
將入於井」證明惻隱之心人皆有之的例子來看，所謂「非所以內交於孺
子之父母也，非所以要譽於鄉黨朋友也，非惡其聲而然也」（〈公孫
丑上〉），由人性所發動的「惻隱之心」顯然已經超越了狹隘的血緣

關係、等差之愛，而朝向人類之愛了。[5]孟子雖曾大力駁斥墨子兼愛思想，但作為他申論儒家思想的核心，孟子的「性善論」卻透露了「兼愛」的精神；於其四端說中構作「孺子將入於井」的情境突顯出人的惻隱之心。墨子雖然沒有直接討論「人性」的問題，但他指出後天環境的影響力，是造成「人」行為表現的因素之一，墨子曾見染絲者而嘆曰：「染於蒼則蒼，染於黃則黃，所入者變，其色亦變……非獨染絲然也，國亦有染。舜染於許由、伯陽，禹染於皋陶、伯益，湯染於伊尹、仲虺，武王染於太公、周公。此四王者所染當，故王天下。」（《墨子·所染》）因此，在面對環境習染因素的影響時，人的意志抉擇就很重要。《墨子·經上》：「義，志以天下為芬，而能能利之，不必用。」[6]墨家認為一個正義的人必須要立志，以天下人的福祉為自己的本分，其實，每一個人都有能力，也能夠去做有利於天下人之事；此端視其能否立定正確的志向，並堅持到底。

　　此外，《墨子·經上》：「生，刑與知處也。」墨家對於「人」的看法把握住「形體」與「智力」兩方面，而後天的學習也是靠著這兩方面功能的發揮而有：聞知、說知、親知等不同的認知方式，再透過意志的抉擇，從名知、實知、合知，以至於將所學到的知識，親力親為地實踐於生活中。《墨子·經上》：「知，聞、說、親。名、實、合、為。」其中的「為知」即是。[7]又如〈天志下〉：「是故子墨子言曰：『戒之慎之，必為天之所欲，而去天之所惡。』」其中，「為」與「去」就在於人自由意志的擇善避惡，興利除害。此外，墨子也強調後

---

[5] 李賢中：《墨學——理論與方法》，臺北：揚智文化公司，2003年，頁204。

[6] 芬是分的繁文。王闓運說：「芬即芬字，讀為職分之分。」參見王讚源主編：《墨經正讀》，上海：上海科學技術文獻出版社，2011年，頁8。

[7] 〈經說上〉：「志行，為也。」立志能行叫作為。參見王讚源主編：《墨經正讀》，頁62。

天學習的重要，如《墨子‧經下》：「學之益也，說在誹者。」學習之所以有益處而不容否定，因為即使是「批評者認為學習無益」的言論，他也在教人學習這個道理。墨家反對所謂「學無益」的論調。

　　因此墨子的人性思想，著重「知性」與「意志」的層面，與儒家孔子的思想未必不合。至於是否有違於孝道，這在墨子〈兼愛下〉已有回應，[8]雖然在回應時的情境構思上未能十分對應，但從墨子「志功為辯」的動機與效果及「權」的利害權衡思想仍能說明兼愛不違孝道。[9]若從兼愛的理想性看，擴大時空範圍來考察，兼愛的長期推廣與落實仍然有助於孝道的普遍實現。

　　孟子曾大力評擊墨子的思想，依常理推想，反對者必然熟悉所反對者的思想，不然他的反對與批評就無從著力，因此我們有理由假設孟子曾詳讀墨子的相關思想，或熟悉墨家弟子的言論；也因此，孟子在論辯的思維方法上多處仿照並運用了墨家的推理方法。以下我們來檢視墨子推理方法對於孟子的影響，及兩者的差異。

二、法儀與規矩

（一）墨子的「三表法」

　　墨家為最具有方法自覺的一家，先秦各家思想，都可分析出其中的推理方法，但是能將方法之內涵有自覺性的系統論述者，首推墨家。

---

[8] 子墨子曰：「姑嘗本原之孝子之為親度者。吾不識孝子之為親度者，亦欲人愛利其親與？意欲人之惡賊其親與？以說觀之，即欲人之愛利其親也。然即吾惡先從事即得此？若我先從事乎愛利人之親，然後人報我愛利吾親乎？意我先從事乎惡人之親，然後人報我以愛利吾親乎？即必吾先從事乎愛利人之親，然後人報我以愛利吾親也。」（《墨子‧兼愛下》）

[9] 李賢中：《墨學——理論與方法》，臺北：揚智文化公司，2003年，頁140-142。

因爲「講方法」與「用方法」不同，先秦各家都「用方法」，但唯有墨家「講方法」講得最有系統。從《墨子》來看，「法」的原意是含有工具性的法度與標準。《墨子・法儀》：「百工從事，皆有法所度。」之後，墨子將「法」擴大到工藝製作範圍之外，用於施政的方法與原則，並運用於檢驗思想言論是否成立，如〈天志中〉稱：以矩測方乃「方法明也」，解「順帝之則」爲「帝善其順法則也」，進而論及墨子之有「天志」此一「法」的作用是：「上將以度天下之王公大人之爲刑政也，下將以量天下之萬民爲文學出言談也。」

〈法儀〉也說：「天下從事者，不可以無法儀，無法儀而其事能成者無有也。雖至士之爲將相者，皆有法，雖至百工從事者，亦皆有法。」「法」的應用就是「效」，「效」的標準就是「法」。符合標準就是中效，不符合標準就是不中效。在墨家思想中，作爲「效」的標準在思想準則方面即：三表或三法。⑩在《墨子・非命》中明白的提出三表法。

第六章我們已經提出墨子的三表法，以下我們再做進一步的論析。〈非命上〉：「言必有三表。」〈非命中〉、〈非命下〉：「使言有三法。」可見三表法是檢證言論以及言論所代表的思想的三個標準。綜合〈非命上〉、〈非命中〉、〈非命下〉各篇的不同提法，我們可以歸結如下：

第一表，本之者：1.本之於古者聖王之事。

　　　　　　　　2.考之天鬼之志。

第二表，原之者：1.原察眾人耳目之實。

　　　　　　　　2.徵以先王之書。

第三表，用之者：發以爲刑政，觀其中國家百姓人民之利。

---

⑩ 在《墨子・非命上》稱三表，〈非命中〉、〈非命下〉稱三法，一般都合稱爲三表法。

其中，「本之者」是古代聖王的成功事蹟，可作爲參照行事的典型範例，由於聖王的作爲是遵循天鬼之志，因此最高的標準還是在於天志，可作爲演繹法的大前提。「原之者」是眾人共同的感官經驗，一種客觀性的判準；先王之書所記載的史事，也要找出其中共同的客觀性，可將共同的經驗結果視爲歸納法的結論。「用之者」則是由實用的效果來作爲檢驗言談、思想、政策的標準，具有實驗性。三表法在時間的跨度上有：過去、現在與未來；也包含著演繹、歸納與實驗的方法精神。

（二）孟子的規矩

孟子十分強調「規矩」的重要性，並且將這種法則的觀念加以擴大應用。如：

> 孟子曰：「羿之教人射，必志於彀；學者亦必志於彀。大匠誨人，必以規矩；學者亦必以規矩。」（《孟子・告子上》）

孟子將射手的目標及匠人的規矩，類比於學習道德者必須遵循一定的方法，才能達成既定的目標；其中可見孟子也有相當的方法意識。又如：

> 孟子曰：「人皆有不忍人之心。先王有不忍人之心，斯有不忍人之政矣。以不忍人之心，行不忍人之政，治天下可運之掌上。」（《孟子・公孫丑上》）

這類似於墨家「本之者」的方法，指出所參照行事的先王典型範例；也蘊著「用之者」，指出這種作法的實用性效果「治天下可運之掌上」。只是，墨子強調古者聖王的行兼愛，孟子強調先王的不忍人之

心；前者以天志爲價值根源，後者以道德心性爲價值根源。成功的典型範例此一框架是相同的，但是帶入的實質內涵與之所以成功的價值根源卻不相同。

> 離婁之明，公輸子之巧，不以規矩，不能成方員。師曠之聰，不以六律，不能正五音。堯舜之道，不以仁政，不能平治天下。……遵先王之法而過者，未之有也。聖人既竭目力焉，繼之以規矩準繩，以爲方員平直，不可勝用也。既竭耳力焉，繼之以六律正五音，不可勝用也。既竭心思焉，繼之以不忍人之政而仁覆天下矣。故曰：爲高必因丘陵，爲下必因川澤。爲政不因先王之道，可謂智乎？（《孟子·離婁上》）

其中，有規矩準繩、堯舜之道、先王之道、先王之法，也有窮盡耳目之力，配合相對應的方法以達成目的，十分類似墨家的「本之者」、「原之者」，至於「繼之以不忍人之政而仁覆天下矣」則取代了墨子「用之者」的「國家百姓人民之利」。此外，孟子不談有意志之天與會賞罰的鬼神之說，可比較出孟子與墨子在方法意識的類同性與差異之處。

三、「辟式」類推法之影響

（一）《墨子·小取》的「辟」式推論

此在第六章推類法已經說明，如：

> 子墨子言曰：「古者聖王爲五刑，請以治其民。譬若絲縷之有紀，罔罟之有綱，所連收天下之百姓不尚同其上者也。」（《墨子·尚同上》）

這是將古代聖王治理天下的「刑罰」比喻爲絲網之「綱紀」。此外，就其爲類比推理而言，如：

> 譬若醫之藥人之有病者然。今有醫於此，和合其祝藥之於天下之有病者而藥之，萬人食此，若醫四五人得利焉，猶謂之非行藥也。故孝子不以食其親，忠臣不以食其君。（《墨子·非攻中》）

有人指出攻佔侵略他國可以從中得利，墨子則用醫藥的類比推論回應。攻國獲利，少之又少，如萬分之四、五，這種藥是不能用在自己所愛的人身上。〈經說上〉：「有以同，類同也。」「類同」是指在觀點確立下的分類所屬物之比較，辟式推論與「類」的關係密切。陳榮灼認爲墨家的「『辟』式推理屬於一種『屬性類比推理方式』，即其推論根據是在於『屬性間的相似性』。」[11]其實，其中也包含著關係類比。事物性質上的相似，可以歸成一類，關係上有同樣的比例也可進行類比。如：

> 聖人以治天下爲事者也，必知亂之所自起，焉能治之；不知亂之所自起，則不能治。譬之如醫之攻人之疾者然，必知疾之所自起，焉能攻之；不知疾之所自起，則弗能攻。（《墨子·兼愛上》）

這是將「治亂」類比爲「攻疾」，聖人治亂之所以能夠成功，就像醫者找出病因、對症下藥。從上述引文看，也可視爲「聖人」與「治

---

[11] 陳榮灼：〈作爲類比推理的「墨辯」〉，楊儒賓、黃俊傑編：《中國古代思維方式探索》，臺北：正中書局，1996年，頁209。

亂」的關係，就像「醫生」與「治病」的關係，其中含有關係間的相似性。

（二）孟子的類比法

孟子曾對許多錯誤的言論加以分類，並一一予以駁斥。他對於「類」的說明是：「故凡同類者，舉相似也。」（《孟子・告子上》）他藉由這種事物的相似性進行了許多推論。孟子不僅看到了類同的一面，同時他也注意到事物差異的一面，他說：「夫物之不齊，物之情也。」（《孟子・滕文公上》）

此外，孟子在《孟子・梁惠王上》指出齊宣王不行仁政，是屬於「不為」一類，而非「不能」一類。在《孟子・告子上》，孟子將「指不若人」與「心不若人」同屬「不若人」一類。因此，對「不為」的行為不能以「不能」來搪塞，對於「不若人」也不能採取兩種對立的態度，否則便為「不知類」。此外，像在《孟子・梁惠王上》雖有王天下之大欲但卻不行仁政，猶「緣木而求魚也」；《孟子・公孫丑上》中，孟子曰：「仁則榮，不仁則辱。今惡辱而居不仁，是猶惡溼而居下也。」其中「緣木而求魚」、「惡溼而居下」都是「辟」的運用，把握了不同事物的類同性，巧妙地運用類同的聯繫來辯護自己的思想。

再者，在辟式推論的例證中，孟子也運用了墨子對事物觀察的道理，如《墨子・經說下》：「火鑠金，火多也。金靡炭，金多也。」物與物之間的動態因果關係，與該物量的大小有關，通常我們會說火可熔金屬，但當金屬物的量大到某一個程度，火不但無法熔化它，還會被它壓熄。下例孟子運用了這個道理以「辟」的方式說明：

> 孟子曰：「仁之勝不仁也，猶水勝火。今之為仁者，猶以一杯水，救一車薪之火也；不熄，則謂之水不勝火，此又與於不仁之

甚者也。亦終必亡而已矣。」（《孟子·告子上》）

此段雖然沒有標明對象，但是從其中的內容可以了解到，定有一對方提出「不仁可以勝仁」的情況。孟子的回應並沒有否認的確會有這種情況，但是他用量的大小對比來說明，其中，水可勝火是常理，但「杯水車薪」的情況則是特例。又如：

任人有問屋廬子曰：「禮與食孰重？」曰：「禮重。」「色與禮孰重？」曰：「禮重。」曰：「以禮食則飢而死，不以禮食則得食，必以禮乎？親迎則不得妻，不親迎則得妻，必親迎乎？」屋廬子不能對。明日之鄒，以告孟子。孟子曰：「於答是也何有？不揣其本，而齊其末，方寸之木可使高於岑樓。金重於羽者，豈謂一鉤金與一輿羽之謂哉？取食之重者與禮之輕者而比之，奚翅食重？取色之重者與禮之輕者而比之，奚翅色重？往應之曰，「紾兄之臂而奪之食，則得食，不紾，則不得食，則將紾之乎？踰東家牆而摟其處子，則得妻，不摟，則不得妻，則將摟之乎？」（《孟子·告子下》）

規矩與食、色欲望的關係，依照禮儀規矩會餓死，不依照禮儀規矩則可得食而活；依照禮儀迎娶得不到妻子，不依照禮儀規矩反而可以搶得到妻子。孟子用類比的方式說明，這些特例就像不考慮底部的位置只比較事物的高度，如果在常態下就都必須遵守禮儀規矩。其「不揣其本，而齊其末，方寸之木可使高於岑樓」就是《墨子·小取》中所提出「舉他物而以明之也」的「辟」。

前述兩例，孟子的類比是以「仁與不仁」的關係，相似於「水與火」的關係；仁勝不仁，就如水能滅火。同時他也從量的差異性上，進行另一層次的關係類比；「杯水與車薪」的關係，相似於「仁者與大

不仁」的關係。此外，孟子也運用了極端的情境，以「紾兄之臂」與「踰東家牆而摟其處子」爲例，指出違禮的荒謬性。這些方法都有墨家「辟」式推論的運用。

四、「援式」推理的轉化

（一）《墨子》之「援」

此在第六章第一節推類法中已作說明，其類推的原則即〈小取〉：「有諸己不非諸人。」亦即自己所主張的論點，當別人也主張時，則不能反對別人也持這種論點。如墨子在論「殺盜非殺人」時，其「是而不然」即運用此法。[12]對方能同意「厭惡許多強盜不是厭惡許多人」、「希望沒有強盜並不是希望沒有人」，這已經將「盜」與「人」做出分別。你能如此主張，在同樣的理由下，我爲何不能主張「殺盜非殺人」？因爲前述命題中的「盜」是指「部分犯法的人」，而「人」是指全體的人。此外，在《墨子・耕柱》也借「援」與「辟」指出巫馬子的自相矛盾。

（二）孟子的「援」式

彭更問曰：「後車數十乘，從者數百人，以傳食於諸侯，不以泰乎？」孟子曰：「非其道，則一簞食不可受於人。如其道，則舜受堯之天下，不以爲泰，子以爲泰乎？」曰：「否。士無事而

---

[12] 惡多盜，非惡多人也；欲無盜，非欲無人也。世相與共是之。若若是，則雖盜人，人也；愛盜，非愛人也；不愛盜，非不愛人也；殺盜人，非殺人也，無難盜無難矣。此與彼同類，世有彼而不自非也，墨者有此而非之。（《墨子・小取》）

食，不可也。」曰：「子不通功易事，以羨補不足，則農有餘
粟，女有餘布。子如通之，則梓匠輪輿皆得食於子。於此有人
焉；入則孝，出則悌，守先王之道，以待後之學者，而不得食於
子。子何尊梓匠輪輿而輕為仁義者哉？」曰：「梓匠輪輿，其志
將以求食也。君子之為道也，其志亦將以求食與？」曰：「子何
以其志為哉？其有功於子，可食而食之矣。且子食志乎？食功
乎？」曰：「食志。」曰：「有人於此，毀瓦畫墁，其志將以求
食也，則子食之乎？」曰：「否。」曰：「然則子非食志也，食
功也。」（《孟子·滕文公下》）

　　從思想內容看，《墨子·大取》有：「志功為辯」、「志功，不
可以相從也」，對於「志」（動機）與「功」（效果）兩個概念有清楚
的分別，孟子在上述的問答也運用了這兩個概念。在推理方法上，援
式，乃「子然，我奚獨不可以然也？」孟子在此的論述重點是「通功易
事」，也就是社會上的各行各業要分工合作，以他們對社會的貢獻，而
享有一定的回饋。彭更認為儒者是以立志行善之為道而非為求食，重點
在儒者；而孟子則將話題轉換為給報酬或食物的人應以怎樣的原則作為
給或不給食物的判準，進而指出應該以從事者是否有實質功勞於社會，
有功則給，無功則不給，而不必將重點放在他們立志要做什麼。孟子指
出，享有社會回饋的根據還是視其貢獻的多少，也就是「功」的大小，
且彭更也無法同意「毀瓦畫墁」者可以得食。如此，就將：「子然，我
奚獨不可以然也？」轉換為：「我然，子亦須同我然。」墨子是將對方
的論點作為自己的根據，使對方無法反對我；而孟子則是先轉換觀點，
提出自己的論點，並且設計一個情境，使對方也同於自己的論點而被
說服。

五、「推式」之借用

（一）《墨子》之「推」

〈小取〉：「推也者，以其所不取之，同於其所取者，予之也。」相關說明可見第六章第一節推類法。在《墨子・公輸》的詳細原文：

> 公輸盤爲楚造雲梯之械，成，將以攻宋。子墨子聞之，起於齊，行十日十夜而至於郢，見公輸盤。公輸盤曰：「夫子何命焉爲？」子墨子曰：「北方有侮臣，願藉子殺之。」公輸盤不說。子墨子曰：「請獻十金。」公輸盤曰：「吾義固不殺人。」子墨子起，再拜曰：「請說之。吾從北方，聞子爲梯，將以攻宋。宋何罪之有？荊國有餘於地，而不足於民，殺所不足，而爭所有餘，不可謂智。宋無罪而攻之，不可謂仁。知而不爭，不可謂忠。爭而不得，不可謂強。義不殺少而殺眾，不可謂知類。」公輸盤服。

其中，公輸盤[13]所不取的是「殺人」，而他所取的是「攻國」，墨子就將「殺人」與「攻國」是同一類事物的道理呈現出來，公輸盤如果反對殺人就不得幫助楚王去攻打宋國。

墨翟對公輸盤說：「北方有侮臣，願藉子殺之。」公輸盤說：「吾義固不殺人。」墨翟就指出公輸盤造雲梯幫國攻打宋國，必將殺害許多無辜的宋國百姓，這是「義不殺少而殺眾，不可謂知類」。公輸盤終爲墨翟所折服。此處就用了「推」的方法。

---

[13] 畢云：「《史記・孟子、荀卿傳》集解、《後漢書・張衡傳》注、《文選・陳孔璋爲曹洪與魏文帝書》注，皆引做『般』。《廣韻》引作『班』。」參見李賢中導讀、題解：《墨子》下（據孫詒讓《墨子閒詁》校改），臺北：五南圖書公司，2020年，頁318。

（二）孟子的推式

1.《孟子·梁惠王下》：

> 孟子謂齊宣王曰：「王之臣有託其妻子於其友而之楚遊者，比其
> 反也，則凍餒其妻子，則如之何？」王曰：「棄之。」曰：「士
> 師不能治士，則如之何？」王曰：「已之。」曰：「四境之內不
> 治，則如之何？」王顧左右而言他。

其中「棄之」是對言而無信的朋友絕交，「已之」是對不能盡職的
官員罷免他的官職，這都是齊宣王「所取」的部分；而最後「王顧左右
而言他」，則表示其「不取」的部分。別人所做不合道義的事，齊宣王
就會予以斥責，但自己所做不合道義的事卻無所謂，而不願面對，不知
自省、自責，所以孟子將其所「不取」與「所取」的類同性凸顯出來，
進而顯出齊宣王的自相矛盾。⑭

就孟子想要表達的道理而言，是指出「臣不臣」與「君不君」乃是
同類，既然梁惠王在治國反對「臣不臣」，那麼對於自己未能盡到國君
的職責，就必須有所警惕、修正。

2.在《孟子》書中，還有「推」式的變化運用在《孟子·梁惠王上》：

> 梁惠王曰：「寡人之於國也，盡心焉耳矣。河內凶，則移其民於
> 河東，移其粟於河內；河東凶，亦然。察鄰國之政，無如寡人之
> 用心者。鄰國之民不加少，寡人之民不加多，何也？」孟子對

---

⑭ 此例亦見於本書第三章第二節。

> 曰：「王好戰，請以戰喻：填然鼓之，兵刃既接，棄甲曳兵而
> 走，或百步而後止，或五十步而後止。以五十步笑百步，則何
> 如？」曰：「不可，直不百步耳，是亦走也。」曰：「王如知
> 此，則無望民之多於鄰國也。」

　　其中有「辟」式推論，以戰爭為喻，就是以說服對象所知的「他物」為喻，戰爭中的敗逃將士，不論敗逃五十步或一百步，都屬於敗逃之類。既然都是敗逃，就沒有取笑別人逃跑一百步之處。

　　此例與墨子「止楚攻宋」的事例略有不同。其一，殺一人，與殺許多人的攻國，都是殺人，既然殺一人都不可以做，殺更多的人就更不可以做，這有一種在量上遞增的程度差異，殺人愈多，罪過愈大。在此例中，敗逃五十步與敗逃一百步也有量上的差別性，同樣並不因為距離的差異而量較少的敗逃可以被允許。其二，孟子在此例中，其焦點是放在五十步，而非一百步。這與墨子將焦點放在攻國而非殺人，兩者不同。如此，我們可以看到孟子在推式中的變化應用，是基於某種價值觀與思維情境所做的肯定與否定，其轉化為：「以其所不取的一百步，同於其所取的五十步，且兩者皆不可取。」

　　其推理的關鍵因素在於「所辟」的運用，即置入對方不能反對的價值觀點。由上述的例子，可見孟子是很重視事態發展的「程度」問題，也就是所推之「理」在不同情境的適用性並不相同。

六、歸謬法與引導法之比較

（一）《墨子》歸謬法

　　此方法在第六章第一節「《墨子》之論辯方法」中已做初步說明，在《墨子》的〈非攻上〉、〈天志下〉、〈魯問〉、〈耕柱〉等篇中，墨子也曾多次運用此歸謬法。例如：

巫馬子謂子墨子曰：「我與子異，我不能兼愛。我愛鄰人於越人，愛魯人於鄒人，愛我鄉人於魯人，愛我家人於鄉人，愛我親於我家人，愛我身於吾親，以為近我也。擊我則疾，擊彼則不疾於我，我何故疾者之不拂，而不疾者之拂？故有我有殺彼以我，無殺我以利。」⑮子墨子曰：「子之義將匿邪，意將以告人乎？」巫馬子曰：「我何故匿我義？吾將以告人。」子墨子曰：「然則，一人說子，一人欲殺子以利己；十人說子，十人欲殺子以利己；天下說子，天下欲殺子以利己。一人不說子，一人欲殺子，以子為施不祥言者也；十人不說子，十人欲殺子，以子為施不祥言者也；天下不說子，天下欲殺子，以子為施不祥言者也。說子亦欲殺子，不說子亦欲殺子，是所謂經者口也，殺常之身者也。」子墨子曰：「子之言惡利也？若無所利而不言，⑯是蕩口也。」（《墨子·耕柱》）

　　墨子先暫時肯定對方的論點，然後設計一情境，將巫馬子的學說普遍化，並將持此學說者的反應極端化，也就是「殺子以利己」，從一人、十人推擴到天下人，造成持此學說者必遭殺身之禍，從暫時肯定對方論點，一路推論到人人皆欲殺之的結論，以這種方式歸謬以否定。

（二）孟子引導法

　　歸謬法基本上就是基於對方的主張，延伸他的想法，並置於具有發展歷程的情境設計中，呈現對方主張的無法成立。《孟子》書中也有類似的歸謬論述：

---

⑮ 俞云：「此當作『故我有殺彼以利我，無殺我以利彼』。」參見李賢中導讀、題解：《墨子》下（據孫詒讓《墨子閒詁》校改），臺北：五南圖書公司，2020年，頁236。

⑯ 「不言」疑當作「必言」。參見李賢中導讀、題解：《墨子》下（據孫詒讓《墨子閒詁》校改），臺北：五南圖書公司，2020年，頁237。

> 孟子見梁惠王,王曰:「叟!不遠千里而來,亦將有以利吾國
> 乎?」孟子對曰:「王何必曰『利』?亦有『仁義』而已矣。王
> 曰『何以利吾國?』大夫曰『何以利吾家?』士庶人曰『何以利
> 吾身?』上下交征利,而國危矣。萬乘之國,弒其君者,必千乘
> 之家;千乘之國,弒其君者,必百乘之家。萬取千焉,千取百
> 焉,不為不多矣。苟為後義而先利,不奪不饜。未有『仁』而遺
> 其親者也;未有『義』而後其君者也。王亦曰『仁義』而已矣,
> 何必曰『利』?」(《孟子·梁惠王上》)

其中「王曰」、「大夫曰」、「士庶人曰」,就類似《墨子·耕
柱》中「鄒人」、「魯人」、「鄉人」事態階段的差異性,以及「一
人」、「十人」、「天下人說子、不說子皆欲殺子」的極端化情境。當
大家都在爭利的情況,也就是彼此傷害的時候,孟子試圖說明必須以
「義」為優先。這是模仿墨子的論述方式,將一個小的情境推廣成一個
大的情境,在小情境中問題不明顯,但是在大情境中則呈現出問題的嚴
重性。這裡也再度呈現某些道理適用的情境不同,結果也不同。問題在
某一情境中的嚴重性,與在另一情境的嚴重性也會有所不同。因此,推
理方法與情境的範圍及情境的構作、處理,有密切的關係。

七、小結

在先秦時代的文獻中,有許多推理方式,其目的著重於說服者,
有表達的特定對象。如《墨子》、《孟子》書中的許多內容,為說服君
王,或者說服王公貴族採行某種學說。[17]這種類型的推理形態,並不是

---

[17] 如《墨子·公輸》墨子與公輸般及楚王為「止楚攻宋」的談辯,《孟子·
梁惠王》孟子勸說梁惠王行仁義之政等皆是。

為了求取新知，或僅僅言說道理，而是為了發揮說服的作用；因此在推理活動進行之前、進行之中，推論者早有定見，所謂的結論，只是引導著推理思路進行的方向。如：《墨子‧小取》：「夫辯者，……處利害，決嫌疑。摹略萬物之然，論求群言之比。以名舉實，以辭抒意，以說出故，以類取，以類予。」其中「以說出故」的「說」，包含著大量說服性的論辯。

在說服性推理方法的運用上，首先，表達者必須考慮對象的「所知」為何？就像《墨子‧小取》中所提出的：「辟」、「援」以及「推」，這些都有對象性預設的推理形態。其中，「辟」的舉他物，是對方所熟悉的「他物」；「援」式中的「子然」乃事先掌握對方所肯定之事理或觀點；而「推」中之「不取」與「所取」則是掌握對方所否定與肯定者為何，進而將「不取」與「所取」歸為一類，而顯示對方的自相矛盾。

其次必須考慮對象的特性為何？要用怎樣的言語、怎樣的表達方式才能打動對方的心。如《鄧析子‧轉辭》：「夫言之術，與智者言，依於博；與博者言，依於辯；與辯者言，依於安；與貴者言，依於勢；與富者言，依於豪；與貧者言，依於利。……此言之術也。」《墨子‧小取》也說：「故言多方，殊類異故。」表達方式也與思想內容的性質有關，相同的判斷可以不同的命題表達，此與表達對象的身分、處境，以及表達雙方的關係等因素有關。[18]孟子批評墨家的兼愛思想，卻在思維、辯論方法上受到墨子許多的影響。

墨子與孟子皆有法儀、規矩的概念，作為思想、言論、施政的標準。但是，墨子「本之者」的價值根源，是以外在的「天志」作為古者聖王行事的根據；而孟子則是以一般人與先王皆有的內在「不忍人之

---

[18] 表達思想之內容或與聽者一致、或與聽者原本想法衝突、或與其他進言者之同異，也會影響表達者對於表達方式之選擇。

心」爲根據。

　　墨子的辟式推論，包含屬性類比與關係類比，孟子皆有所運用。墨子與孟子也都對「類」做出分析。孟子不僅看到事物類同的一面，也重視兩事物的差異性，並能靈活地運用「量」的差異與「情境」的變化，在類比推論上轉折應用。

　　「援式」與主體轉換之比較，墨子的援式：「子然，我奚獨不可以然也？」是立基於主方同於客方觀點，來進行推論，使客方改變想法；如墨子與巫馬子的對話事例。孟子則轉而使客方同於主方而改變其主張；如孟子與彭更的對話事例。

　　在「推式」的比較方面，墨子之「推」重點在使對方的「不取」同於其「所取」，進而使對方放棄原先的「所取」；如公輸般放棄原先的「攻國」。孟子也有同樣的操作事例，但是孟子也將此方法轉化爲使對方的「所取」，同於其所「不取」，進而使對方將「所取」與「不取」全都放棄；如梁惠王所取的五十步而不取百步，之後兩者皆被否定。

　　在歸謬法與引導法的比較上，墨子與孟子都曾利用情境延伸或推到極端的方式，技巧地運用以歸謬，進而使對方放棄原本的主張；如墨子與儒者、孟子與梁惠王的對話事例。

　　總之，墨子初學儒者之業而後非儒，並發展了一套論辯方法；孟子尊孔反墨而有「不得已之辯」。我們從兩者「辯」的諸多核心概念：實、辭、說、故、類的使用，及本章所列舉的諸多論辯推理形式的相似、相關，可見孟子受墨子之影響頗深。孟子縱然不是直接受墨子思想影響，也必然受到爲當時顯學之墨家所造成思想風潮的間接影響，特別是在說服性推理方法上的影響。探究墨子推理方法對於孟子之影響，可以讓我們了解儒、墨兩家在思想發展上的可能聯繫。

第八章
《孟子》與《荀子》論辯觀之比較

　　所謂「辯」，有「治」、「辨」之意。[①]引申義有：別、明、正，及泛指一切對立思想、觀點之間的爭論、辯論等意。「辯」一方面是思維主體個體的思維活動，是該主體從不同的事物中，認識、區別、選擇之意；另一方面又是思維主體間的表達溝通活動。[②]本章依循此「辯」之內涵，探討孟、荀對「辯」之態度、內容、方法，及對儒家思想發展上之意義。

一、孟荀對辯論的態度

　　孟子（約西元前372年－前289年）生於辯論盛行的戰國時代，諸子百家爭鳴趨於高峰，孟子也是其中的佼佼者。孟子的弟子公都子曾問他：「外人皆稱夫子好辯，敢問何也？」孟子曰：「予豈好辯哉？予不得已也。」（《孟子·滕文公下》）可見孟子是自覺地把辯論作為駁斥敵論、證成己說的必要手段。孟子為何採取「辯」的方式呢？孟子之所以要「辯」，就客觀因素而言，是一治一亂的歷史迴圈，到了孟子所處的時代之前，已經是社會失序、正道衰微、邪說淫辭並起。如孟子所說：

---

① 《說文解字》：「辯，治也從言在辛、辛之間。辯，罪人相與訟也，從二辛。」段注：「治者，理也，為治獄也。」清人朱駿聲《說文通訓定聲》指出：「辯，假借為辨。」《說文解字》：「辨，判也。判，分也。」
② 張曉芒：《先秦辯學法則史論》，北京：中國人民大學出版社，1996年，頁3-4。

> 「天下之生久矣，一治一亂。……世衰道微，邪說暴行有作。臣
> 弒其君者有之，子弒其父者有之。……聖王不作，諸侯放恣，處
> 士橫議，楊朱、墨翟之言盈天下。天下之言，不歸楊，則歸墨。
> 楊氏爲我，是無君也；墨氏兼愛，是無父也。無父無君，是禽獸
> 也。……楊墨之道不息，孔子之道不著，是邪說誣民、充塞仁義
> 也。」（《孟子‧滕文公下》）

孟子學習聖人之道，而有傳承大禹、周公、孔子精神的強烈使命
感，如其後續所言：

> 「我亦欲正人心、息邪說、距詖行、放淫辭，以承三聖者。豈好
> 辯哉？予不得已也。能言距楊墨者，聖人之徒也。」（《孟子‧
> 滕文公下》）

孟子爲何採取了「辯」的方式來正人心、息邪說，又說是「不得
已」呢？由於孟子繼承著孔子之「道」，而孔子卻是主張「君子無所
爭」（《論語‧八佾》）、「君子欲訥於言，而敏於行」（《論語‧里
仁》），以及「巧言令色，鮮矣仁」（《論語‧學而》）。孟子雖辯而
不得已的理由是：他必須對當時受楊、墨影響的社會風氣有所回應，尤
其墨子還有「非儒」之說，墨者亦精於辯論，爲避免孔子之道的式微，
孟子之「辯」是儒家對外的反擊。另一方面，孟子基於對歷史變化的認
知，以往風行草偃的道德感召、教化，「天何言哉」的不言之教，在
不同情勢下宜有不同之作法，這是孟子對儒家內部的思想有所抉擇、調
整。孟子所轉換爲「辯」的表達方式，在這對內思想的調整、對外的回
應作用下，奠立了儒家日後發展的基礎。

荀子所生年代略晚於孟子五十多年，戰國名辯思潮發展更加盛
行，他本人曾三任祭酒之稷下學宮也是當時論辯的中心。對於「辯」，

荀子採取了一種更積極的態度，在荀子看來，正確的辯論對於是非的釐清乃是有效的方法，所以他主張：「君子必辯。」他說：「凡言不合先王，不順禮義，謂之奸言；雖辯，君子不聽。法先王，順禮義，黨學者，然而不好言，不樂言，則必非誠士也。故君子之於言也，志好之，行安之，樂言之，故君子必辯。」（《荀子・非相》）荀子肯定真誠的人必然在心智、行為、言語上都是法先王、順禮義的，若違反這些標準，君子必然會有所辯論。

在荀子看來，以正道辯奸邪，就好像用一種客觀的標準來判定事情的是非曲直，使各家邪說不能混淆視聽。如他所說：「以正道而辨奸，猶引繩以持曲直，是故邪說不能亂，百家無所竄。」（《荀子・正名》）因此，荀子並不同於孟子的「不得已之辯」，而是積極有為的投身於「辯」的行列，不但辨三惑、非十二子，還對說辯的元素、原則、方法做了深刻的研究。

二、孟荀之辯的主要內容

孟子所辯的內容豐富，除了有人禽之辯、王霸之辯、義利之辯以外，還有與夷之辯兼愛，與彭更辯食志、食功，以及與陳相辯勞力、勞心等。[③]首先在人禽之辯方面，孟子曰：「人之所以異於禽獸者幾希，庶民去之，君子存之。舜明於庶物，察於人倫；由仁義行，非行仁義也。」（《孟子・離婁下》）由於人與禽獸不同，人可以出於自己的仁義之性而行，於是引申出來孟子對人性為善的肯定，與當時流行說法的辯論。其中包含著《孟子・告子上》中與告子辯性善之杞柳、湍水之喻，以及仁義內在、四端之說等皆是。

---

③ 分別見於《孟子・離婁下》、《孟子・公孫丑上》、《孟子・梁惠王上》、《孟子・滕文公下》、《孟子・滕文公上》等篇。

其次，王霸之辯。孟子曰：

> 「以力假仁者霸，霸必有大國；以德行仁者王，王不待大，湯以
> 七十里，文王以百里。以力服人者，非心服也，力不贍也；以德
> 服人者，中心悅而誠服也，如七十子之服孔子也。」（《孟子·
> 公孫丑上》）

以力服人的，只能使人口服而心不服，唯有以德服人者，才能使人
心悅誠服。孟子指出王霸的判準在於前者「以德行仁」，後者只是「以
力假仁」，「以德行仁」是以德化禮治的方式，達到人心的歸順，天下
的平治。孟子這種仁政王道的思想乃是奠基在古代聖王所垂立的典範以
及其人性論之上。④如孟子曰：「人皆有不忍人之心。先王有不忍人之
心，斯有不忍人之政矣。以不忍人之心，行不忍人之政，治天下可運之
掌上。」（《孟子·公孫丑上》）執政者必須從他內在的仁心擴充為外
在的德政，如此才能真正治理好天下。

再者，「義利之辯」涉及與告子辯的「義內非外」的問題：

> 孟子見梁惠王，王曰：「叟！不遠千里而來，亦將有以利吾國
> 乎？」孟子對曰：「王何必曰『利』？亦有『仁義』而已矣。王
> 曰『何以利吾國？』大夫曰『何以利吾家？』士庶人曰『何以利
> 吾身？』上下交征利，而國危矣。」（《孟子·梁惠王上》）

孟子認為如果一國之內，人人自私自利、彼此相爭，這個國家必然
危怠。

---

④ 袁保新：《孟子三辨之學的歷史省察與現代詮釋》，臺北：文津出版社，
1992年，頁104。

其他在《孟子・滕文公下》與彭更辯食志、食功，這是孟子主張社會必須分工，不論是行仁義的君子，或勞動的工匠，只要是有功於社會之人，皆可食祿，並且要以他們所作之功效給他們應得的工價，而不是僅看他的心志或動機如何。此外，與陳相辯勞力、勞心等，涉及動機與效果的考慮，所謂「勞心者治人，勞力者治於人。治於人者食人，治人者食於人，天下之通義也」（《孟子・滕文公上》）的社會分工論。至於與夷之辯兼愛的問題，則涉及一本還是二本的問題。《孟子・滕文公上》：「夷子曰：『儒者之道，古之人若保赤子，此言何謂也？之則以爲愛無差等，施由親始。』徐子以告孟子。孟子曰：『夫夷子，信以爲人之親其兄之子爲若親其鄰之赤子乎？彼有取爾也。赤子匍匐將入井，非赤子之罪也。且天之生物也，使之一本，而夷子二本故也。』」孟子主張生物各有所本，人本父母所生，故曰「一本」，不得視他人之親與己親同而成「二本」，這是孟子對墨家兼愛思想的辯難，孟子認爲應由其一本而推恩方符合人性，因此，無等差之愛是不可行的。

孟子所辯之內容包括：仁義內在之性善說，仁政、王道的政治理想，社會分工論，以及推恩的一本說。其中以人性論爲其核心之思想，所欲解決的問題包括：人的本性爲何？人際間的關係應該如何？應該如何治理國家？從個人到群體關係的互助合作一系列應然問題。

荀子的思想則是以禮義爲核心，他在人性論與王霸思想上與孟子不同。他對孟子的批評是：

> 「略法先王而不知其統，然而猶材劇志大，聞見雜博。案往舊造說，謂之五行，其僻違而無類，幽隱而無說，閉約而無解。案飾其辭而祇敬之曰：此眞先君子之言也。子思唱之，孟軻和之。世俗之溝猶瞀儒嚾嚾然不知其所非也，遂受而傳之，以爲仲尼、子弓爲茲厚於後世：是則子思、孟軻之罪也。」（《荀子・非十二子》）

　　其中除「略法先王而不知其統」之外，其他重點就落在「無說」、「無解」上。也就是荀子認爲子思、孟子的思想缺乏理據，沒有合理的解釋說明。這也是《荀子‧儒效》中所稱「略法先王而足亂世術，繆學雜舉，不知法後王而一制度，不知隆禮義而殺詩書」的俗儒。因此，知統類、法後王、隆禮義是荀子批評孟子的立論主張。

　　此外，荀子還批評了：它囂、魏牟、陳仲、史鰌、墨翟、宋鈃、慎到、田駢、惠施、鄧析等人，就其評論諸子的標準來看，韋政通先生指出：「荀子非十二子是本於一非常凸出的政治意識，而此一意識中所含的內容即禮義之統。因此我們可以判斷，荀子評論諸子所持的標準，是一足以完成治道的禮義之統。這正是他全副精神所傾注的重心，也是他各部分思想所輻射的焦點。」⑤

　　在人性論上，孟子主張性善，荀子主張性惡。《荀子‧性惡》說：

> 人之性惡，其善者僞也。今人之性，生而有好利焉，順是，故爭奪生而辭讓亡焉；生而有疾惡焉，順是，故殘賊生而忠信亡焉；生而有耳目之欲，有好聲色焉，順是，故淫亂生而禮義文理亡焉。然則從人之性，順人之情，必出於爭奪，合於犯分亂理，而歸於暴。

　　荀子認爲人性自利，爲求自己的利益必然會產生爭奪，人們爲了滿足自己的耳目感官欲望，也會導致社會暴亂；所謂的善還是要靠後天的師法教化與人爲的努力。此外，在王霸思想上，孟子將王霸予以對立的評價，而荀子則將王霸視爲國治的不同層次，如其云：「人君者，隆禮尊賢而王，重法愛民而霸，好利多詐而危，權謀傾覆幽險而亡。」（《荀子‧強國》）「故用國者，義立而王，信立而霸，權謀

---

⑤ 韋政通：《荀子與古代哲學》，臺北：商務印書館，1992年，頁281。

立而亡。」（《荀子·王霸》）「上可以王，下可以霸，是人主之要守也。」（《荀子·君道》）可見就荀子而言，王霸皆屬治道的範圍之內，並且霸與王都是符合信、義的正面評價。

至於三惑之辨：

> 「見侮不辱」，「聖人不愛己」，「殺盜非殺人也」，此惑於用名以亂名者也。驗之所爲有名而觀其孰行，則能禁之矣。「山淵平」，「情欲寡」，「芻豢不加甘，大鐘不加樂」，此惑於用實以亂名者也。驗之所緣以同異而觀其孰調，則能禁之矣。「非而謁楹」，「有牛馬非馬也」，此惑於用名以亂實者也。驗之名約，以其所受悖其所辭，則能禁之矣。凡邪說辟言之離正道而擅作者，無不類於三惑者矣。故明君知其分而不與辨也。（《荀子·正名》）

受到欺侮而並不以爲恥辱、聖人並不愛自己、殺盜不是殺人，這些說法的錯誤在於用字的相異而混亂概念上的相通。山與澤一樣平、人的情欲少、吃肉不比普通食物甘美、大鐘的聲音不比一般聲音更悅耳，這些說法的錯誤在於用局部的事實混亂了名所反映的普遍性質。把相互排斥說成相互包涵、牛馬不是馬的說法，其迷惑之錯誤就在於用名詞組合上的不同，混亂了名稱所指的客觀事實。此乃荀子針對宋鈃、墨子、惠施、公孫龍等人在名實關係上的混淆，以及在認知與表達、個別與一般的狀況所做的批評。荀子所根據的標準是：從制名的目的，來觀察哪種說法行得通；回溯到人的感官認知能力，與心徵知的思考作用來加以檢驗；並且從約定俗成的原則來加以檢驗，如此就能禁止這些混亂的表達方式。

孟、荀之「辯」的主要內涵，源自於他們各自的核心思想之不同，孟子探詢道德教化的基礎，向內肯定人性之善，透過存養擴充，進而發展爲仁政、王道。荀子主張人性爲惡，則向外探詢禮義之統、師法

之教，進而成就一禮義之統的治道。雖然他們的核心思想不同，思想發
展的進路不一，但他們在駁斥他說、批評別家的理論方面，卻都不遺
餘力。當然，他們也都十分重視用「辯」的方法，來批判別人、證立己
說。孟子用了許多方法進行雄辯，但是對於形成「辯」的過程與相關的
認知條件，則並未多作探討；而荀子則在這些方面，以及在正名的目
的、原則、名的種類、謬誤等方面有更多的關注與著墨。

三、辯的方法

　　孟子曾對許多錯誤的言論加以分類，並一一予以駁斥。此即孟子所
謂的「知言」：「詖辭知其所蔽，淫辭知其所陷，邪辭知其所離，遁辭
知其所窮。生於其心，害於其政；發於其政，害於其事。聖人復起，必
從吾言矣。」（《孟子‧公孫丑上》）

　　孟子指出：有關偏頗的言辭，能知道他的片面性所在；過分的言
辭，能知道他失誤的地方；不合正道的言辭，能知道其離開標準之處；
閃躲之言辭，也能知其理屈之所在。這四種言辭的分辨涉及推理、論辯
的方法，而孟子的辯論術，根據西晉魯勝所言：「孟子非墨子，其辯言
正辭則與墨同。」孟子主要運用了各種類型的「辟」式推論，其中也有
「推」式論辯。

　　要能運用「辟」式推論，首先必須對「類」有相當的把握。孟子
對於「類」的理解是：「故凡同類者，舉相似也。」（《孟子‧告子
上》）他藉由這種事物的相似性進行了許多模擬推論，如：

> 故曰：口之於味也，有同嗜焉；耳之於聲也，有同聽焉；目之於
> 色也，有同美焉。至於心，獨無所同然乎？心之所同然者，何
> 也？謂理也，義也。聖人先得我心之所同然耳。故理義之悅我
> 心，猶芻豢之悅我口。（《孟子‧告子上》）

這裡孟子做了一個關係模擬：理義與心的關係，就像芻豢與味覺的關係；理義之使我們的心滿足，正如牛羊豬肉合乎我們的口味一樣。

孟子不僅看到了類同的一面，同時他也注意到事物差異的一面，他說：「夫物之不齊，物之情也。」（《孟子·滕文公上》）許行的門徒陳相在孟子面前宣傳許行的觀點：

> 「從許子之道，則市賈不貳，國中無偽；雖使五尺之童適市，莫之或欺。布帛長短同，則賈相若；麻縷絲絮輕重同，則賈相若；五穀多寡同，則賈相若；屨大小同，則賈相若。」（《孟子·滕文公上》）

孟子則駁斥這種狹隘的平均主義觀點，他說：

> 「夫物之不齊，物之情也。或相倍蓰，或相什百，或相千萬；子比而同之，是亂天下也。巨屨小屨同賈，人豈為之哉？從許子之道，相率而為偽者也，惡能治國家？」（《孟子·滕文公上》）

孟子認為各種東西的種類品質不同，價格不一，有的相差一倍五倍，有的相差十倍百倍，有的相差千倍萬倍。如果不分優劣精粗，而使它們價格相等，這是擾亂天下。如果粗鞋與精緻的鞋價格相等，有誰會做？要是聽從許子的學說，等於使人走向虛偽，怎麼能夠治理國家？

此外，孟子在《孟子·梁惠王上》指出齊宣王不行仁政，是屬於「不為」一類，而非「不能」一類。在《孟子·告子上》，孟子將「指不若人」與「心不若人」同屬「不若人」一類。因此，對「不為」的行為不能以「不能」來搪塞，對於「不若人」也不能採取兩種對立的態度，否則便為「不知類」。此外，像在《孟子·梁惠王上》，雖有王天下之大欲卻不行仁政，猶「緣木而求魚也」；《孟子·公孫丑上》中的

「仁則榮，不仁則辱。今惡辱而居不仁，是猶惡溼而居下也」等，都是「辟」式推論，把握了不同事物的類同性，巧妙地運用類同的聯繫來辯護自己的思想。孫中原教授指出孟子對「類」的同異分析，上承墨子的「察類」，下啟荀子「正名」論中的概念推演術。⑥

在《孟子》書中也採取了墨家的「推」式論辯方法，所謂的「推」即：「以其所不取之，同於其所取者，予之也。」如在〈梁惠王下〉中：齊宣王對言而無信之朋友絕交的「棄之」，對不能盡職的官員罷免他官職的「已之」，都是屬於「所取」的部分，而最後「王顧左右而言他」，則表示其「不取」的部分，別人所做不合道義的事，齊宣王就會予以斥責，但自己所做不合道義的事卻無所謂而不願自責，所以孟子將其所「不取」與「所取」的類同性凸顯出來，而顯出齊宣王的自相矛盾。⑦

孟子雖然用了「辯」的方法，但卻沒有以「辯」為探討的對象。在荀子方面則不同，不但用了「辯」的方法，還探討了「辯」本身的相關問題。荀子認為「辯」是人們表達溝通上的需要，對於什麼是「辯」他也有清楚的界定。他說：「實不喻然後命，命不喻然後期，期不喻然後說，說不喻然後辯。……辯說也者，不異實名以喻動靜之道也。期命也者，辯說之用也。」（《荀子·正名》）在人們溝通時，如果提供實物以及它的概念、判斷還不能使人明白，就需要用一段話解釋說明其中所以然的道理。這一段有內在聯繫的解釋、說明就是所謂的「說」，如果「說」還不能使人了解，那麼就必須透過「辯」的方式使人明白。而「辯」就是在不變更反映實物的概念內涵下，來說明是非的道理。其中，命（名）、期（辭）、說是「辯」的基本要素，而「辯」又是命（名）、期（辭）、說等思維基本形式的綜合運用，是辯證同異是非，

---

⑥ 孫中原：《中國邏輯學》，臺北：水牛出版社，1993年，頁65。
⑦ 可參考本書第三章第二節〈「推」的意義把握與應用〉。

使人「心之象道」，認識眞理的途徑。爲此，荀子要求辯者必須：「心合於道，說合於心，辭合於說，正名而期，質請而喻。」（《荀子・正名》）也就是思維認識與客觀的道相一致，推理要符合心的認識，命題要符合推理，先正名然後才能下判斷，事物的根據和實情才能使人明白清楚。[8]因此，「辯」要合於某種規範，正確使用概念以進行判斷、推理、論證。這就是荀子從運用「辯」，發展到對於「辯」的方法、法則的探究了。

在說辯的法則方面，荀子也把握了墨家關於推理論證的要素：故、理、類「三物必具」的原則，包含：「辯則盡故」（《荀子・正名》）、「言必當理」（《荀子・儒效》）、「推類而不悖」（《荀子・正名》）等原則。[9]辯說不僅要「持之有故」，並且還需要「盡故」，也就是全面充分地說明辯說的理由和根據。荀子認爲，人類最大的弊病就是「蔽於一曲而闇於大理」。所謂「言必當理」就是指言詞必須合乎道理，並且：「凡知說，有益於理者，爲之；無益於理者，舍之；夫是之謂中說。……知說失中，謂之奸道。」（《荀子・儒效》）知識和辯說都必須以「理」爲標準，可見他對事物之「理」與思想法則之「理」都非常重視。

在「推類而不悖」方面，荀子指出在推論的過程中，不可模糊事物之類的界限，避免產生悖謬和混亂，《荀子・非相》中說：「類不悖，雖久同理。」即事物的類別是相對確定的，雖然過了很久還是同一個道理。荀子肯定類同則情狀同、道理同，相同的事物有相同的性質和規律。如此才可以「以人度人，以情度情，以類度類」（《荀子・非相》），以「五寸之矩，盡天下之方」（《荀子・不苟》）。在辯說中，則可以「舉統類以應之」（《荀子・儒效》）。而什麼是「統

---

[8] 可參考本書第一章第三節〈荀子的正名思想〉。
[9] 孫中原：《中國邏輯學》，臺北：水牛出版社，1993年，頁364-366。

類」？就是從個別事物或某些事類之中概括出普遍性原理，荀子的「求其統類」與傳統邏輯中歸納的思維進程有相似之處。[10]至於求出的「統類」，即普遍原理，其是否符合實際，是否正確？則必須要用實際的經驗加以驗證。

荀子對諸子進行批判就是運用上述原則，揭露他們異類相比的錯誤，如《荀子·性惡》說：

> 足可以遍行天下，然而未嘗有能遍行天下者也。夫工匠農賈，未嘗不可以相爲事也，然而未嘗能相爲事也。用此觀之，然則可以爲未必能也，雖不能無害可以爲。然則能不能之與可不可，其不同遠矣。

腳可以走遍天下，這是可能性，這與腳實際走遍天下是不同的。由於「能不能」與「可不可」兩者不同，因此不可相推。又如批判宋子「蔽於欲而不知得」，「凡語治而待去欲者，……故欲過之而動不及，心止之也。心之所可中理，則欲雖多，奚傷於治？欲不及而動過之，心使之也。心之所可失理，則欲雖寡，奚止於亂？故治亂在於心之所可，亡於情之所欲。不求之其所在，而求之其所亡，雖曰我得之，失之矣。」（《荀子·正名》）欲望很多但不會依照欲望去行動，那是因爲有心去阻止他。欲望不到的地步卻付諸實際的行動，那是由心所使然，這要看心是失理還是中理。由於欲多欲少，與治亂無必然聯繫，「語治而待去欲者」是未能盡故。並且心與欲也不同類，所以異類不可以相比、相推。荀子也曾批評子思、孟子「聞見雜博。案往舊造說，謂之五行，其僻違而無類」（《荀子·非十二子》），也是從「異類不可比」

---

⑩ 溫公頤、崔清田：《中國邏輯史教程》，天津：南開大學出版社，2001年，頁55。

的觀點進行批判。

荀子不僅對說辯的法則相當的重視，其「辯」的內容與作用為何？也決定了「辯」的價值。所謂：「無用之辯，不急之察，棄而不治。」（《荀子·天論》）又說：「君子必辯。凡人莫不好言其所善，而君子為甚焉。是以小人辯言險，而君子辯言仁也。」（《荀子·非相》）荀子認為辯論的內容必須要有實用性、急切性、道德性。

比較孟、荀「辯」之方法，荀子對「辯」的性質、作用、原則，以及「辯」與名、辭、說的關係，都有所探討，此顯然較孟子對「辯」的運用，更推進了一大步。

四、孟荀之辯在儒家思想發展上的意義

從孔子主張「訥於言」、「君子無所爭」以及反對「巧言」，到孟子的「不得已之辯」，再到荀子的「君子必辯」。其中，孟、荀所採用的「辯」，都受到墨家辯學的影響，孟子用了墨家的辟式、推式等推類方法，孟、荀也都注重墨家所強調的「以故生，以理長，以類行也者」（《墨子·大取》）的推論三要素，其實墨子原本就是「學儒者之業」（《淮南子·要略》），進而對儒學加以批評的一派思想。因此，除了時代的變遷、客觀環境的變化因素之外，就儒學的發展來看是否還有其義理發展上的內在意義？

從人性論上看，孔子說：「性相近也，習相遠也。」（《論語·陽貨》）此相近之性其內涵為何？孟子主張性善、而荀子主張性惡。「性善」在孔子思想中的根據為何？孔子說：「仁遠乎哉？我欲仁，斯仁至矣。」（《論語·述而》）又說：「為仁由己，而由人乎哉？」（《論語·顏淵》）可見人是道德自覺的主體，而之所以能夠「由己」，孟子承續發展此思想而指出了惻隱、羞惡、辭讓、是非四端之心為人的本性。而「性惡」在孔子思想中是否也能找到線索？孔子說：「克己復禮

為仁。」（《論語·顏淵》）既然「己」必須有所約身、克制，[11]於是荀子指出了人生而有好利、疾惡、耳目之欲的惡性；這些都是對孔子思想的觀點發展。[12]這些蘊含在孔子思想脈絡中的道理，透過孟、荀的學習、體會與發揮，將這些思想表達出來，曾遭到不同理解者的反對，因此要發展孔子的思想必須在表達形式上有所改變，孟、荀所發展的方向不同，思想內容也不同，孟子朝「性善」的方向拓展境界、荀子朝「性惡」的方向建構理論，但在表達形式上卻不約而同的選擇了「辯」。這顯示了「辯」在儒家發展上的重要意義。

「辯」不僅是說服對手的方法，同時也是人類知性發展的必經之路，它是思想發展精緻化、系統化，以及隨著千變萬化的人類經驗，應變而變的思維、表達方式，如果孔子能活到孟、荀的時代，可能他也會採取「辯」的方式與周遭的人溝通、與時代的思潮抗衡。因為一句話、一種說法、一套理論或一派學說，隨著時間、人、事、物及關係、情境的變化，它的意義也隨之改變，一方面有更多新的經驗來檢證前人所說的，另一方面，隨著人們經驗的累積，他在理解前人說法的先在架構、思維情境也會有所不同，解讀出來的意義內涵也會不一樣。而「辯」這種互動式的表達形式，就是要隨著變化的脈動，從不同的角度、不同的立場、不同的層次、觀點來探討人類所共同關心的問題。

以往學術界對於孟荀思想的關注重點，大多定睛於誰是誰非上，誰的思想比較正確？誰真正傳承了孔子思想？誰才是儒家真精神的奠基者？這些問題的探討當然具有相當的價值，值得深究。然本章所欲指出

---

[11] 馬注云：「克己，約身也。」馬以為自克，則約身，又貫下復禮而言。參見清·簡朝亮述疏：《朱熹集注，論語集注補證述疏》，北京：北京圖書館出版社，2007年，頁334。

[12] 簡朝亮云：「蓋己者，身也。自人欲稱己焉，則曰『克己』；自天理而稱己焉，則曰『由己』；皆己也。」參見清·簡朝亮述疏：《朱熹集注，論語集注補證述疏》，北京：北京圖書館出版社，2007年，頁334。

的論點,則是將焦點轉向孟、荀他們在表達形式上的相同性與差異性,原始儒家從不用「辯」發展到用「辯」,從用「辯」發展到關注「辯」的方法、「辯」的原則,以及「辯」的基礎:「正名」思想及其相關因素的探討。孟、荀皆可以說是基於孔子的某些觀點,深化發展了儒家思想。在此發展的過程中,我們不可忽視「辯」的作用與重要性。

見古思今,在今天若要繼續發展儒家思想,如何善用此一「辯」的工具,是可繼續深究的課題。在今天這種知識爆炸、經驗創新的全球化時代,儒家必須透過「辨」與「辯」來釐清內部的理論糾葛,回應外在各種中西哲學理論的挑戰,以實現其修己以安百姓、行仁政的王道理想。

第參部分

名辯思想的轉化與應用

　　透過第一、二部分的說明與比較，第三部分將古代的名辯思想對比於新的思維方法──「思想單位」，以意義單元的方式處理雜多的思想內容，分析、重組、融合、擴展；並加以應用於不同學派間的思想對比與現代跨領域研究。第九章〈墨家思維方法與思想單位〉，首先從墨家表達方式所內含的：實況描述、問題解決與理論整合，轉化出一種「用而未講」的思維方法，對比於「思想單位」的三層次：情境構作、情境處理與情境融合。其次，從墨家提問方式加以分析歸納，相應於「思想單位」中的綱要性問題：有什麼、是什麼、為什麼、會怎樣及要怎樣。「思想單位」是具有內容的思維形式，藉由此一方法的操作，可應用於傳統文獻的解析、詮釋方法，教育上思考力、理解力之提升，並可提供跨領域研究上的共通架構，墨家思想的論述結構正顯示了「思想單位」的意義結構。

　　第十章〈從名辯觀點與思想單位看先秦儒墨的論辯〉，藉由名家、辯者在認知、表達的觀點，考察儒、墨在人性、倫理等辯題的交鋒。指出各家學說差異的相關因素，在於觀點與立場的差異、理論與實際的差異、名的切分性與現象的連續性，概念的靜態內涵與事物的動態變化，其間分合動靜的張力，為先秦儒、墨哲學交鋒的重要因素。其次藉由「思想單位」來分析儒、墨辯題的思路結構。從辯者的「指不至，至不絕」到名家公孫龍的「物莫非指，而指非指」及惠施的「歷物之意」來說明：孟、荀「性善」與「性惡」，孔、墨「仁愛」與「兼愛」思想間的異同與相關性，並在更大的思想單位中統合他們的思想。

　　思想單位的意義單元，也可應用於近年來新興的「哲學諮商」，第十一章〈墨家說服性推理與哲學諮商〉，先說明哲學諮商的目的與內涵，其涉及被諮商者意義世界的自我重整、修復、修正或創造；意義世界包含著個人的世界觀、人生觀與價值觀，每一個人的意義世界具有：基礎性、內在合理性、導向性、實踐性與整體性等性質。本章指出諮商者可類比為說服者，而被諮商者則為被說服者；哲學諮商的方法可以參

考墨家說服性推理的相關思想資源。其中涉及思想單位中的情境構作、情境處理與情境融合。情境構作包含對象與處境、表達的義理、對象的質疑三層面；情境處理包含情境延伸、情境衝突、情境脈絡推理三層面；情境融合則有：情境構作與情境處理的融合性、說服者本身思想單位間的融合性，以及與諮商對象思維情境的融合性。透過墨家說服性推理各觀點與層面的分析，有助於提升哲學諮商方法在實務上的應用。

　　各種學科的產生與發展都是由人所建構，而人對於現象的認知有一定的程序，思考有共通的結構，回應也有類似的方式。因此，第十二章〈哲學與管理跨域研究的思維架構〉，透過「思想單位」來處理更為廣泛的材料，研究比較的對象包括：管理學X、Y、Z、C四種理論與先秦儒、道、墨、法四家治理思想要點；將以各家理論之現象觀察、人性定位、因果關係、效果評估與管理方法等五個向度，從「思想單位」的情境構作、處理與融合三層次，建立有效的跨領域研究方法。將從跨領域思維結構，來分析、比較先秦哲學與現代管理學理論之間同異的所以然；透過共通的思維結構及學科差異分析，以展示人文學與社會科學融通、發展的可能性。

第九章
墨家思維方法與思想單位

　　任何一學派除了思想內容值得關注外，該學派的思維方法、表述方式也都是重要的研究對象。因為不同的思維方法可以產生特色各異的思想內容，例如：孔子的「能近取譬」的類推方法，是實踐仁德的重要步驟；[①]透過讀者的聯想與類比，展現其思想內容的豐富性與實踐性。此外，不同的表達形式，也會導引讀者的思考方向，例如：老子「弱之勝強」、「正言若反」的表述方式，使讀者會從反面與正反雙方思考其文字含蘊的義理。[②]墨家在先秦哲學中具有較強的方法意識，對於達成目的所使用的方法有相當的自覺。值得注意的是「用方法」與「講方法」不同，要對自己使用的方法有所自覺、考察，才能進一步「講方法」，墨家的「本之者、原之者、用之者」及「辟、侔、援、推」等定義式的說明，就是「講方法」。墨家建立了有關思維、推理、論辯方法的理論，學界已相當關注，如孫中原教授對於墨家類、故、法、三表及各種「說」的方式進行分析；[③]張曉芒教授對於墨子論辯方法進行研究，指

[①] 子貢曰：「如有博施於民而能濟眾，何如？可謂仁乎？」子曰：「何事於仁，必也聖乎！堯舜其猶病諸！夫仁者，己欲立而立人，己欲達而達人。能近取譬，可謂仁之方也已。」（《論語·雍也》）

[②] 天下莫柔弱於水，而攻堅強者莫之能勝，其無以易之。弱之勝強，柔之勝剛，天下莫不知，莫能行。是以聖人云：受國之垢，是謂社稷主；受國不祥，是謂天下王。正言若反。（《老子·78章》）

[③] 孫中原：《中國邏輯學》，臺北：水牛出版社，1993年，頁44-50、268-297。

出：歸納式、比喻式類推法等；④又如筆者《墨學——理論與方法》所
提出：效與法、三表法、推類法、故式推論與反駁推理等。⑤墨家藉由
這些方法來展示、提倡及辯護他們思想內容的義理。

　　本章從《墨子》一書的表述方式，說明墨家「所用而未講」的方
法，由於方法聯繫著目的，在達成目的的過程中，其表述的方式可以轉
化為問題與回答。例如：墨學之目的是什麼？要怎樣達成？為何需要這
樣做？做了會怎樣？不做又如何？……等。其中包含著一些所觀察到之
現象描述、問題解決與理論統合，可轉化為情境構作、情境處理與情境
融合；並由此展示一種思想內容的意義單元，稱之為「思想單位」。⑥
此「思想單位」一方面抽提出墨家運思方式與表述的方式，另一方面也可
用這種方法將其理論細緻化、現代化，進一步發展而應用於許多方面。

一、墨家思想的思維情境

　　一般而言，思想內容來自內外兩方面的因素，外在因素包括人以外
之事物對人知覺的刺激與影響，內在因素包括人的認知、主觀的意圖、
思維模式以及評價標準等。思維情境由主、客觀兩方面因素所構成；因
此，在相同的環境中，人們會有不完全相同的思維情境。雖同處於先秦
時期，墨家的思維情境不同於儒家，以「天下」而非「親族」為其著眼
範圍，其思想內容特別關注如何建立天下人之社會秩序，改善天下平民
百姓的實際生活。

---

④ 張曉芒：《先秦諸子的論辯思想與方法》，北京：人民出版社，2011年，
　頁82-98。
⑤ 李賢中：《墨學——理論與方法》，臺北：揚智文化公司，2003年，頁
　50-62。另參見本書第六章第一節〈（四）《墨子》之兩難式〉。
⑥ 李賢中：〈先秦邏輯史研究方法探析〉，《哲學與文化》第44卷第6期
　（總第517期）「中國邏輯史研究方法論」，2017年6月，頁77-78。

（一）戰國實況的描述

所謂「情境構作」，舉例而言，如：某人之生活經歷、生命體驗或閱讀書籍等，透過認知者個人的感知慣性，進行構作。例如：戰國時代的人所留下來的文字紀錄就包含著他們對於當時環境事物的觀察，對於各種現象的體會，以及各種事態的感受與回應。《墨子》一書就其「情境構作」的現象描述方面，涉及政治、經濟、倫理、教育、自然科學及軍事各領域。在政治方面，如〈尚同〉、〈尚賢〉等篇，描述了古時人民無正長的亂象，人民在聖王、暴王統治下的生活差異狀況。在經濟方面，如：〈節用〉、〈節葬〉等篇，描述了王公大人奢侈浪費、厚葬久喪之情況，及墨家在食、衣、住、行、喪葬上力行節約之作法。在倫理方面，有〈天志〉、〈兼愛〉、〈法儀〉等篇，描述天下起於不相愛的亂象，及人們無所逃於天之賞罰。在教育方面，如〈所染〉、〈貴義〉等篇，描述了歷史中許多人物受環境中他人的影響，及在各種情境中的義行，值得效法學習。在自然科學方面，如〈經上〉、〈經下〉、〈經說上〉、〈經說下〉等篇，描述了許多物體的運動、光影的變化現象、規律等。在軍事方面，如〈備城門〉、〈備高臨〉等篇，生動地描述攻城防禦的各種狀況及轉射機、連弩車等軍事器械的運用情形。

墨家的戰國實況描述，也就是「思想單位」中的「情境構作」，是從社會中大多數下層群眾的觀點與切身感受描述、立論，如〈非樂上〉云：「民有三患：飢者不得食，寒者不得衣，勞者不得息。」故其思想以滿足廣大的平民生活需要為念，欲興天下之利，除天下之害。其所形構的現象整體涉及國家所處的各種狀態，特別是觀察到了在人際的互動上，失去原本應然的關係，不論在血親的父子、兄弟，家族的長幼、上下，社會的正長、賤人，國家的君臣關係，乃至民與民的關係、國與國的關係，都失去了應有的節度與秩序，諸侯間相互的戰爭，人人自私自利。正如〈明鬼下〉所描述的：

逮至昔三代聖王既沒，天下失義，諸侯力正（征）。是以存夫為
人君臣上下者之不惠忠也，父子、兄弟之不慈孝弟長貞良也。正
長之不強於聽治，賤人之不強於從事也。民之為淫暴、寇亂、盜
賊，以兵刃、毒藥、水火，退無罪人乎道路率徑，奪人車馬、衣
裘，以自利者並作。由此始，是以天下亂。

墨子所描述各種失序現象的共通性，簡言之，就是一個「亂」
字。《墨子》一書的「情境構作」涉及兩個主要問題：其一，當時天下
「有」哪些現象？其二，那些現象的共通性「是」什麼？這是思考者對
現象的思想定位，作為思想後續發展的根據。

（二）當時問題的解決

在《墨子》書中的許多篇章，可見其所掌握事物之間的因果關
係，及對於所見問題提出解決之道。例如作為原因或理由的「故」，
在《墨子》一書中共出現四百多次，[⑦]在許多篇章裡有同樣的發問形
式，如「是其故何也？」（〈尚賢上〉、〈兼愛中〉、〈天志下〉）
「是何故？」（〈尚賢下〉）「何故之以也？」（〈尚同中〉）「此何
故也？」（〈非攻上〉）等。墨子主張「識其利，辯其故」（〈兼愛
中〉），所謂「辯故」就是分析現象的因果聯繫，至於各篇章之間也有
其一定的因果系列，現以問答的方式就其中一種思路，表述如下：

1. 天下之所以亂的根本原因為何？因天下之人虧人而自利。
2. 要怎樣治天下之亂？使天下人兼相愛、交相利。
3. 要怎麼做？愛人之身（室、家、國）若其身（室、家、國）。
4. 為何必須兼相愛？愛人利人乃順天之意。
5. 倘順天意會怎樣？順天意者，兼相愛，交相利，必得賞。

---

⑦ 孫中原：《中國邏輯學》，臺北：水牛出版社，1993年，頁45。

5.1倘不順天意會怎樣？反天意者，別相惡、交相賊，必得罰。

分析上述問題，可以涉及三種類型。其一，「所以然」的問題，如：爲何會產生天下亂的現象？爲何必須兼相愛？其價值根源爲何？其二，「要怎樣」的問題，如：要怎樣治天下之亂？要怎麼做以解決所發現的問題？其三，「會怎樣」的問題，如：順天意或不順天意會怎樣？以上這三種問題，就是「思想單位」中情境處理的三個主要面向。

（三）理論整合

理論整合是指《墨子》各篇思想在理論上有貫串一致的體系，也就是「思想單位」中所謂的「情境融合」，包含著情境構作與情境處理的相關性、融合性，情境中的事物必須構成有意義的連結，概念、語詞、文意脈絡相互連貫，答其所問、問其所答。我們可以考察墨家的「故」之運用，在終極根據上，墨子〈天志上〉：「天欲義而惡不義。」〈法儀〉：「天欲人相愛相利，而不欲人相惡相賊也。」〈尚同上〉：「天下之百姓皆上同於天子，而不上同於天，則菑猶未去也。」〈尚賢上〉：「尚欲祖述堯舜禹湯之道，將不可以不尚賢。」〈節用中〉：「古者聖王，制爲節用之法……古者聖王制爲節葬之法。」百姓不只上同於天子，更要上同於天，而天要人從事正義之事，彼此相愛相利；聖王也遵從天的意志，制定各種價值原則與生活規範。所以根據天志，在政事上要尚同、尚賢，也因爲天志，所以在生活上要節用、節葬，王公貴族要非樂、非命。當進行情境融合時，上述的因果關係，貫串爲一，所謂「以說出故」，就是要把上述那整體的「故」藉由類比、推論等方式呈現出來，而構成一思想體系。

由此，我們以「墨子十論」說明其情境構作與情境處理融合爲一，顯示墨子的思想，各種情境構作與情境處理所蘊含的義理，有其一致性、融貫性。他所描述的現象、思想的定位、現象之間的因果關係、

人在其中應該要有的作為，以及未來事態的發展等，都有理論上的相關性與合理性，形成了有意義的論述。

二、相應於「思想單位」的墨家「表述方法」

筆者多年前透過名家、墨家的研究，提出「思想單位」作為詮釋或解析傳統文獻的工具；[8]並逐步建構以強化其可操作性，曾從多方面說明思想單位的性質、作用、層次及其內涵要件、遞演關係等。[9]其中，思想單位的內涵要件包括：有什麼？是什麼？為什麼？會怎樣？要怎樣？等一系列的綱要性問題，此顯然與墨家的論述方法，表達方式有密切的關係。

所謂「思想單位」，它具有可以解釋現象、把握意義、進行推理、發展思想等作用。它是意義的單元，具有一定的結構，可承載內容，具有聯繫性、相對性與合理性。聯繫性是指它是與其他部分聯繫在一起而成為一整體單元；相對性是指它在建構「意義世界」的過程中，[10]相對於建構者所構作的情境而成為一單位；合理性是指思維情境中人、事、物的關係及變化是合理的。只有在可以合理解釋所見事物或所構作之事物的思維情境，才能算作「思想單位」。[11]

---

[8] 李賢中：〈從「辯者廿一事」論思想的單位結構及應用〉，《輔仁學誌——人文藝術之部》第28期，2001年7月，頁79-90。

[9] 李賢中：〈先秦邏輯史研究方法探析〉，《哲學與文化》第44卷第6期（總第517期），頁78-81。

[10] 所謂「意義世界」的內涵，可參見本書第十一章第一節〈哲學諮商與意義世界〉。

[11] 對某些人可以理解的事物，對另一些人未必能夠理解，因此構成各人的思想單位也未必相同。就同一個人的知識成長過程來看，在不同知識水平，各階段的思想單位也會有所變化。參見李賢中：《中國哲學研究方法的可能之路》，臺北：國立臺灣大學出版中心，2022年，頁84。

　　思想由名（概念）、辭（命題）、說（推論）所組合而成。思想是無聲的語言，語言是有聲的思想，所以我們也可以用語言中的語詞、語句來表達思想。但思想的內容十分豐富，它來自對於外在變化世界的認識、內在的感受與主觀的意向，以及自身的反省等。它可以是感受性的情感抒發、跳躍性的片段呈現，也可以是各元素有條理的組成。「思想單位」是從眾多豐富的思想內容中，擷取出合理的意義單元。例如：一群人觀看同樣的天災災難片，有些人慶幸自己活在安全的環境，有些人惶惶然恐懼不安，有些人思考如何避免繼續破壞環境等，因著每個人不同的思維情境，各自賦予該災難片不同的意義。又例如：某十字路口有人遭車輛輾斃，一交通警察調閱十字路口錄影紀錄，雖然看到許多車子路過，但他必須要找到肇事的車輛，才能對這整段紀錄賦予意義。又好像讀者在閱讀許多文字、段落的文本，常在讀到一定數量的文字，才明白這一些文字在討論什麼問題，進而掌握這段文字的意義。這些意義單元就不能只用一語詞或語句充分表達，其說明不但要描述他所看到的，也要指出其「所以然」，如此才能構成一個合理的意義單元。

　　《墨子・小取》有：「其然也，有所以然也。其然也同，其所以然不必同。」相同的現象未必會有相同的原因，墨家已經注意到情境構作的現象描述「然」，與情境處理的「所以然」之間的複雜關係。不同原因的「故」對於結果影響的效力也有不同，《墨經》中對此也有所分析。〈經上〉：「故，所得而後成也。」「故」是得到它而能形成某一結果或結論的東西。〈經說上〉：「故，小故有之不必然，無之必不然。體也，若有端。大故有之必然，無之必不然，若見之成見也。」[12]小故，指的是必要條件，有了這樣的原因不必然產生某一結果，但沒有

---

[12] 原文：「大故有之必無然，若見之成見也。」據孫詒讓《墨子閒詁》校改。見李賢中導讀、題解：《墨子》下，臺北：五南圖書公司，2020年，頁53。另見本書第六章第一節〈《墨子》之論辯方法〉。

這樣的原因，則必不能產生某一結果。大故，則是指充分必要條件，有它必定產生某一結果，沒有它必不能產生某一結果。

「思想單位」的結構如前所述，可分為三大部分：1.情境構作層。2.情境處理層。3.情境融合。首先，情境構作層是來自客觀環境中的事物、電影、書籍等物件，透過認知者個人的感知慣性，進行構作，例如：人們欣賞〈清明上河圖〉，五公尺多長的圖畫是客觀的，每個看完的人在他腦海中的圖像卻帶有個人主觀性所把握的重點，有人關注士農工商的服裝與生活型態，有人偏重對於道路橋梁、舟車的觀察，有人聚焦於虹橋與城牆的建築結構，當他們賦予這幅畫的意義時也會有許多不同的看法，與他們所構作的情境有密切的關係。其次，情境處理層，是要說明這些情境構作圖像的所以然，例如：從圖中的一隊人馬判斷是迎親娶妻的隊伍，還是清明掃墓歸來的隊伍，要透過情境構作所掌握到的線索說明其理由。情境構作，基本上是根據經驗現象或文字圖像，在腦海中提供人、事、物、場景等，並進行概念定位作用；而情境處理則是對所構作的內容指出其「所以然」、指出其意義及作出回應。

「思想單位」中情境構作層的主要問題為：「有什麼？是什麼？」情境處理層的主要問題有：「為什麼？會怎樣？要怎樣？」而情境融合則是上述問答內容的合理性、一致性與相融性。環境與事物是客觀的，但經由人的認知解讀之後，則摻入了主觀性；雖然如此，人的理性運作，必須依「理」而行，而有共通的合理性。人們的思想之所以「有意義」，就在於他的思維情境具有合理性，且可以回應上述那幾個綱要性問題，以下簡單說明：

（一）有什麼？

這是指認知主體或作者所觀察到的現象以及對於該現象的描述，包含了如：人、事、物以及其間的關係、變化。如《墨子》多篇對於天下亂象的描述。這「有什麼」亦即墨家所謂的「然」。

（二）是什麼？

　　這是指認知主體或作者所把握到現象背後的本質，或對於該現象的思想定位、價值定位。如：人是理性的、虧人自利是不道德的。此外，《墨子》的〈大取〉、〈小取〉中，還有許多從推論的向度談「是」與「然」的關係。⑬

（三）為什麼？

　　是指產生該現象之原因的把握或推論，亦即墨家所謂的「所以然」。此一部分依不同情況而有：一因一果、一因多果、多因一果、多因多果，近因、中間因、遠因、最後原因，如《墨子》書中的各種「故」；以及原因影響結果的效力等問題，如《墨經》中的：大故（充要條件）及小故（必要條件）等。⑭

（四）會怎樣？

　　是指此一現象情境本身或與觀察主體的各種關係（因果、利害、倫理、權利義務關係等）的未來發展，或對事態發展的預期與評估，以確定如何回應。如〈天志中〉有：「義者，善政也。何以知義之為善政也？曰：天下有義則治，無義則亂，是以知義之為善政也。」其中「有義則治，無義則亂」就是對事態發展的預期與評估。

（五）要怎樣？

　　是指該現象就觀察、思考者而言，所意識到的問題要如何解決，如所帶來的好處要如何增加；對造成的困境、威脅提出解決的辦法。此問

---

⑬ 參見本書第二章第二節〈從「侔」式推論考察「辭」意的構成特性〉。

⑭ 李賢中：《中國哲學研究方法的可能之路》，臺北：國立臺灣大學出版中心，2022年，頁88。

題也與應該怎麼做，密切相關。[15]例如墨家所提出的：要怎樣改善平民百姓的生活？墨家提出了：止息侵略戰爭的〈非攻〉，去無用之費，提倡節儉的〈節用〉、〈節葬〉，避免俯樂而虧奪民衣食之財的〈非樂〉，及各人在自己的職分上強勁從事，努力不懈的〈非命〉等各篇思想。

以下我們以〈大取〉中的一段，來說明其中的一個「思想單位」。〈大取〉：

於所體之中，而權輕重之謂權。權非為是也，亦非為非也。權，正也。斷指以存腕，利之中取大，害之中取小也。害之中取小也，非取害也，取利也。其所取者，人之所當執也。遇盜人，而斷指以免身，利也；其遇盜人，害也。[16]

「權」的特性有：認識到情境中至少有兩種事態，一實現，則另一必不實現，透過推理思考並對於未來事態發展的可能性予以評估，且能夠依「利之中取大，害之中取小」的原則做出取捨。[17]我們也可根據思想單位中的幾個問題，分析如下：

「有什麼？」有「權」的事理；有遇盜人的事例。

「是什麼？」是權宜（正）；是處在兩難的特殊狀況，非一般所能評斷之是非。

「為什麼？」因為在特殊情況下，「利」不可全得，「害」無法避免。

---

[15] 李賢中：《中國哲學研究方法的可能之路》，臺北：國立臺灣大學出版中心，2022年，頁89。

[16] 校文參考陳孟麟：《墨辯邏輯學新探》，臺北：五南圖書公司，1996年，頁415-417。

[17] 李賢中：《墨學──理論與方法》，臺北：揚智文化公司，2003年，頁150。

「會怎樣？」如遇強盜斷指可保全手腕，斷腕則手指也不保，就其事態發展來看，雖受小傷但可保命。

「要怎樣？」要「利之中取大，害之中取小」。整體來看，取小害仍然是有利之抉擇。

由上述的簡單例證，可呈現「思想單位」的思路發展與推理特性。從《墨子》各篇本身及各篇部分內容所構成的問題系列，也可了解作為意義單元的「思想單位」有大有小、可大可小。

三、思想單位的發展與應用

思想何以有單位可言呢？「單位」這一語詞的借用，有兩個用意。其一，如物理學中，時間的單位有時、分、秒等，重量的單位有公斤、公兩、公克等，長度的單位有公尺、公寸、公分等，此外，還有面積、容量、速度等概念也都有其計量的單位。如果我們假設思想也存在某種類似的單位，方便我們分析、研究、處理，在我們尚未設計出精確的單位前，姑且暫稱為「思想單位」，就像在自然科學中，我們也會使用「一時間單位」之概念，來描述非約定俗成的某些計量概念一般。其二，從人事行政觀點，某一機構或部門，如總務單位或法務單位，當人們說該單位「出缺」時，必須在該單位已經成立，且有員額編制的前提下才有意義，許多的人事編制、經費預算或業務歸屬，也必須在該單位已成立的前提下才能進行；因此「單位」一詞也含有：它是可以承載許多人事物的載體。

是故，「思想單位」一方面類似對整體思想進行局部的區分，這些部分是有意義的基本單元。另一方面，就思想單位本身來看，它也是承載文字意義或現象意義的載體，是具有內容的結構形式。

在思想單位的發展方面，思想單位雖然它的基本結構不變，但會隨著操作主體、物件以及其他搭配工具的不同而有新的面貌展現。例如提

問方式的複雜化：[18]

（一）有什麼：在應用於不同物件上，可以有許多不同的提問方式，例如：有什麼意向？有什麼能力？有什麼感覺？有什麼事象？有什麼事理？有什麼新發現？……等。

（二）是什麼：可能是什麼？分類上是什麼？意義上是什麼？價值上是什麼？應當是什麼？……等。

（三）為什麼：為何有、如何有？為何是、如何是？為何是某種事理？為何會有感動？為何會有後續情況？為何要做某種處理？……等。

（四）會怎樣：現象發展會怎樣？可能會怎樣？此現象在心理上的變化會怎樣？經處理之後會怎樣？對主體有怎樣的影響？……等。

（五）要怎樣：能怎樣？應怎樣？要有什麼態度？要如何確立短、中、長期目標？要如何做？步驟如何？……等。

　　從墨學研究的過程中，筆者發現墨子的表達方式蘊含著一些內容面向與理路層次，可以「思想單位」的結構進行分析，透過這些具有相同結構的思想單元，可以應用於許多方面，簡述如下：

（一）首先可作為詮釋或解析傳統文獻的工具與分析比較的研究方法，應用在經典文本的解讀及學術研究上。藉由思想單位對於《墨子》文本的分析經驗與參照，可運用思想單位來解析、理解其他傳統經典中的意義，並可進行深度比較。例如：在進行《論語‧學而》第一章註疏的比較時，何晏《論語集解》可分析出一個思想單位，朱熹《集注》有四個思想單位，皇侃《論語集解義疏》有七個思想單位；[19]這種比較不僅在量上，也可就其

---

[18] 參考李賢中：《中國哲學研究方法的可能之路》，臺北：國立臺灣大學出版中心，2022年，頁89-90。內容略有增修。

[19] 參見李賢中：《中國哲學研究方法的可能之路》，臺北：國立臺灣大學出版中心，2022年，頁184。

「思想單位」的情境構作層、情境處理層進行對比，甚至就其「思想單位」內的實質內容進行思路發展的比較。

(二) 參考《墨子・小取》中「侔」式推論的：是而然、是而不然、不是而然、一是一非、一周一不周等，嘗試從語言表述的內容形式尋找出一些後設的推論規則。「思想單位」也是一種後設的思維架構，是人類思維發展的過程與遞進的層次，或可作為跨領域研究的交流平臺，應用在人文、社會或自然科學，如文學、史學、哲學、藝術理論之間的相互理解，或這些人文學科也可與教育、管理、社會、法律等學科在理論間彼此的溝通，並促進不同領域學科思維方式的調整，且能透過各自思想單位的結合，促進跨領域學科的整合性發展。如管理學上，X理論假設人是：逃避責任、厭惡工作、不願思考；Y理論假設人是：樂意接受任務、喜歡挑戰、富有潛力；Z理論假設人是：具有個性的群體性存在、需親密人際關係才能凝聚與合作。[20] 若從思想單位來分析，這些不同理論的假設，都可化約為「人有什麼？」與「人是什麼？」這種情境構作上的差異，及「為什麼」建立某種管理制度，其效果「會怎樣」，又「要怎樣」達成管理目標等情境處理上的不同。正如古代哲學家孟子主張人性善、荀子主張人性惡、揚雄主張人性為善惡混，也因為他們各自有不同的情境構作與情境處理，使他們的哲學理論、工夫修養呈現不同的面貌。因此，「思想單位」可以提供跨領域研究的分析工具與新的科際整合方法。[21]

---

[20] 道格拉斯・麥克雷戈（Douglas McGregor, 1906-1964）提出管理學X、Y理論，日裔美籍管理學家威廉・大內（William Ouchi, 1943-）提出Z理論。詳細內容可參見本書第十二章〈哲學與管理跨域研究的思維架構〉。

[21] 參見李賢中：《中國哲學研究方法的可能之路》，臺北：國立臺灣大學出版中心，2022年，頁102-103。

（三）此外，思想單位在教育上，可充分加以應用。《墨子》的〈耕柱〉、〈魯問〉、〈公孟〉等篇中，有許多墨子與其弟子之間的對話，蘊含豐富哲理，然而墨子的弟子們是否理解？又或不同的弟子對於老師的教誨是否有相同的理解？〈耕柱〉：「葉公子高問政於仲尼曰：『善爲政者若之何？』仲尼對曰：『善爲政者，遠者近之，而舊者新之。』子墨子聞之曰：『葉公子高未得其問也，仲尼亦未得其所以對也。葉公子高豈不知善爲政者之遠者近也，而舊者新是哉？問所以爲之若之何也。不以人之所不智告人，以所智告之，故葉公子高未得其問也，仲尼亦未得其所以對也。』」從以上的對話可以看出，葉公子高與孔子之間的對話並不對應，「善爲政者若之何？」孔子理解爲善爲政之後「會怎樣？」而葉公子高所問的是「要怎樣做？」雖然都是情境處理，但主要問題的方向不同。若延伸到今日的教育現況，也常有類似的情形。例如：同一位老師教的課，不同的學生卻有不同的理解，透過情境構作與情境處理的分析，可以了解同學們學習差異的原因。「思想單位」在教育方面的應用，透過情境構作、處理及融合能力的強化，有助於在閱讀理解、推理解析、語文表達與溝通能力的加強，以及觀察力、理解力、思辨力、同理心之提升；也可作爲學習能力、學習成果之評量工具，更可藉由「思想單位」方法的操作練習，成爲開拓知識發展的有效方法。

（四）再者，有關人文領域的研究成果，常難以建立客觀性的評量標準，「思想單位」方法的操作，可以提供幾項相對客觀的評量標準，例如從情境構作檢證文本詮釋的意豐富性，從情境處理釐清該研究成果的合理性標準，[22]並透過其「所以然」之完備

---

[22] 有關「合理性標準」可參考李賢中：《中國哲學研究方法的可能之路》，臺北：國立臺灣大學出版中心，2022年，頁111-129。

性，論證之嚴謹性，評估其思想單位品質的高下優劣，理論建構的完整度。由於墨家的學說也相容人文、社會、自然科學與軍事等各領域的思想，且具有高度的方法意識，從其中所發展出的評量方法，未來也可朝向建立各類型知識的共通評量標準。

四、小結

墨家思想蘊含「思想單位」的結構與發展思路，雖然未被明確的提出，但是其各篇章的運思與表達，可以提供我們從中發掘此隱含的方法。並且此「思想單位」一方面抽提於墨家思想，另一方面也可以做進一步發展現代墨學的方法。

墨家思想在戰國時代是顯學，《韓非子·顯學》：「世之顯學，儒、墨也。儒之所至，孔丘也。墨之所至，墨翟也。」《孟子·滕文公下》也提到當時：「楊朱、墨翟之言盈天下。天下之言，不歸楊，則歸墨。」可見當時的墨家是一個很有影響力的學派。我們可以反省一個問題：為何墨學不能持續成為顯學？我們現下所要發展的是古代墨學還是現代墨學？在墨學現代化的過程中，哪些是可變的？哪些又是不可變的？

從「思想單位」的主要問題來看，這是有關「要怎樣」的問題，此問題聯繫著其他系列問題，包括：在時空背景進入21世紀後，這個墨家視野下的「天下」有什麼？是什麼？其「然」有哪些變化？其「所以然」又有哪些異同？我們應如何進行符合現代的情境構作與情境處理？要怎麼做？會怎樣？

墨家的核心思想、超越時空的思想精神是：「興天下之利，除天

下之害」[23]，要以「兼愛」的精神關懷全人類的存在困境與和諧共處之道，在此不變的價值原則與終極目標下，應變而變。透過思想單位各層次思想內容的擴展、精緻、深入化，掌握今日天下各種現象及其因素的互動因果關係，例如：極端氣候的出現，與人類現代生活中各種對大自然的汙染有密切的關係，而現代生活的方式又與各國之間的經濟發展、競爭有關，經濟又與政治制度有關，其他包括教育、法律、傳播、軍事等，乃至食、衣、住、行、娛樂各種消費性文化的交互影響，都是我們發展現代墨學必須要問的「為什麼」，探詢其「所以然」，如果人類視而不見，放任這些情況繼續下去，那麼「會怎樣？」

我們還應要問：如果墨子活在今日，他會怎樣做？他是否也用「亂」來形容或定位今日世界？他那種救世情懷仍然萬分急迫嗎？他會展開實踐行動嗎？他要展開怎樣的具體行動？

本章以具方法意識的墨家，從其論述方法、表達方式擷取並研發出「思想單位」的方法，希望也能用這種方法，來建構出各層面的墨家式思想單位，進而結合這些單位，轉化情境處理，完成現代墨學的完整理論體系。此一理論體系一方面涉及各領域知識，是一種科際整合的系統知識；另一方面也務必與實踐結合，能發揮其理論之作用，逐步改善今日天下亂象，完成墨家終極理想。

---

[23] 《墨子》的〈尚同中〉、〈兼愛中〉、〈兼愛下〉、〈非攻下〉、〈節葬下〉、〈天志中〉、〈明鬼下〉、〈非樂上〉、〈非命下〉等篇皆論及此。

第十章
從名辯觀點與思想單位看先秦儒墨的論辯

一、從「指不至」、「歷物」到「指物」

先秦哲學中,辯者與名家的思想歷來不受重視,一方面他們沒有留下較為完整性的文獻,另一方面,他們的論點常在批判或看似矛盾而違反於常識。然而,名家惠施與莊子是好友,彼此相知;惠施也與辯者有許多對話紀錄,公孫龍的許多論點也散見於先秦典籍中,更是莊子、墨子、荀子所批評的對象,既然名辯思想在先秦有一定的影響力,因此辯者與名家的思想仍有其可能參考的價值。本章嘗試從辯者、名家惠施、公孫龍的觀點來考察先秦顯學儒、墨兩家在人性問題與倫理原則上的論點。

首先,《莊子・天下》中辯者第十一事的「指不至,至不絕」,是與公孫龍〈指物論〉:「物莫非指,而指非指」相關的論點。[1]我們先從「而指非指」來看,由於指涉作用的認知結果並不等同於認知對象,這就必須說明要如何判定「不等同」?如果某人認為這次的認知結果不

---

① 「指不至,至不絕」成玄英疏云:「夫以指指物而非指,故指不至也。而自指得物,故至不絕者也。」見郭慶藩:《莊子集釋》,臺北:河洛圖書出版社,1974年,頁1109。「指不至」即以手指指物或以抽象概念表達事物,總有達不到的地方。見孫中原:《中國邏輯學》,臺北:水牛出版社,1993年,頁108。「物莫非指,而指非指」的解釋參見李賢中:《名家哲學研究》,〈從《公孫龍子》的詮釋比較看經典詮釋之方法問題〉,新北:花木蘭文化出版社,2012年。其中周云之、龐樸、孫中原及馮耀明的解釋在頁162-163,及筆者的解釋在頁170-171。

等同認知對象，那麼抱持這種主張的人就必須知道那對象「是」什麼；可是如果他知道那對象「是」什麼，他就不能說「而指非指」。考察辯者進一步的說明是：「至不絕」，也就是當某人說：「指涉作用的認知結果並不等同於認知對象」中的「認知對象」那只是暫時的理解，會被之後的再認識、再理解所推翻或補充，於是每一次認知結果相對於之後的認知，都是「而指非指」。如此，對這整個系列的觀察就是「指不至，至不絕」。

我們考察與辯者辯論的惠施在此一問題上的看法，[②]他嘗試說明之所以會造成「指不至，至不絕」這種情形的理由：若要完全認知一個事物必須掌握該物與其他事物的所有關係，而在認知過程中，事物間的關係是無法窮盡的；因此人不能有真正完全的認知。另一方面，一事物與其他事物的關係，可以擴大觀察的範圍，而有相對觀點下的整體把握，如他所謂「氾愛萬物，天地一體」。他強調人在認知過程中的重要環節——「比較」。在惠施看來，從「指」到「名」必須經由「比較」才能產生；[③]萬物之間的關係經由人的認知、比較而成為相對的關係，如第三事的：「天與地卑，山與澤平。」然而「比較」涉及認知主體的觀點設定，由於認知主體的主觀性差異而有觀點設定的不同。名或概念是透過比較同異而來，相同的一類就成立一名，但這些名都是在特定的觀點，或在一群人約定俗成的共識下成立，沒有必然性，只有相對性。因此，萬物之間以「名」為表徵的關係，在惠施看來是相對的。從至大無外，無限的「大一」來看，「天與地卑，山與澤平」是可以被理解而成立的。

---

② 《莊子‧天下》：「歷物之意，……惠施以此為大，觀於天下而曉辯者，天下之辯者相與樂之。」

③ 如：「牛」此一概念的內涵有：「有角、無羽、偶蹄、四個胃、能負重……等」，都是透過與其他動物的比較而形成此一名。又如《荀子‧非相》：「人」此一概念的內涵有：「二足、無毛、有辨」，也是經由比較而來。

　　此外，宇宙中的萬物不斷變化，當我們將變動中的萬物透過人的認知作用而將其轉化為概念時，必須掌握其中所能觀察到不變的內涵，所以在將變動萬物轉化為概念的過程，其實就是對於連續性事物予以切分，將物由動態轉化為靜態。如惠施第四事所謂：「日方中方睨，物方生方死。」其中的「方」，就是「當下」，而中、睨等概念就是當下的把握，就算人類對一段相對而言存在較長時間的事物進行觀察，而形成的概念，相對於無限的「大一」而言，那也不過是「方」。這是認知主體對於認知對象加以把握的特徵之一。

　　再者，惠施對於萬物的同異類別的認知過程也有精微的考察，《莊子・天下》中，惠施：「大同而與小同異，此之謂小同異；萬物畢同畢異，此之謂大同異。」這說明了不同類別的「名」雖然不同，有大類、小類之別，但是透過比較，我們還是得以賦予適當的名稱，如：大類與小類的相比所呈現出來的差異，我們可以稱為：「小同異」。對於萬物都可以透過相比較而呈現出來各自事物的同異，我們也可以賦予一名：「大同異」。透過人類文化傳統的累積，人們逐漸經由所設立的概念群、符號系統，與人類所認識到的世界建立相對應的關係，從「至不絕」的觀點，現象界中事物與思想界之「名」似乎越來越能夠相呼應，人們也在長期的約定俗成下，容易將現象界事物越來越視為實在如此，或絕對如此。

　　這種透過「比較」同異而歸類，有所類同而確立其「名」的過程，透過這些名而形構人們的意義世界。[4]似乎「所至」能使人把握實在世界，然而，現實世界的萬物是不斷變化著，這變化也使得一事物與其他事物之間不斷湧現新的關係，認知者也不斷捕捉新的比較，因此一

---

④　此意義世界將經驗界的認知對象相互比較，形成概念，再將概念歸類進行多層次的比較，於比較過程中，經由設定的立場、觀點、判準，而形成多層次概念群所構作的意義世界。此一意義世界有其內在的聯繫性與相對合理性。

直處在「指不至，至不絕」的歷程中。

在《漢書‧藝文志》中與惠施同屬於名家的公孫龍，[5]他也是辯者之徒，[6]在公孫龍看來，指涉作用是認知結果的必要條件，沒有指涉作用，就不能夠認知事物，當然也無法表達或稱謂事物。從主客二元的認知模式分析，認識的條件有三：（一）爲「能指」，即認知主體的認識能力。如《公孫龍子‧指物論》：「物莫非指」中的「指」，其指涉作用包含著人的認識能力。如〈堅白論〉中的視覺、觸覺，以及心神的作用，透過這些能力可以得到有關此認知對象的特性與呈現於內的概念。如徐復觀說：「指，係認識能力。即由認識能力指向於物時所得之映像。」[7]（二）爲「所指」，即指涉之對象物。如《公孫龍子‧指物論》：「而指非指」中的第二「指」，像白馬、堅白石等都是認知的對象。（三）爲「物指」，即能指與所指相關而構成的指涉作用。如《公孫龍子‧指物論》：「使天下無物指，誰徑謂非指？」以及「天下有指無物指，誰徑謂非指？」中的「物指」，也就是主體關涉於客體的知覺作用，是認識的必要條件，一方面爲認識主體具備的指涉能力指涉到對象物，也就是《墨經》中所論及的「知，接也。」另一方面爲對象物所呈現之貌相、聲色、或其他性質，爲認識主體所把握。

公孫龍有關認知問題的關注點，是人所認知到的結果爲何？能否等同於所欲認知的對象？在他的〈指物論〉說：「物莫非指，而指非指。」一方面肯定了認知過程，無法不透過指涉作用，另一方面他也看到了認知的結果並不同於原先的認知對象。因爲眞正的認知對象是無法

---

[5] 「名七家，三十六篇。」七家分別爲：「鄧析、尹文子、公孫龍子、成公生、惠子、黃公、毛公。」〔漢〕班固：《漢書‧藝文志》，北京：國家圖書館，2009年。

[6] 《莊子‧天下》：「桓團、公孫龍辯者之徒。」陳鼓應註譯：《莊子今註今譯》，北京：中華書局，2011年，頁952。

[7] 徐復觀：《公孫龍子講疏》，臺中：東海大學，1966年，頁13。

確定的，而這種不確定性，就在於主客二元認知模式本身的結構特性，也就是在這種主客兩方的結構中，主體永遠無法理解真正的客體。正如惠施在《莊子·秋水》與莊子作「魚樂之辯」所採取的認知立場：「主體不是客體就無法了解客體的感受，也不能認知客體的真正內涵。」公孫龍在其〈指物論〉的結尾對此有特別的反省：「且夫指固自爲非指，奚待於物而乃與爲指？」意即指涉作用在二元結構下，本來就無法指出真正的對象物爲何，如何有待於一種所謂的「物」，來構成這種指涉作用？也就是說，在二元認知結構下，指涉作用本身就阻礙了真正認識的可能性。如果我們不能確知「物」又如何能有所「指」？因而展現出一種對於最終認知結果的懷疑論立場。[8]這可說是對於辯者「指不至，至不絕」的進一步反省，進而產生對於「至不絕」的懷疑。

基於上述關聯於辯者、惠施思想的分析，我們可以了解公孫龍主張：「凡是對象物必須透過指涉作用而呈現，不過被指出而呈現者，並不同於對象物。」其中所謂的「物」即爲認知的客體，而「指」則包含著認識主體的「能指」、指涉對象的「所指」及指涉作用的「物指」。[9]認識的作用是「能指」指向「所指」，進而構成「物指」，以獲得認識的暫時結果。真正的物雖然不能完全把握，但是經由「指物」而來的「實」卻是可以確定的；所謂的認識結果就是經「指」而來，在思想界中所確定的「實」，爲「名」所表達者。辯者「指不至」說明了認識不到對象物的究竟所是，「至不絕」則強調認識者可不斷發現對象物更豐富的內涵；發展到公孫龍〈指物論〉中的「物莫非指」乃接續「至不絕」的觀察，既然是「至不絕」，每一次的「至」都必須透過「指」的方式進行，因而提出了「物莫非指」。又由於「至不絕」中的「不絕」

---

⑧ 李賢中：《名家哲學研究》，〈從《公孫龍子》的詮釋比較看經典詮釋之方法問題〉，新北：花木蘭文化出版社，2012年，頁171。

⑨ 李賢中：《先秦名家「名實」思想探析》，臺北：文史哲出版社，1992年，頁65。

顯示了每一次或每一階段的認知結果，都有新的內涵出現，而否定了前一次所知的完整性，因此公孫龍提出了「而指非指」；並且對於終極性的認知採懷疑的立場。

以下，我們將以辯者、名家在認知方面的論點，來考察先秦諸子在人性論與倫理原則上的立論差異。

二、人性善惡與仁愛、兼愛

（一）孟子「性善」與荀子「性惡」

從個別的「具體人」，到抽象歸類而成的「概念人」；從人們的複雜行為表現，經由比較人與禽獸的差異；從現象到本質，從人群到人性。人們不斷對於自己所屬的「人」進行認知與再認知，這一連串的認知過程，體現了「指不至，至不絕」的系列過程。

人性是什麼？子曰：「性相近也，習相遠也。」（《論語·陽貨》）孔子並未明確說明人性的性質，只說明人性本質的相近；但也提出了人有施行仁愛的能力。如：

子曰：「仁遠乎哉？我欲仁，斯仁至矣！」（《論語·述而》）

又說：

為仁由己，而由人乎哉？（《論語·顏淵》）

由此可見，人性的相近之處在於人有道德的本性。孟子承孔子的這些思想及他的觀察體認，提出了四端說，以論證人性之善。

> 孟子曰：「……今人乍見孺子將入於井，皆有怵惕惻隱之心。非
> 所以內交於孺子之父母也，非所以要譽於鄉黨朋友也，非惡其聲
> 而然也。由是觀之，無惻隱之心，非人也；無羞惡之心，非人
> 也；無辭讓之心，非人也；無是非之心，非人也。惻隱之心，仁
> 之端也；羞惡之心，義之端也；辭讓之心，禮之端也；是非之
> 心，智之端也。人之有是四端也，猶其有四體也。」（《孟子・
> 公孫丑上》）

　　孟子的主要論證是環繞「乍見孺子將入於井」的情境構作，指出
人在沒有任何血緣關係、利害關係或情緒影響下，在該情境下的起心動
念就是惻隱同情，這種由性而出的初心表現，從人性所有的仁、義、
禮、智四端可見人性之善；孟子曰：「乃若其情，則可以為善矣，乃
所謂善也。」（《孟子・告子上》）「情」字本義作「發於本性」，
從心，青聲，「青」有日出直前，天空所現之深藍色，有明顯可見之
意。⑩「情」象徵「心」之初發者，可見其性。孟子又說：「水信無分
於東西，無分於上下乎？人性之善也，猶水之就下也。人無有不善，水
無有不下。」（《孟子・告子上》）孟子再將性善的必然性，類比於水
往下流之性。

　　另一方面，孔子也提出人有為惡的可能，如：「子曰：『克己復
禮為仁……。為仁由己，而由人乎哉？』顏淵曰：『請問其目。』子
曰：『非禮勿視，非禮勿聽，非禮勿言，非禮勿動。』」（《論語・顏
淵》）又如：「子曰：『七十而從心所欲，不踰矩。』」（《論語・為
政》）可見人的行為也會有違背禮義規範的時候，未到七十的不逾矩境
界，人的欲望常會有逾矩的時候。荀子由人之「欲」推出了性惡說：

---

⑩ 高樹藩編纂：《正中形音義綜合大字典》，臺北：正中書局，1984年，頁
504。

人之性惡，其善者偽也。今人之性，生而有好利焉，順是，故爭
奪生而辭讓亡焉；生而有疾惡焉，順是，故殘賊生而忠信亡焉；
生而有耳目之欲，有好聲色焉，順是，故淫亂生而禮義文理亡
焉。然則從人之性，順人之情，必出於爭奪，合於犯分亂理，而
歸於暴。故必將有師法之化，禮義之道，然後出於辭讓，合於文
理，而歸於治。（《荀子·性惡》）

荀子從人的好利、嫉惡、好聲色等現象的觀察，導致爭奪、殘賊、
淫亂的結果說明人性是惡的。他與孟子都是用人的行爲表現反推人性善
惡，孟子是從「起心動念」立論，荀子則強調「生而有」。如果將「起
心動念」等同於「生而有」，則不同的現象就推出不同的人性論；如果
將「起心動念」不同於「生而有」，則又須論定人性之「性」此一名，
此一概念的內涵爲何？從歷來的爭辯看，那又會有「指不至，至不絕」
的情況出現。歸結兩者，孟子從「四端之心」申說性善論，孟子所指、
所見，以仁義禮智四端爲性，荀子所指、所見，以人的欲望爲性，[11]
兩者皆與人所對應的事物互動而從不同的觀點推論。

（二）孔孟「仁愛」與墨子「兼愛」

孔子主張仁愛，墨子主張兼愛，也是從不同的預設、立場來論人
際間應然的關係。首先，儒家倫理有所一段：「葉公語孔子曰：『吾黨
有直躬者，其父攘羊，而子證之。』孔子曰：『吾黨之直者異於是。父
爲子隱，子爲父隱，直在其中矣。』」（《論語·子路》）這種「親親
互隱」的思想是儒家道德上所允許並鼓勵的。[12]又如《孟子·萬章上》

---

[11] 參見本書第八章，第二節〈孟荀之辯的主要內容〉、第四節〈孟荀之辯在
　　儒家思想發展上的意義〉。

[12] 從《論語》的其他脈絡來看，孔子認爲「直」仍需要與其他德目相配合，
　　如：「直而無禮則絞。」（《論語·泰伯》）「夫達也者，質直而好義，
　　察言而觀色，慮以下人。」（《論語·顏淵》）

也記載了孟子對於舜面對其不仁之弟象，與其他有罪者處理方式不同的看法，說：「仁人之於弟也，不藏怒焉，不宿怨焉，親愛之而已矣。親之欲其貴也，愛之欲其富也。封之有庳，富貴之也。身爲天子，弟爲匹夫，可謂親愛之乎？」如此說明舜愛其弟與旁人的差等之別，難怪萬章會問：「象至不仁，封之有庳，有庳之人奚罪焉？仁人固如是乎？在他人則誅之，在弟則封之？」由此可見，在親情與法律，在愛親與愛民不能兼顧的兩難中，儒家所肯定的倫理原則是「親親爲大」的價值觀。此與墨家「兼愛」倫理之普遍性、平等性不同，《墨子·小取》：「愛人，待周愛人，而後爲愛人。不愛人，不待周不愛人，不周愛，因爲不愛人矣。」愛人所指乃是愛所有的人，《墨子·兼愛下》：「子墨子曰：『兼以易別。然即兼之可以易別之故何也？曰：藉爲人之國，若爲其國，夫誰獨舉其國以攻人之國者哉？爲彼者猶爲己也。……即必曰天下之利也。』」墨家的倫理原則要求社會的公義與人際之間的平等關係，其方法爲愛人若己。[13]因此，儒墨兩家在進行倫理上的推理時，所推之「理」就有所不同。孟子爲此還激烈地批評墨子：

> 世衰道微，邪說暴行有作。……聖王不作，諸侯放恣，處士橫議，楊朱、墨翟之言盈天下。天下之言，不歸楊，則歸墨。楊氏爲我，是無君也；墨氏兼愛，是無父也。無父無君，是禽獸也。……能言距楊墨者，聖人之徒也。（《孟子·滕文公下》）

孟子認爲墨子兼愛思想違背人的天性，若將別人與自己的父母等而視之，同而待之，則會背離父子人倫的親情，違反孝道。墨家的弟子夷之則爲墨子辯護：

---

[13] 李賢中：《墨學──理論與方法》，臺北：揚智文化公司，2003年，頁126-127。

夷子曰：「儒者之道，古之人『若保赤子』，此言何謂也？之則以爲愛無差等，施由親始。」徐子以告孟子。孟子曰：「夫夷子信以爲人之親其兄之子爲若親其鄰之赤子乎？彼有取爾也。赤子匍匐將入井，非赤子之罪也。且天之生物也使之一本，而夷子二本故也。」（《孟子·滕文公上》）

夷之從志、功爲辯的觀點指出，從墨家的理想來看，正同於儒家對於聖王將人民視爲自己孩子一般看待。只是從實踐面看，兼愛還是要由身邊的親人做起。孟子則反對這種作法，自己兄長的小孩與鄰人的小孩畢竟是不同的，因爲他們所從出的父母就不一樣，血緣關係的親情有其本然的根據。因此，孟子的倫理原則是：

孟子曰：「君子之於物也，愛之而弗仁；於民也，仁之而弗親。親親而仁民，仁民而愛物。」（《孟子·盡心上》）

孔子所肯定「父爲子隱，子爲父隱」的直者情境，正是孟子「親親原則」的根據。然而，墨子如何看待偷竊之事？〈非攻上〉：「至攘人犬豕雞豚者，其不義又甚入人園圃竊桃李。是何故也？以虧人愈多，其不仁茲甚，罪益厚。至入人欄廄，取人馬牛者，其不仁義又甚攘人犬豕雞豚。」攘人犬豕雞豚、取人馬牛都是有罪的，且虧人愈多，罪愈大。墨子又爲何反對等差親疏之愛呢？〈大取〉：「義可厚，厚之；義可薄，薄之；謂倫列。德行、君上、老長、親戚，此皆所厚也。」這種有差等的倫列之愛，隨著親疏關係的淡薄而淡薄，甚至爲了愛自己的親人、國家而虧奪別人、別國的資材。墨子主張人人平等之愛：只要是人，就是所應愛之對象，不論他是否與我有血緣關係。所以〈大取〉說：「爲長厚，不爲幼薄。親厚，厚；親薄，薄。親至，薄不至。」伍非百解釋：「親厚者厚之，親薄者薄之。推而至於至薄之親，豈非亦有至薄

之愛？若親盡者，又將何以爲薄乎？豈親盡而愛亦隨之以盡耶？此倫列之說所必窮者也。」[14]由此可見，墨家爲何強調「愛無厚薄」的兼愛。

再看兼愛範圍的超越性，〈大取〉：「愛眾世與愛寡世相若，兼愛之有相若；愛尚世與愛後世，一若今世之人也。」[15]眾世與寡世乃就廣狹而言，亦即「兼愛」的範圍無論大區域或小區域的人都是兼愛的對象。上世、後世、今世則是就時間先後而言，亦即兼愛的對象並不受過去、現在、未來的限制。可見墨家的「兼愛」是超越時空的限制，爲對全人類的愛。墨家是從「天」的高度看，所有的個人都是「人」的觀點，人人平等。

此外，墨子觀察當時天下的亂象，其主要原因就在於人與人之間不相愛。他說：

> 雖至天下之爲盜賊者亦然，盜愛其室不愛其異室，故竊異室以利其室；賊愛其身不愛人，故賊人以利其身。此何也？皆起不相愛。（《墨子・兼愛上》）
>
> 今家主獨知愛其家，而不愛人之家，是以不憚舉其家以篡人之家。（《墨子・兼愛中》）
>
> 別者，處大國則攻小國，處大家則亂小家，強劫弱，眾暴寡，詐謀愚，貴傲賤。（《墨子・天志中》）

從墨家來看，偷羊的人是因爲他只愛自己的家室而不愛別人的家室，家主也是只愛自己的家而去奪取別人的家。這種別愛正是造成天下亂的原因。

---

[14] 伍非百：《先秦名學七書》，臺北：洪氏出版社，1984年，頁410-411。

[15] 原文作「愛眾眾世，與愛寡世相若，愛尚世與愛後世，一若今之世人也。」從孫詒讓校改。見孫詒讓：《墨子閒詁》，臺北：華正書局，1987年，頁371。

> 天下之人皆不相愛，強必執弱，富必侮貧，貴必傲賤，詐必欺
> 愚。凡天下禍篡怨恨，其所以起者，以不相愛生也。（《墨子·
> 兼愛中》）

　　然而人們爲何必須要兼相愛呢？墨子認爲應本於效法天的作爲，〈法儀〉說：「天之行廣而無私，其施厚而不德，其明久而不衰。」天的愛猶如陽光和雨水，是普遍的施予供給所有的人，這就是「行廣而無私」的普遍性。另外「施厚而不德」是無私的，具備了一種客觀性。再從「明久而不衰」可以看出，天還有明確性和持久性。[16]因此「天」此一價值根源具有普遍性、客觀性、明確性與持久性。墨子的「天」要求人與人彼此之間要「相愛相利」。

　　再者，墨家的「兼相愛」常與「交相利」相提並論，而墨家的「利」是與「義」有關的，「利」指的是公利、正利，並且也重視實際效果之「利益」。

　　墨家的「兼愛」精神既要求實際的利益，且爲天下之公利；墨子肯定了人際間「投我以桃，報之以李」的互動性。嚴靈峰教授說：「要兼愛，就必須雙方同時履行『相愛』，這樣才能達到『兼相愛，交相利』這個理想的實現。」[17]此同樣點出了「兼愛」的互動性原則。但更深一層的看，這種互動性之前，必有一方意識到「兼愛」的意義，肯定這種努力的價值，因此願意主動的「先愛」，也就是有「主動性」，如此才有可能達致互利的結果，墨家認爲若人人都願意關懷他人，自然可以使天下人蒙利。

---

[16] 王讚源：《墨子》，臺北：東大圖書公司，1996年，頁85。
[17] 嚴靈峰：《墨子簡編》，臺北：商務印書館，1995年，頁36。

　　從「指不至，至不絕」的觀點，比較兩方的論點，儒墨兩家所觀察的倫理面向不同。其一，不同視域下愛所施展的範圍不同。儒家爲家人、親人，墨家爲天下人、所有人。其二，愛的動力來源不同。儒家爲道德心性，墨家爲天志。其三，對於愛的方法與評價不同。儒家以推愛爲法，墨家以愛人若己爲法。其四，對於愛的要求不同。儒家要求親情之愛，墨家要求普遍平等之愛。然而，雖有多方面不同，但在愛的行爲表現上，卻有可能相同，如「施由親始」，在愛親孝親的行爲表現上並無差異。

三、以「思想單位」解析先秦儒墨的理論結構

　　人們在日常生活經驗中，較爲客觀的是認知境遇，如：車水馬龍的街景。但客觀的街景進入不同人的腦海中，則會形成帶有一些主觀性感受的思維情境，例如某甲思考：經濟繁榮的社會發展，我要更努力；或某乙思考：忙碌又盲目的人群，何苦只在名利中打轉。又或者某些讀者在閱讀一大段文本之後所產生的一些思維情境，文本上的白紙黑字是客觀的，但不同讀者的解讀卻有主觀的思維情境。思想單位是指思維情境所含蘊的「然」與「所以然」，它是由思維情境所衍生，但不等同於思維情境。它像一段錄影，在其中的某些歷程片段爲「然」，某些歷程片段、或對某些片段的解釋而得的「所以然」，聯繫、綜合這「然」與「所以然」所構成的可被理解性、可被解釋性，與可被意義化的這些特質，其「然」與「所以然」就構成一思想單位。只有在可以合理解釋思維情境中內容、事物的思想，才能算作「思想單位」。[18]

---

[18] 參見本書第九章第三節〈思想單位的發展與應用〉。

（一）思想單位的結構

　　合理的思維情境可構成一初步的思想單位。情境構作層是來自客觀認知境域所提供的與件，以及認知者個人的構作方式，情境構作基本上是根據經驗現象或文字呈現經驗圖像，提供場景；而情境處理則是對圖像，或場景中的人事物做出描述、說明並指出意義。情境融合指以下幾方面，一方面是指構作層與處理層的融合，另一方面是指主體各思想單位間的融合。在第一方面的融合，例如：孟子的孺子將入於井的「然」到惻隱之心、仁心、性善說的「所以然」，這就是構作層與處理層的融合。

　　第二方面的情境融合，是思想單位彼此間的融合，如每一思想單位有階層上的區分，也有義理上的相通，且可融合在一思想整體之內。如以墨家思想來看，可以「天志」作為兼愛、非攻、尚同、尚賢、節用、節葬、非樂、非命等思想的核心，各篇思想都以天志理論為基礎，天志也與各篇有理路之間的融合性。這種情境融合是將原先的思想單位，在有所「同」的前提下融合成更大、更複雜的思想單位，而原先較小思想單位中的內容能在較大的思想單位中，得到更完整的情境處理。這是各思想單位間的情境融合。

　　此外，在說服性推理過程中，還有試圖使主客間的思想單位融合，此已由認知主體的內在融合，透過表達、溝通、說服而要求與主體以外的其他人思想相融合。思想單位雖然在解釋上分析為構作層、處理層與相互融合三個面向加以說明，然而實際的運作是不可分的動態整體。

（二）思想單位的展現與其內涵要件

　　思想單位常隱含在文本內容之中，需要經過解讀轉化的過程才能呈現，思想單位可以不同的方式展現，此處是指對古代文獻經過理解、詮

釋、處理、重構且合理的思維情境。思維情境之所以「有意義」，其中包含著從認知到行動的五個面向，亦即第九章第二節所提出的五個基本問題：有什麼？是什麼？爲什麼？會怎樣？要怎樣？也就是思維情境中的內容或多或少要回應上述這幾個問題。以下以前述內容爲例，逐一說明如下：

1. 經認知所把握的「有什麼？」

這是指認知主體或作者所觀察到的現象以及對於該現象的描述，包含了人、事、物以及其間的關係。如：性善論的孺子將入於井，性惡論中人的爭奪、嫉惡、好聲色等現象；孔子的攘羊、親親互隱情境，墨子的強執弱、富侮貧、貴傲賤、詐欺愚、天下亂的現象。

2. 經把握而予定位的「是什麼？」

(1) 這是指認知主體或作者所把握到現象背後的本質，或對於該現象的思想定位、價值定位。如人性是什麼？孟子認爲是善，荀子認爲是惡。人際間的倫理原則是什麼？孔孟認爲是等差之仁愛，墨子認爲是平等之兼愛。

(2) 若「有什麼」的情境資訊無法提供充足的材料，形成「是什麼」的思想定位，則要重新審查、收集其他可能或必須之「有」，以提供以下「爲什麼是」的回答。

3. 各定位者之間因果關係的「爲什麼？」

是指產生該現象之原因的把握，經由推論而說明。可分爲以下幾個面向：

(1) 對於產生現象的原因加以探問。爲什麼有……

(2) 對於現象整體或現象中事物的性質加以探問。爲什麼是……

(3) 對於現象中事物關係或變化規律的探問？爲什麼變成……

其中事物的關係包括：倫理、利害、因果關係等。

　　經由前述三面向的原因查考之後，將探問現象變化的未來趨勢。此將與下一問「會怎樣？」相銜接，預期該現象發展狀態對於提問者所關心之人事物的影響。

　　此一部分依不同主體或作者的不同合理性要求，會有各種原因的論述。如：天下亂的情況為何產生？墨子認為世人之間不相愛、人人異義、管理者非賢能者，不信鬼神賞罰、不明天志等原因。孟子則認為是：「世衰道微，邪說暴行有作。臣弒其君者有之，子弒其父者有之。……諸侯放恣，處士橫議。」（《孟子・滕文公下》）等因素。荀子認為是：「人生而有欲，欲而不得，則不能無求。求而無度量分界，則不能不爭；爭則亂。」（《荀子・禮論》）

4.各種因果關係下預期發展的「會怎樣？」

　　是指此一現象與觀察者所關心之人事物，在各種關係下，會造成正面影響還是負面傷害？如：從孟子的觀點會認為「兼愛」思想會造成不孝，這是處士橫議之邪說，必須予以導正。然而從墨家的觀點則認為等差之愛造成社會不公義現象，社會低下階層不被關懷而有「飢者不得食，寒者不得衣，勞者不得息」（《墨子・非樂上》）之痛苦。荀子認為人們欲求不得而爭，會導致「爭則亂，亂則窮」（《荀子・禮論》）。

5.主體回應方式的「要怎樣？」

　　是指該現象所構成的問題要如何解決，或所帶來的好處要如何增加，也就是針對造成的困境、威脅，提出解決的辦法；或對於帶來福祉、益處的現象，提出支持或繼續強化的作法。如：孟子在消極面有「不得已之辯」，所謂「我亦欲正人心、息邪說、距詖行、放淫辭，以承三聖者。豈好辯哉？予不得已也。能言距楊墨者，聖人之徒也。」（《孟子・滕文公下》）在積極面則強調擴充善端、盡心知性、先立

其大、仁政王道等思想。墨家提倡兼愛、非攻、尚同、尚賢、尊天、明鬼、節用、節葬、非樂、非命等十論思想。荀子則強調師法與「禮」的重要：「先王惡其亂也，故制禮義以分之，以養人之欲，給人之求。使欲必不窮於物，物必不屈於欲。」（《荀子・禮論》）。若與價值原則相連結，也可將「要怎樣？」與「應怎樣？」相聯繫。

從思想單位的結構與思想單位中的內涵要件之關係來看，前兩問：「有什麼？是什麼？」的思考可歸入情境構作層；後三問：「為什麼？會怎樣？要怎樣？」的思考可納入情境處理層。至於情境融合層，則為前後問答的一致性與相容性。思想單位是合理的或有意義的思維情境，其中最重要的要件就是其思維內容可分析出「為什麼？」的對應內容。而「為什麼？」預設著：存在某種原因所導致的結果，從而「有什麼？是什麼？」也可找出相應的思維內容或預設性的潛在內容。至於「會怎樣？要怎樣？」則依不同文獻內容或顯或隱或無，未必能在思維情境中一一找出明顯的對應內容，這需要擴大文本範圍搜尋原典文獻或現象文本[19]，其推理的展現，往往可在思想單位的不同層面以問答形式進行。

四、人性論與倫理原則論辯的思想單位

首先，有關人性問題的思想單位，節錄重點，說明如下：

（一）孟子的思想單位
1. 人有哪些行為？堯之行、桀之行。
2. 哪種表現最能體現人性？見孺子將入於井而有惻隱之心。

---

[19] 現象文本是指具有客觀性的認知境遇或對象，是被詮釋或賦予意義的現象。

2.1從惻隱之心可知人性為何？人性之善也，猶水之就下也。

3. 人性為何為善？無四端之心，非人也。

4. 若人性善為何會有惡行、桀之行？人有大體、小體之別。

　4.1人有大體、小體會怎樣？從其大體為大人，從其小體為小人。

5. 人應如何做？先立乎其大者，則其小者不能奪也。盡心、存心、養性。

（二）荀子的思想單位

1. 人有哪些行為？爭奪、殘賊、好聲色之行。

2. 人各種行為的傾向為何？好利。

　2.1好利的傾向顯示人性是什麼？人性惡。

3. 若人性惡為何會有為善者？其善者，偽也。待師法而後正，得禮義而後治。

4. 任憑人性之惡發展會怎樣？犯分亂理，而歸於暴。

5. 人應如何做？化性起偽。聖人積思慮，習偽故，以生禮義而起法度。

　　其次，有關倫理原則的思想單位，節錄重點，說明如下：

（三）孔孟的思想單位

1. 親子關係中，當父親偷羊，兒子該怎麼做？子為父隱。

　1.1兄弟關係中，為君之兄該如何待其不仁之弟？親之、愛之，封其官職，使其富貴。

2. 子為父隱的兒子是什麼？直躬者。

　2.1親愛其弟的兄長是什麼？仁人。

3. 為兄者為何應親愛其弟？親親，仁也。「仁，人心也」、「居仁由義」。

4. 為兄者親愛其弟會怎樣？仁人之於弟也，不藏怒焉，不宿怨焉。

5. 在人際關係上要怎樣對待不同的對象？親親而仁民，仁民而愛物。

（四）墨子的思想單位

1. 以等差之愛對待他人會有什麼情況？

   (1) 親厚，厚；親薄，薄。親至，薄不至。

   (2) 處大國則攻小國，處大家則亂小家，強劫弱，眾暴寡，詐謀愚，貴傲賤。

2. 這樣的人是什麼？別者。

3. 別者為何會這樣做呢？因為愛有厚薄，愛己厚；愛人薄，而有分別。故我有殺彼以利我，無殺我以利彼。[20]

4. 這種等差之愛與別愛的現象會怎樣呢？天下之人虧人而自利，造成天下亂。

5. 那要怎麼做呢？兼以易別，使天下人兼相愛、交相利。

　　當我們以思想單位的形式整理前述的思想，會發現五個發問方式是一段變化的歷程，它的進行方式為：

1. 外在事物變化——觀察（切分所觀察到的現象）——有什麼？

2. 內在概念形塑——比較（將該現象在思想界中定位）——是什麼？

3. 概念群關係釐清——思考（掌握該現象元素之各層次互動關係）——為什麼？

4. 由內而外轉向接續變化之可能性——評估（在該現象元素之各層次互動關係下的動態發展）——會怎樣？

5. 主體投入——應變而變（基於所知及既有價值觀，擬定對策進而付諸行動）——要怎樣？

---

[20] 《墨子·耕柱》原文為：「故有我有殺彼以我，無殺我以利。」依俞樾校改。見孫詒讓：《墨子閒詁》，臺北：華正書局，1987年，頁398。

　　其中，第一項的觀察，其現象不是整體的，不是連續的，不是動態的。此第一部分的切分性，也就影響之後概念形成的片段性。如孟子論述性善與荀子論述性惡，他們各自的採樣現象就不一樣；孔子的攘羊情境，與墨子的偷盜情境也不一樣。

　　將孔、墨、孟、荀部分相對立的思想，以思想單位的形式呈現，我們會發現，如果「有什麼？」的現象觀察各自不同，意味著他們的情境構作、情境把握就不相同。「有什麼」之「事」不同，則「事中之理」的把握也會不同，連帶地也會影響到對現象整體或現象中人、事、物之「所是」的思想定位，也會不同。理論的形成，根據的是不完整的現象，在實踐上就不能依理行事而無礙，因而理論與實際定有差異。進入思想定位階段，如：性善、性惡、仁愛、兼愛、別者等，也就涉及該思想定位者的價值體系，類似進入惠施「歷物之意」中的同異系列。經由各「名」的選擇，而說「那是什麼？」往往是在各家各派具有主觀性的思想界中，多層次類名中的一個位置，如「性」與「心」、「情」、「欲」、「意」這些概念間的層次關係；「仁」與「義」、「愛」、「兼」、「善」這些概念間的層次關係；由於各概念間關係的排列位置有個人或各學派的主觀性，如「性」的意義，孟、荀就不同；愛的意義，孔、墨的把握也不相同。其他如：義、利、天等的意義，儒、墨兩家也不相同，因此，我們也必須探究「名」的特性。

　　「名」從名家、辯者的研究可以分析出：指涉性、約定性、界定性，及其互動性、增長性、含糊性等性質。[21]簡單說明如下：

1. 名的指涉性是指「名」必須關涉及「實」才有意義，純粹獨立的一個符號，不足以成「名」。如：「惻隱」指「見不幸之事，從內心湧現的哀傷不忍之情」。

---

[21] 李賢中：《先秦名家「名實」思想探析》，臺北：文史哲出版社，1992年，頁195-198。

2. 約定性是指名的指涉功能、表達作用，必須要遵守共同的約定才能達成；但其約定性往往有一定之範圍。如《荀子・正名》：「名無固宜，約之以命，約定俗成謂之宜，異於約則謂之不宜。」

3. 界定性是指「名」的意義與內涵有一定的範圍，一方面呈現所認知的對象，另一方面也限定了此一對象。如「仁者，愛人。」就是孔子對「仁」的意義界定。「不可學、不可事而在人者，謂之性。」這是荀子對於「性」的意義界定。

4. 互動性是指「名」相應於「實」的變化，以及表達者所謂的轉變而使名的意義有所改變。如：孔子所謂的：「為仁由己」與「克己復禮」之「己」，孔子所「謂」之內涵就不相同。前者之「己」為道德主體，後者之「己」為欲望主體。

5. 增長性是指有些名的意義會在實際使用中，隨著使用者的需要不斷地增加其內涵。如《荀子・正名》：「所以能之在人者謂之能，能有所合謂之能。」其中的「能」，既有潛能義，也有發用義。

6. 含糊性是指名在實際使用中，會有「同名異謂」、「異名同謂」的情況，或在相關線索不充分時，無法判定該名的意義。如儒家之「義」與「利」相反對，而墨家《墨經上》對「義」的解釋正是「利」。不過「利」在不同脈絡下可指私利、公利、大利等，而造成「利」此一名的含糊性。

　　我們若以「名」之動態的互動性、增長性、含糊性來檢視性、善、惡、仁、兼愛等概念，都會在不同思想家，不同文本思想脈絡中，發現各概念意涵的浮動性。因此，我們若以同情的理解，先肯定文本作者所觀察到的切分現象，及對該現象解釋的合理性，則我們可以將「有什麼」的不同切分現象串接，將「是什麼」的定位說明，轉化為動態、多元的觀點理解，納入整合的思想單位中，檢驗對立思想的認知差異與名辯因素，我們或許可以看到各哲學家所提供的智慧皆有其值得肯定的部分。以下嘗試建構一整合的思想單位。

（五）孔、墨、孟、荀整合的思想單位

1. 人的行為有哪些類型？惻隱之善，殘賊之惡及其他。

2. 從行為的不同類型是否足以斷定人性是什麼？人性是成全行為主體道德性與滿足欲望的潛能。

3. 人性為何是自我成全與滿足的潛能？人性並非單單從解釋行為的原因就可以斷定，因為行為的造成還有很多內外因素。主體感同身受之體證也是重要因素，如孺子入井之情境構作，讀者內心反應的當下惻隱之情，及其所作的情境處理與孟子所述有所感通而相同，故而行善，反之則異。其次是在論理的層面，如孟子所說：人禽之辯，[22]人與禽獸的差異不大，但根本差異在道德性、應然的價值自覺。或荀子將人與水火、植物、禽獸相比較，人有氣、有生、有知、有義，[23]其中透過比較指出「義」為人與無生物、動植物的差別所在，也是斷定「性」之內涵的根據；因此透過比較、推理的論證，也是判定「性是什麼？」的重要因素。再者是內在心境與外在環境的因素，及兩者互動所構成行為反應的不同狀態與類型。如內心狀態是否處於虛壹而靜，外在環境是否資源不足，生存環境艱困，是否有夢劇亂知的情況等。[24]由此，「人性之所是」的判定有太多相關因素與互動狀況，為相應於外境之潛能。

4. 若不能斷定人性內涵會怎麼樣？無法建構人們的意義世界，提供人生追求目標，建立價值判準，導正、教化、制約人們行為，也無法

---

[22] 《孟子‧離婁下》：孟子曰：「人之所以異於禽獸者幾希，庶民去之，君子存之。舜明於庶物，察於人倫；由仁義行，非行仁義也。」

[23] 《荀子‧王制》：「水火有氣而無生，草木有生而無知，禽獸有知而無義，人有氣、有生、有知，亦且有義，故最為天下貴也。」

[24] 《荀子‧解蔽》：「人何以知道？曰：心。心何以知？曰：虛壹而靜。心未嘗不臧也，然而有所謂虛；心未嘗不兩也，然而有所謂壹；心未嘗不動也，然而有所謂靜。……心，臥則夢，偷則自行，使之則謀，故心未嘗不動也；然而有所謂靜，不以夢劇亂知謂之靜。」

建立社會秩序的根據。

5. 要怎樣？以「心理傾向」取代「人性是什麼」的斷定，不在本質上做出斷言式肯定，而仍然具有一定的解釋、導正行為之效力。人的心理傾向為「自為」，也就是人的所作所為都是為他「自己」的完滿，但「自己」的內涵、素質會變化，所謂的「完滿」也依「自己的素質」而不同。人在不同的環境下，與內外因素刺激影響下，他會為自己的利益滿足欲望，也會為自己的道德境界提升而努力，滿足其意義感與存在的價值性；如果他的自我與天、道或人類整體之精神相合，則他的理想及努力方向就會有如儒家所謂的大人、莊子所謂的真人、墨家所謂的聖人之氣魄、意境。不過，即使是聖人也不排除他有滿足其生理欲望的心理傾向。

6. 從人的自為心理傾向看，如何建立人際間的倫理原則？

　　若加入各種內外變化因素考量，儒家孔子所提出的仁愛，孟子所提出的親親、仁民、愛物的等差親疏之愛，在實際實踐過程中，親親未必推得出仁民、仁民未必推得出愛物；就算個人修養高超，外在環境變數正向，也會有在實現過程上的時間差；亦即在老吾老到以及人之老，幼吾幼到以及人之幼的過程中，人之老及人之幼已經等不及而挨餓受凍，民不聊生了。此外，在親親的實踐過程中又要如何避免以侵奪他人的資源、利益來親愛己之老幼，這是墨家非儒，反對別愛而提出兼愛的理由。

　　然而，墨家兼愛也像儒家的理論提出，只是在一定範圍內的現象觀察，墨子觀察到儒家仁愛在實踐上的弊病，而以天志的普遍之愛為價值根源，並強調愛人之親若其親的「愛人若己」，這也會在延伸的實踐現象中產生問題。當在資源有限，為人子女的時間有限的情況下，如果將別人的父母當成自己的父母來奉養，將別人的子女當成自己的子女來照顧，豈不造成不孝、不慈的情況發生？這是孟子對於墨家兼愛的強烈批評之處。

因此，以兼愛爲存心，以仁愛爲實踐；以仁愛爲著手實踐，以兼愛爲努力目標，在實踐過程中不失兼愛倫理原則，在對自己親人好的同時，避免侵害別人；不以孝親爲天經地義絕對化的優先於一切，而應權衡輕重，兼顧親情與社會正義；並且，在道德實踐過程中要不斷有意識的修養、努力提升「自己」的道德素質。在兼愛與仁愛互融的倫理原則下，親親互隱，或兄弟之愛，要檢視所有能把握的相關因素，不僅是可分析的靜態因素，更要做各因素的動態互動發展評估，如此，在目前而言「仁而兼」是比較好的倫理原則。正如唐代韓愈說：「孔子必用墨子，墨子必用孔子，不相用不足爲孔墨。」（《韓昌黎集・讀墨子》）這也是新思想單位的情境融合。

五、小結

本章所挑選的問題包括：人性是什麼？倫理之原則爲何？孟子、荀子，孔子、墨子的相關思想，而從「指不至、至不絕」的觀點、新而大的思想單位統攝此諸議題。如果我們對於世界萬物的認識觀點，採取較爲開放的立場，那麼我們對於先秦儒、墨的思想態度或可有所調整。

由於名的切分作用而產生的指涉性、界定性、約定性，經由名所表述出來的思想學說，在面對變化的現象、連續的事態時，名在運作、實際應用時產生了互動性、增長性與含糊性，當經由名的累積所構成的思想學說，無法對應於當初哲學家所秉持的某種精神、針對某種特定現象所產生的學說思想時，後起的哲學家就要建立新的學說。新的學說一方面是適應新產生、新觀察的現象，另一方面也是針對前面學說所無法照顧到的面向。當然，此一後起的學說隨著新事物的出現，新歷程的推移，那些學說在當時可能被視爲改革派，但又成爲後起哲學家批判的對象。

這種情況在西方的哲學傳統，後起的哲學思想常是以明顯的批判方

式呈現；在中國哲學傳統，後起的哲學思想則常是利用注釋、詮釋、重構的方式調整原經典的思想內涵，以適應新的變化現象。

　　因此，我們面對先秦諸子的論辯與交鋒，可以採取這樣一種態度：我們不是以護教的立場，支持某一學派的思想，我們所關心的是先秦各家所言之理，在怎樣的情境下產生？又其論點適用於怎樣的情況？每一家都視自己的理念爲正確、爲「中央」，㉕我們從他們所自認的「中央」，拼構出先秦儒墨兩家的思想地圖。我們認爲儒墨兩家思想之所以能流傳至今，期間已經過許多知識分子的理性檢驗，都有他們理論的跟隨者與辯護者，基於他們各自的合理性標準，㉖在個人的經驗、認知、解釋、證成諸多方面，先認可他們所擁護、追隨的各家各派理論與實踐。由於他們所作的情境構作不同、情境處理不同、情境融合方式也不同，原典文字所展現出來的意義，與個別合理性差異等因素，導致他們思考之「理」重現的現象「是什麼？」，及之前的「有什麼？」的把握也不相同。雖然各人有所差異，但也有許多部分是相同、交集的部分，因而會有兩家各自的追隨者。

　　是故，我們認爲儒、墨的論辯交鋒，呈現的是他們在變化歷程中，各自掌握了「事」中之「理」，然而，事象廣大，無法窮盡；事象連續，必須斷離處理；因果關係交錯，只能在變化中擷取相對靜止的部分，思索推敲。儒、墨兩家他們在特定立場、特殊觀點、不同預設下，見人所未見，悟人所不悟。我們今日，也生活在變化的現象中。不宜僵

㉕　《莊子・天下》：「我知天下之中央，燕之北、越之南是也。」這是相對於宣稱者所立足的範圍而定，亦即基於各哲學家所見之「有」、所肯定之「是」，及其預設、論域、推理方式及思路範圍所建立的理論學說。

㉖　有關「合理性標準」可參考李賢中：《中國哲學研究方法的可能之路》，臺北：國立臺灣大學出版中心，2022年，頁111-130。另參見李賢中：〈論合理性標準在詮釋過程中的作用與限制〉，洪漢鼎、傅永軍主編：《中國詮釋學》第13輯，濟南：山東人民出版社，2016年12月，頁1-17。

化地以某一「靜態之理」肯定它而在適用情況上，無限延伸並予以普遍化；或對某一「靜態之理」否定它，而在不對應的事象上棄之如敝屣。

其實，各家各派的學說、主張，都有兩個面向，一方面是至不絕的「至」，另一方面是指不至的「不至」。簡言之，乃是「至也不至」，如果我們承認儒墨兩家皆有其持之有故、言之成理之處；只是其「故」其「理」不夠完整，當我們可以同時掌握這些學說、主張時，我們今日的研究者，所掌握的「有什麼」就比前人豐富得多。當我們了解「性善」與「性惡」說提出的所以然，我們明白「仁愛」與「兼愛」所提出的根據爲何；如此，我們就可以進一步發展「是什麼」的探索，將儒墨兩家思想的情境構作相連結，將情境處理相貫通，作出兩家的情境融合。我們可以嘗試將經典文獻中的「靜態之理」，還原至動態的現象中，了解其適用的情境，進而建構更大的思想單位，可容納不同層次之「理」，透過「理」的定位、「理」的關係、「理」隨「事」的動靜有所權衡，而能對「道」之現代性運行有所把握，以面對今日及未來的挑戰，解決人類生存發展上許多迫切的問題。

第十一章
墨家說服性推理與哲學諮商

一、哲學諮商與意義世界

　　客觀世界是一回事，意義世界又是另一回事。我們都生活在所謂的客觀世界，但實際上客觀世界的人、事、物，都經由每個人的思維框架來賦予意義。此思維框架是人們從小透過語言、文字、文化環境、個性特質所建構起來的，在此稱為意義世界；客觀世界是相同的，但每個人的意義世界則未必相同。此一意義世界包含著個人的世界觀、人生觀與價值觀，每一個人的意義世界具有：基礎性、內在合理性、導向性、實踐性與整體性等性質。人在年輕的時候，經驗不足，對於外在世界比較持開放的態度，願意經由學習、反省、建構、修正等過程逐步構成了自己的意義世界，年齡漸長之後，不斷修正而成形的世界觀、人生觀、價值觀似乎經得起考驗，於是越發強化自己所把握的世界、對人生的觀感自認正確無誤，此時的意義世界就越來越不易更動、也不易修正，也在此觀點固定的情況下，會因各方面的挫折而造成意義感的失落，以及心理上的憂鬱、焦慮等現象。

　　所謂世界觀是指該主體對於世界生成、變化、發展的觀點，解讀的形貌；人生觀是指他對人生各種經歷的感受凝聚與慣性回應；價值觀則是對此一世界與人生各種事物理解之後的評價標準，也是他對人生各種觀察、感受的評價、回應與行動的根據。此一意義世界的三觀與客觀世界聯繫密切，但未經哲學反省的過程，一般人往往認為他所認知的世界就是真實如此，他所領略的人生，他所回應的態度、行為也都是恰當合

理的；因此他會產生執著的內在合理化循環，使他所建構的意義世界越發堅實，牢不可破；對於違逆他的思想、行為，背反他的評價或挑戰他原本三觀的外在事物、人們的不同主張、不可預期的事態發展，都會造成他的焦慮與不安。

接著，說明此意義世界的幾種特性。所謂基礎性，是指主體在認知、思維、表達都以該主體的意義世界為基礎。在複雜的客觀世界中，現象的變化複雜，人的認知往往會擷取對自己有意義的事物，關注對自己有意義的現象，也以對自己有意義的事物為話題；因為他是以自己的意義世界作為基礎而發動詮釋與回應。有些人的意義世界，其基礎性不穩固，經常處在游移不定、模擬兩可的狀態，兩可也兩不可，常處於內在矛盾狀態。不穩固的原因有的是因為經驗不足、視野太小、適用範圍有限所造成，也有的是該意義世界的結構鬆散，雖然輸入的資訊龐大，但未能妥善整合所致；這正是有賴哲學諮商處理的狀況之一。

所謂內在合理性，是指納入意義世界中事物的合理性，亦即外在世界經由主體的經驗、感受、認知轉化入意義世界之後，主體以他認為合理的方式納入資訊、建立各因素關係、互動運作方式，其意義世界的統整對他而言是內在合理的。[①]當然，如果我們相對比較於其他更廣大深厚意義世界時，可能會發現這種合理性只是片面、局部的，而非絕對的普遍合理；但人們經常基於他的意義世界，以宣稱普遍真理的姿態來說明他所掌握的事理及評價。這也有賴哲學諮商提供對照組或其他哲學理論系統，來呈現其意義世界中不合理之處。

所謂導向性，是指意義世界推動著該主體的活動方向與追求理想，因為人是追求意義的存有者，但「意義」是什麼？這必須要由該主體的選擇來決定，有人認為不朽、永恆的事物才有意義，有人認為人生

---

① 此指某主體所統整的各種不同範圍、不同層次中的事理、哲理有其內在相容性。

現世的幸福才有意義，有人認為完成使命、負起責任才有意義；這些都與他的意義感有關，透過意義感的內在經驗累積、理性反省、意志抉擇、靈性感悟，這些力量與產出，構成了他意義世界的導向性。因而某人的意義世界會推動他去實現他所認為有意義的人生，這也就是意義世界的導向性。人生的痛苦之一是來自無法完成意義世界所標舉的理想，雖然努力，但距離遙遠，因而意義需求感無法被滿足，心靈經常空虛。另一種痛苦來自於明明知道人生的意義為何，但是卻無法順著應然的導向前進，而逆反於自己意義世界的導向力量。這在哲學諮商進行時須加以分辨，釐清導向性與合理性及其他因素的關係。

再談意義世界的實踐性，此與導向性密切相關，正因為有了從意義世界而出的目標與方向，因此必須加以實現，這就是所謂的實踐性。實踐是具有方向性的持續行動，直到達成目標。實踐也需要克服挫折、解決困難的過程，實踐有兩種型態，其一是將內在的想法轉化於外在的現實，將內在的企圖實現於外在的世界。另一種是內在狀態的改變，如孔子所謂：「從心所欲，不踰矩。」（《論語・為政》）是從會踰矩的心欲，提升至不踰矩的心欲。這種實踐性也是意義世界的特性，其強弱與方式則是哲學諮商可以著力之處。

再者，所謂的整體性，是指此一意義世界的各層面是相互聯繫的一個整體，不論世界觀、人生觀、價值觀或基礎性、內在合理性、導向性、實踐性皆彼此關聯，相互影響；因其「性」而有其「觀」，亦有因其「觀」而成其「性」。如世界觀影響著人生觀，人生觀影響著價值觀，價值觀也迴向影響著世界觀與人生觀。基礎性之成其為基礎，在於內在合理性的多向拓展，基礎性也與價值觀聯繫著導向性與實踐性。因此，前述從各方面說明的意義世界，是一個整體。但有些人對此一整體整合得好，有些人卻整合不好，甚至充滿內在矛盾與對立衝突的情況，因此需要透過哲學諮商的過程進行修正與整合。其目的在於建立一個人健全的人格與適性的發展。

　　所謂哲學諮商，重視討論生活中關於意義和價值的問題、倫理問題、關於某個特定狀態下做「對」事情的問題、做出滿意決定及最佳選擇；幫助個案找出「我應該要怎樣過我的生活？」這種問題的答案。[②]從中國哲學的角度來看，可借用韓愈〈師說〉的說法：「師者，所以傳道、授業、解惑也。」其中的「解惑」在哲學諮商就是解釋說明人生各層面的疑慮、憂慮、焦慮，包括人生志業、生涯規畫、婚姻、家庭、事業、感情、人際關係、人生目標等。〈師說〉也說：「道之所存，師之所存也。」其中，「道」正是解惑的根據。從療癒的角度看，排除疑慮、憂慮、焦慮的方法就是針對被諮商者意義世界的自我重整、修復、修正或創造，之所以強調「自我」的改變，在於哲學諮商只是提供被諮商者「自己的」思考、比較，進而重整、修復、修正或創造。羅吉斯（Rogers, C. R.）認為：在諮商過程中能夠增進自我了解，自主地選擇，並學習與別人之間的人際關係。所以他說：「諮商關係就是成長的經驗。」[③]諮商者只是一媒介，提供新的思考方式、觀點、立場的轉換，提出可對比的、參照的哲學系統或較整全、有價值的意義世界；重點在於被諮商者「自己願意」調整，「自己願意」改變，如此才能達到他自己意義世界的重整。從這個角度來看，諮商者可類比為說服者，而被諮商者就是被說服者；如此，哲學諮商的方法就可以參考中國古代說服性推理的相關思想資源。

　　本章以墨家說服性推理為例，並透過思想單位的結構及運用方式進行說明。

---

② 彼得拉比（Raabe, Peter B.）著，陳曉郁、陳文祥、尤淑如、黃漢婷譯：《哲學諮商：理論與實踐》，臺北：五南圖書出版公司，2010年，頁30-31。

③ 劉焜輝：《輔導理論的哲學基礎之研究》，臺北：天馬出版社，1977年，頁134。

二、意義世界與思想單位

　　意義世界經由人的感受、認知、思考、反省而成，思想界的運作是構成意義世界的重要過程，然而，思想是如何運作的？如何構成意義世界？我們又要如何來研究這些問題？這就必須說明思想單位的內涵與結構。

（一）思想單位與概念、命題的不同

　　一般認為思想的基本單位是概念，在此並不以概念為思想單位，因為追溯概念的形成，它來自人的認識及思維作用，認識作用涉及了認知的境域，思維的作用也是在一定的思維情境下才得以進行。「認知境域」與「思維情境」相關但不相同。認知境域是指現實經驗下的場景，較為客觀；思維情境則加入了認知主體的主觀因素，是為一己所建構的意義之網。例如：同樣的經歷客觀情境，因著不同的思維情境，各自賦予了不同意義。同樣閱讀了相同的文本，因著不同的思維情境，而各自解讀不同。主觀的思維情境又經由合理性的要求投射於客觀境遇來驗證自己的理解，思維情境還不是思想單位，合理的思維情境才是思想單位。

　　思想單位也未必是一個語句或命題，語句與命題雖然是由語詞或概念所構成，也能表述某些意義，但是未必足以呈現一相對完整意義的單元。如一交通警察調閱十字路口錄影紀錄，雖然看到許多車子路過，但他必須要找到肇事的車輛才能對這整段紀錄賦予意義。又像讀者在閱讀許多文字、段落的文本，常在讀到一定數量的文字才明白這些文字在討論什麼問題，進而掌握這段文字的意義；這就不能單用一命題或語句充分說明。倘若思想單位可由某一語句或命題構成，那麼對於該命題在理解上，其意義必須能合理的符合其所構作的情境，才可形成一思想單位。簡言之，思想單位具有一種聯繫性、相對性與合理性，聯繫性是指它是與其他部分聯繫在一起而成為一單位；相對性是指它在建構意義世

界的過程中，相對於建構者所構作的情境而成為一單位；合理性是指思維情境中人、事、物的關係、變化是合理的。

（二）思想單位的性質與作用

從聯繫性或關係的角度進一步分析，思想單位是指思維情境所含蘊的「然」與「所以然」。它是由思維情境所衍生，但不等同於思維情境。它像一段錄影，在其中的某些歷程片段為「然」，某些歷程片段、或對某些片段的解釋而得的「所以然」，聯繫、綜合這「然」與「所以然」所構成的可被理解性、可被解釋性、可被意義化的這些特質，此「然」與「所以然」就構成一思想單位；只有在可以合理解釋所見事物或所構作之事物的思維情境，才能算作「思想單位」。④每一思想單位也有一定的結構，以下探討其結構問題。

（三）思想單位的結構

前兩章已經指出，思想單位的結構可分為三大部分：1.情境構作層。2.情境處理層。3.情境融合。情境構作層是來自客觀認知境域所提供的與件，以及認知者個人的構作方式；解釋者會根據對象的特性、自己所欲表達之義理及對象可能的質疑進行構作。情境構作，基本上是根據經驗現象或文字呈現經驗圖像，提供場景；而情境處理則是對圖像，或場景中的人事物做出描述、說明並指出意義。至於情境融合則指三方面，一方面是指構作層與處理層的融合，另一方面是指各思想單位間的情境融合，第三是試圖使解釋對象的思維情境與自己的思想單位融合。

---

④ 對某些人可以理解的事物，對另一些人未必能夠理解，因此構成各人的思想單位也不相同。就同一個人的知識成長過程來看，在不同知識水平各階段的思想單位也會有所變化。參見本書第九章第二節〈相應於「思想單位」的墨家「表述方法」〉、第十章第三節〈以「思想單位」解析先秦儒墨的理論結構〉。

例如《莊子・天下》中辯者21事的第12事：「龜長於蛇。」⑤有以「長短是相對的」，相較於無限大的空間，龜與蛇的長短可以不必計較。在這種相對性觀點的情境構作上，對於「長於」的解釋無法順暢處理（「不必計較」如何解釋「長於」？）；因此，爲使情境融合，則必須重構該情境，轉爲特定觀點的壽命相比，或大龜比小蛇等情境，再予以處理，如此，才能對「長於」作出合宜的解釋。⑥這就是構作層與處理層的融合。

另一方面的情境融合，是思想單位彼此間的融合，如每一思想單位有階層上的區分，也有義理上的相通，且可融合在一思想整體之內。如以墨家思想來看，可以「天志」作爲兼愛、非攻、尚同、尚賢、節用、節葬、非樂、非命等思想的核心，各篇思想也有理路之間的融合性。在顧及對象的解釋方面，是以各思想單位融合的程度來評斷，融合性越佳，則解釋力越強。⑦這種情境融合是將原先的思想單位，在有所「同」的前提下融合成更大、更複雜的思想單位，而原先較小思想單位中的內容能在較大的思想單位中，得到更完整的情境處理。這是各思想單位間的情境融合。

思想單位雖然在解釋上分析成構作層、處理層與相互融合三個面向加以說明，然而實際的運作是不可分的動態整體。思想單位是思想運作時的元件，這些元件以動態的方式構成意義世界，要對諮商對象進行意義世界的調整，可從各思想單位結構層面的調整逐一加以分析，以下用墨家說服性推理爲例，⑧說明意義世界重整需要關注的各層面。

---

⑤ 王叔岷：《王叔岷著作集：莊子校詮（下）》，北京：中華書局，2007年，頁1360。

⑥ 孫中原：《詭辯與邏輯名篇賞析》，臺北：水牛出版社，1993年，頁16。

⑦ 如天鬼中心說、兼愛中心說、「義」中心說等，參見崔清田：《顯學重光──近現代的先秦墨家研究》，瀋陽：遼寧教育出版社，1997年，頁89-103。

⑧ 「墨家說服性推理」主要依據孫中原、吳進安、李賢中：《墨翟與《墨子》》，臺北：五南圖書公司，2012年，頁419-426。

三、墨家說服性推理與意義世界重整的層面分析

（一）情境構作

　　情境構作是指說服者根據對象的特性、自己所欲表達之義理及對象可能的質疑，構作出一種假設性的情況，使聽者的思緒進入說服者所設計的情境中。

1.對象與處境

　　《墨子·公孟》中，公孟子對墨子說：「一個君子面對國君的時候，應當拱手侍立，等待國君發問，有問有答，無問不答。好像一口鐘，敲它才響，不敲不響。」墨子回答：「是言有三物焉，子乃今知其一身（耳）也，又未知其所謂也。」[9]墨子對於進諫的情況分為三種，面對淫暴的國君以及左右大臣的讒言，一個君子會遲疑而不先發言，但是當面臨國家緊急的危難，以及國君計畫攻打無罪的國家時，就算無人扣問，君子也要鳴響，主動發言的。因此，談辯要掌握對象以及處境等因素，才能達成進言的目的。

　　墨子所面對說服的對象為公孟子，公孟子所認為的君臣關係只有一種狀態，臣下始終處在被動的地位。墨子則構作出不同的情境，臣下在面對不同的情境應有不同的進言態度。應用於哲學諮商就是要透過對於對象的了解，來決定表達的方式，並透過系列的交談，來了解對方深層的意義世界出了怎樣的問題，進而構作出與對方原本設想不同的情境，分別說明。

---

[9] 王引之云：「『身』字義不可通，『身』當為『耳』。」見孫詒讓：《墨子閒詁》，臺北：華正書局，1987年，頁412。

2. 表達的義理

　　情境構作除了對象因素，所要表達的義理內容也是重要的因素。如《墨子・天志上》：

> 子墨子言曰：「今天下之士君子，知小而不知大。何以知之？以其處家者知之。……雖處國亦然。處國得罪於國君，猶有鄰國所避逃之，然且親戚兄弟所知識，共相儆戒，皆曰：『不可不戒矣！不可不慎矣！誰亦有處國得罪於國君，而可爲也！』此有所避逃之者也，相儆戒猶若此其厚，況無所避逃之者，相儆戒豈不愈厚，然後可哉？且語言有之曰：『焉而晏日焉而得罪，將惡避逃之？』曰無所避逃之。⑩

　　其中的情境構作有：處家者、處國者及處天下者，情境中的共通之處在於：皆有得罪於最高統治者，有罪想要逃亡。小與大的差別則在於處家者、處國者可逃，而處天下者無處可逃。表達者之所以構作如此的「逃亡情境」，他所要表達的義理在於，從家長、國君類比於天的最高權威性、有好惡、能賞罰，以及「天」的無所不知，與無所不能的特性。進而指出人必須順天之意，趨利避害。因此，表達的義理也會影響情境的構作，情境構作的作用正在於烘托義理的呈現。

　　此應用於哲學諮商，在於構作一情境以容納希望表達的義理，此義理可能是在世界觀、人生觀或價值觀上的調整，提供一些系統完整的理論典範以供對方參考。

---

⑩ 李賢中：《墨子》，香港：中華書局，2014年，頁202-203。

3. 對象的質疑

在對話進行的過程中，對象的質疑也會引發表達者作出回應式的情境構作。如在《墨子·兼愛下》反對兼愛者認爲兼愛雖善，但不可用。於是墨子用「兩而進之」的方法，構作了「兼士」、「別士」的假設人物，並指出即使一個反對兼愛的人，在某些抉擇的情況下，也必然會選擇兼士。[11]又如：有反對兼愛者認爲兼愛有礙於孝道，墨子就構作出所謂的孝子爲父母設想的情境，進而指出兼愛不僅無礙於孝，反而有利於孝道之實現。[12]這些情境構作都與質疑者的問題有關，因此，基於對象質疑的回應，也會影響情境構作的內容。

情境構作是墨家推理的一個重要層面，它會受到表達對象特性、義理內容以及對方質疑等因素的影響，而構作出不同的思維情境。

所謂情境構作，在哲學諮商的應用上，就是了解被諮商者的內在狀況後，要藉由可承載義理或某些哲學理論的情境，將對方帶入該情境進行思考。所構作的情境有三方面的要求，其一是適合性，也就是能夠配合、呼應諮商對象的心靈狀態；其二爲承載性，也就是情境的構作足以將想要表達的哲理蘊含其中；其三乃靈活性，當對方對於其中哲理有不同意見，或與他原有主張相衝突時，要能靈活地調整所構作的情境，以有利於對象從不同角度思考其中所蘊含的哲理。

---

⑪ 《墨子·兼愛下》：「別士之言曰：『吾豈能爲吾友之身若爲吾身，爲吾友之親若爲吾親。』……兼士之言不然，行亦不然，曰：『吾聞爲高士於天下者，必爲其友之身若爲其身，爲其友之親若爲其親，然後可以爲高士於天下。』」李賢中：《墨子》，香港：中華書局，2014年，頁126。

⑫ 《墨子·兼愛下》：「子墨子曰：『……若我先從事乎愛利人之親，然後人報我愛利吾親乎？意我先從事乎惡人之親，然後人報我以愛利吾親乎？即必吾先從事乎愛利人之親，然後人報我以愛利吾親也。』」李賢中：《墨子》，香港：中華書局，2014年，頁139。

（二）情境處理

　　情境構作是設想一種情況，說明其中有哪些人、事、物，以及他們之間的關係、產生的互動情況或某些情節。而情境的處理則是根據情境的構作，指出某一將要發生的狀況，並導引對象設想在該情境中合理的處置為何；或構思與原先情境衝突的情況，或者根據情境構作來進行推理問答，以呈現所欲達成言辯遊說的目的。可分為：情境延伸、情境衝突與情境脈絡推理三種型態。

1. 情境延伸

　　如《墨子・非儒下》：「儒者曰：『君子必服古言然後仁。』應之曰：『所謂古之言服者，皆嘗新矣，而古人言之，服之，則非君子也。然則必服非君子之服，言非君子之言，而後仁乎？』」這是從對方的論點引申出邏輯矛盾，從而駁倒對方的論點。[13]其情境處理，是順著對方提出的情境，延伸此一情境的廣度；也就是拉大了視域，將焦點轉向君子所仿效的古人當時的時空情境，墨家指出在當初制定某種制度之時，古人的言論、服飾都曾經是新的；這樣說來，古人就不是君子，儒者們認為學習仿效非君子的言論、服飾才算是符合「仁」，豈不自相矛盾。從而指出一味模仿古人而不知創新的不恰當。

　　又如《墨子・兼愛下》墨子舉出「兼士」（奉行兼愛者）、「別士」（有差別心者）的例子；墨子在說明了兼士、別士他們的言、行都完全一致之後，延續此一情境指出：「然即敢問，今有平原廣野於此，被甲嬰冑將往戰，死生之權未可識也；……然即敢問，不識將惡也家室，奉承親戚，提挈妻子，而寄託之？不識於兼之有是乎？於別之有是乎？」墨子指出：當一個人在面對未來生死不確定的狀況下，人們會選擇「兼士」還是「別士」來安頓自己的家室，照顧自己的父母妻小？透

過此一延伸的情境，即使反對「兼愛」的人也必然會選擇「兼士」，寄託他們的父母妻小。如此，用這種情境延伸的方式來處理，達到說服的目的，指出「兼愛」是可用的。

應用於哲學諮商，就是將哲理置於不同時空範圍的對比，此時空範圍可大可小，或人事物在發展過程中的變化，包含關係變化、事態變化、抉擇變化、抉擇所根據的價值判準之比較等。

2.情境衝突

《墨子‧耕柱》巫馬子反對兼愛，而說明不能實行兼愛的理由，他對墨子說：

> 「我與子異，我不能兼愛。我愛鄒人於越人，愛魯人於鄒人，愛我鄉人於魯人，愛我家人於鄉人，愛我親於我家人，愛我身於吾親，以為近我也。擊我則疾，擊彼則不疾於我，我何故疾者之不拂，而不疾者之拂？故我有殺彼以利我，無殺我以利彼。」⑭

巫馬子指出，在相對關係中，他只能愛與他親近的人，並且推論到最後，他只愛他自己，因為擊打別人他不會痛，擊打他則他會痛，他當然要為自己來防衛。

> 子墨子曰：「子之義將匿邪，意將以告人乎？」巫馬子曰：「我何故匿我義？吾將以告人。」子墨子曰：「然則，一人說子，一人欲殺子以利己；十人說子，十人欲殺子以利己；天下說子，天下欲殺子以利己。一人不說子，一人欲殺子，以子為施不祥言者

---

⑭ 原文為：「故有我有殺彼以我，無殺我以利。」依俞樾校改，見孫詒讓：《墨子閒詁》，臺北：華正書局，1987年，頁398。

也；十人不說子，十人欲殺子，以子爲施不祥言者也；天下不說
子，天下欲殺子，以子爲施不祥言者也。說子亦欲殺子，不說子
亦欲殺子。」⑮

　　墨子指出，要是巫馬子的理論推廣出去，反對他的會殺他，因爲他
散播不祥的言論，反對的人越多也就有越多的人要除掉他。信奉他的理
論的人也會殺他以利己，相信的人越多，也就會有越多的奉行者要殺他
以利己。這就是與巫馬子之前所認爲的：愛的多少要以對象關係的遠近
爲標準，墨子將此情境推到極端而相衝突的處理方式。

　　應用於哲學諮商，就是以其人之道還治其人之身的方式，先了解對
方的主張爲何，藉由情境的處理說服對方改變他原本的主張。許多事理
在一定範圍內有理，但是加大時空範圍，擴大發展脈絡就不一定合理。
如墨家〈小取〉的「援」式與「推」式推論。⑯當立場換位或觀點轉換
時，就可呈現某些事理的相對有限性。當然，要使被諮商者願意進行立
場換位或觀點轉換的思考，相當不容易，這也是在進行意義世界重整
時，情境處理是特別需要下功夫之處。

3.情境脈絡推理

　　情境脈絡推理也就是從某一情境的後續發展做理由分析。如：墨子
爲說明「天」愛天下百姓，所作的脈絡推理，〈天志上〉：

「然則何以知天之愛天下之百姓？以其兼而明之。何以知其兼而
明之？以其兼而有之。何以知其兼而有之？以其兼而食焉。何以

---

⑮　李賢中：《墨子》，香港：中華書局，2014年，頁356。
⑯　《墨子‧小取》：「援也者，曰『子然，我奚獨不可以然也？』推也者，
以其所不取之，同於其所取者，予之也。」王讚源主編：《墨經正讀》，
上海：上海科學技術文獻出版社，2011年，頁199。

知其兼而食焉？四海之內，粒食之民，莫不犓牛羊，豢犬彘，潔
為粢盛酒醴，以祭祀於上帝鬼神，天有邑人，何用弗愛也？」[17]

　　這也是從人民的祭祀活動反推：「天」供給食物使人得以生存，是
以人民為「天」所擁有，所以「天」對於萬民的鑒察一律公正嚴明，是
以「天」愛天下萬民的情境脈絡推理。

　　應用於哲學諮商，就是透過一系列的問題與答案構成邏輯脈絡性的
推理，使對方建立邏輯的推理思路，構成系統性思維。事實上，許多現
象是多因多果的交錯關係；但是，在進行說服時，往往會將多向交錯的
因果關係，以單向、單線的因果關係來進行推理，這只能說是依對象所
能理解的程度，初期階段所用的方法，目的在於幫助意義世界重整的對
象建立起初步系統的理論架構。[18]隨著哲學諮商的深入，可再進一步將
比較複雜的因果關係脈絡，在他已經初步建構起的理性骨架上，使之厚
實堅固。

（三）情境融合

　　情境融合必須考察三方面，首先是思想單位本身的情境構作層與情
境處理層的協調程度。也就是所構作的人、事、物等事態，其情境延伸
發展是否有融貫性，情境脈絡推論是否合理。其次，是思想單位間情境
構作的連續、一致性，這是指表達者本身思想的一致性，其中也包含著
該思想單位與前後思想的融合關聯性。最後，就說服的效果來看，表達
者所構作的情境能否與對象的思維情境相融合，也是十分重要的。

---

[17] 譚家健、孫中原譯注：《墨子今注今譯》，北京：商務印書館，2009年，
頁145。
[18] 思想包含著思維情境中的各種內容，而理路則是隱含在思想中具有因果關
聯性的道理路徑。所謂「思想單位」也意味著具有一定理路的思維情境。

1.情境構作與情境處理的融合性

在《墨子・尚賢上》中，有一段墨子構作了：富人擁有高牆深宮，爲何只開一門的情境，來談「爲政一術」的道理，墨子說：

> 「是故古者聖王之爲政也，言曰：『不義不富，不義不貴，不義不親，不義不近。』是以國之富貴人聞之，皆退而謀曰：『始我所恃者，富貴也，今上舉義不辟貧賤，然則我不可不爲義。』親者聞之，亦退而謀曰：『始我所恃者親也，今上舉義不辟疏，然則我不可不爲義。』近者聞之，亦退而謀曰：『始我所恃者近也，今上舉義不辟遠，然則我不可不爲義。』遠者聞之，亦退而謀曰：『我始以遠爲無恃，今上舉義不辟遠，然則我不可不爲義。』逮至遠鄙郊外之臣，門庭庶子，國中之眾、四鄙之萌人聞之，皆競爲義。是其故何也？曰：上之所以使下者，一物也，下之所以事上者，一術也。譬之富者有高牆深宮，牆立既，謹上爲鑿一門，有盜人入，闔其自入而求之，盜其無自出。是其故何也？則上得要也。」[19]

其中，盜人在富人深宮中無法遁形的道理，與貪官汙吏謀求私利而無法立足於廟堂之上的道理是相通的；富、貴、親、近、遠者若不以「義」爲標準，就無法得到聖王的信任與任用，在上位者治理國家的要領就在以「義」爲唯一標準，就像富家深宮只開一門，是一樣的。情境構作與情境處理因道理的相通而融合。

在哲學諮商上的應用就是，情境構作的描述往往是眞正想要告知對方某種道理的類似物，進入情境處理層面才會將眞正想要告知對象的

---

[19] 其中「牆立既」應爲「牆既立」之誤倒。葉玉麟：《墨子新釋》，臺南：大夏出版社，1988年，頁33。

道理呈現。由於類似物與真正想告知的道理有所「同」，而深入對象腦海；但是否能讓被諮商者自己看出其中的相同性，而容易地從類似物轉進哲理的向度思考，就看情境構作是否恰當，所謂恰當，也包含著情境處理與情境處理的融合性夠不夠好。其方法如墨子的「辟」式推論。[20]

2. 涉及說服者本身思想單位間的融合性

　　從《墨子‧天志上》：「天下士君子知小而不知大也。」例子來看，其中的情境構作有：處家者、處國者及處天下者，其情境處理是：有罪而欲逃者；其中的「小」為處家、處國，而「大」則為處天下，從家長、國君類比於天的最高權威性、有好惡、能賞罰，以及「天」的無所不知，與無事不能的特性。由這三個部分的情境處理，構成一相互聯繫的思想單位，進而指出今日士君子知小也必須知大，而所謂的「知大」，即在於了解：天的特性、天與人的關係，以及人面對天的態度、應有的作為等。而此一思想單位又與〈天志上〉的另外幾個思想單位相融合。如人為了趨利避害必須知天之所欲，天所欲為「義」，而義「必從上之正下」，此與〈尚同〉思想相融合。又從「順天之意者，兼相愛，交相利」此與〈兼愛〉思想相融合。又從「順天之意者，義政也」而義政即「處大國不攻小國，處大家，不篡小家」此與〈非攻〉思想相融合。再從「我有天志，譬若輪人之有規，匠人之有矩，輪匠執其規矩，以度天下之方圓」此與〈法儀〉思想也有相互融合之關係。這些都是在「人需要知天、順天」的定見之下展開其推論，同時也顯示了說服者本身思維情境的融合性。

　　此在哲學諮商的應用即：諮商者雖然用了許多例證，運用了許多思想單位，建構了許多理路來進行論述，但是此諮商者必須要有「中心思

---

[20]　《墨子‧小取》：「辟也者，舉也物而以明之也。」「也」通「他」。見王讚源主編：《墨經正讀》，上海：上海科學技術文獻出版社，2011年，頁199。

想」來統合這些思想單位，使被諮商者體會其間的一致性，各思想單位的融合性。否則將無法重整對象的意義世界。

3.涉及對象思維情境的融合性

如《墨子·小取》：「推也者，以其所不取之，同於其所取者，予之也。」其方法是用對方所不贊同的，來論證對方所贊同的，以推翻對方的論點。進一步來看，對方所贊同的，卻是我方所反對的；先構作一與其所贊同之論點同類之主張，但此一主張必須為對方所反對，如此構成矛盾以歸謬，反顯我方所反對的論點無誤。此一原則的運用，在墨子「止楚攻宋」的例子中就有成功的融合。因為公輸般已經表達了「為義不殺人」的思想，而墨子成功地將「助楚國攻打宋國就等同於殺人」，如此成功地與對象情境相融合，而說服了公輸般。[21]

然而在《墨子·兼愛下》反對兼愛者提出「兼愛有礙於孝」的反駁中，就沒有成功的情境融合，因為墨子所構作的情境在於：「孝子是會為父母著想，若希望別人對你的父母好，就要先對別人的父母好。」但是，若當物資不夠，而必須先照顧自己父母時，如何能先對別人父母好？因此「行兼愛將有礙於孝道」，這是反對「兼愛」者所設想的可能情況。[22]墨子並未從這提問者的設想情境出發，而是從人與人之間的互動性著眼，所謂「投之以桃，報之以李」的情境構作來申論；此雖然就墨子本身思想的情境融合沒問題，但是與說服之對象的情境構作有落差，因而說服力不夠。

此在哲學諮商的應用是，必須關照到諮商對象的合理標準，因為對象的意義世界具有內在合理性，他所提出的問題或他所建構的情境，是受他的合理性標準所範限，因此當諮商者在運用思想單位時，必須注意

---

[21] 原文參見本書第七章第五節〈「推式」之借用〉。
[22] 李賢中：《墨學——理論與方法》，臺北：揚智文化公司，2003年，頁140。

是否能與對方的思維情境相對應，有時些微的不對應，就無法將所構作情境中的義理傳達出去。因此，思想單位與對象的思維情境相融合是必要的。

四、失衡的意義世界與哲學諮商方法

哲學諮商是一種意義世界的重整，然而為何需要重整？因為其意義世界的失衡，而前述分析的三觀五性是意義世界的可把握之面向或要素，我們就可藉此分析一個需要哲學諮商者可能面對的問題。

現代人的問題，從意義的迷失來看，可歸因於：意義世界的崩解（缺乏基礎性）、意義世界的支離（缺乏整體性）、意義世界的混亂（缺乏合理性）、意義世界的失落（缺乏導向性）以及意義世界的虛幻（缺乏實踐性）。解決的辦法為何？透過訓練有素的哲學諮商師，以一定的步驟與方法來解決上述的問題。

意義世界的崩解，意味著需要諮商的對象原本具有一定的意義世界，此與他的世界觀與人生觀有關，但是因為遭遇重大事件的衝擊，或人生長期諸多的不順遂而逐步瓦解，以至於他原本所建立的意義世界被全盤否定。這顯示他原本的意義世界基礎不夠堅實，經不起考驗。

意義世界的支離，是指其意義世界中有不同的價值系統，此與他的價值觀有關，他在某種環境接受了某種價值觀，而在另一種環境下他又接受了不同的價值觀。這兩種或多種有衝突的價值觀同時存在於他的意義世界中，導致他的意義世界支離破碎，常處於內在矛盾的狀態；更嚴重的狀態就是意義世界的崩解。

意義世界的混亂，意謂著該主體理性能力薄弱，經常意氣用事，出現衝動莽撞的行為表現；當下覺得有意義的事，事後又後悔莫及，即使連內在的合理性都無法獲得。這種型態的人常在小範圍的時空中，順從當時的感覺，連自己都無法肯定自己行為的合宜性或合理性，處在一種

內在混亂的狀態；更嚴重的狀態就是意義世界的支離。

意義世界的失落，是指原本有他自己的意義世界，但是在長期或一段變化過程中逐步失去了原本的理想，生活失去了活力，工作失去了熱情，常感到一切的努力都沒有價值，任何的目標都沒有意義。由於失去了生命投射的方向感，以至於在原地徘徊打轉，無所事事，失去生活的動力。這種狀況延續下去，又找不回原本隱然的意義世界，也會導致意義世界的崩解。

意義世界的虛幻，這種情況是光說不做，光想不行，他的意義世界可以是豐富精采，他的理想可以是崇高遠大，但是光說不練，缺乏實踐力，虛浮的懸在思想界中，沒有一點行動力，久而久之，也就隨波逐流，與意義世界的失落者相差無幾。

當然，上述的分析有階段性的不同，第一層次的兩種情況是混亂與虛幻，第二層次的兩種情況是支離與失落，第三層次就是意義世界的崩解。混亂導致支離，支離趨向崩解；虛幻導致失落，失落趨向崩解。以下圖顯示它們的關係：

從意義世界的建構期開始，哲學諮商的著力處主要是從調適期之後，到意義世界崩解這一段過程，諮商者要從對方所呈現出來的狀態，來強化他意義世界的某一方面或某些方面的特性。因為有時同時發生在同一人身上就不只一種狀況，如顯示出既混亂又虛幻的狀態，或者既支離又失落的狀態。我們可以觀察對方處在怎樣的階段，我們可以從對方的言行舉止、言談內容觀察他們的內心狀態，以進行合宜的哲學諮商。

應用說服性推理的哲學諮商方法原則如下：

1. **從無到有**：面對意義世界崩解的對象，須幫助對方重新建構其意義世界的基礎性。此時哲學諮商的重點在於前述情境構作的部分，藉由恰當的情境構作置入堅實的世界、人生、價值觀。

2. **從有到有**：面對意義世界混亂、支離者，須強化其意義世界的合理性與整體性，此時哲學諮商的重點在於前述情境處理與情境融合的部分，以諮商對象本身思想單位間的融合為主。

3. **從有到無**：面對意義世界失落與虛幻的對象，必須掃除他原有殘留的虛幻景象，此時哲學諮商的重點在於前述情境處理與情境融合的部分，並以被諮商者與客觀世界的融合為主，強化其意義世界的導向性與實踐性。

　　現代有許多人處於失去人生目標、失去生活動力的狀態，而人是活在對過去賦予意義、對未來有所期待的現在。人之所以失去動力與目標，失去意義世界導向性的終極理想，就需要哲學諮商。不論從無到有、從有到有或從有到無，哲學諮商可以幫助人們逐步理出頭緒、找出目標、建立理想，協助人們意義世界的重建。

　　哲學諮商也是全人教育的一環，「全人教育」根據林治平教授的看法：「真正的教育是『一個人陪伴另一個人，讓兩個人越來越是人，活出豐盛生命』的過程。」[23]哲學諮商也是一種陪伴關係，意義世界的重整不能僅是理論上的教導，更需要生命上的陪伴；哲學諮商者與被諮商者是在陪伴的關係中，共同成長。

---

[23] 林治平：〈東吳校訓的啟發〉，《宇宙光》559期（2020年11月2日）。https://www.cosmiccare.org/Magazine/Detail/ee510290-60a4-4ba4-8939-0ddeb15b4f6e

五、小結

　　總之，哲學諮商涉及被諮商者意義世界的自我重整與修復；唯有在深層的心靈層次進行意義世界的調整，才能發現問題、分析問題、解決問題。被諮商者意義世界中的世界觀需要新的再詮釋，人生觀需要提供不同觀點的換位思考，價值觀需要多層次審視與反省，藉由墨家的說服性推理，啟發被諮商者自己願意作出調整。以及透過思想單位中的情境構作、情境處理與情境融合，可強化被諮商者意義世界的基礎性，內在合理性的客觀化，導向有價值的目標、理想，落實於生活實踐，進而產生其意義世界相互一致的整體性。

　　本章指出諮商者可類比為說服者，而被諮商者則為被說服者；哲學諮商的方法可以參考墨家說服性推理的相關思想資源。其中情境構作是將被諮商者轉移出他原有慣性的思想狀態，針對他的特殊處境，設計足以承載哲學義理的思維情境，針對他可能的疑問，提供合情合理的解答；在情境處理方面，適時地作情境延伸，擴展他的視野與對比情況，避免論述過程中前後情境的衝突，善用情境脈絡的邏輯推理；在哲學諮商者方面，必須保持自身情境構作與情境處理相融合，並與諮商對象的思維情境時時保持相互融合。相信經由墨家說服性推理各觀點與層面的分析、操作，將有助於提升哲學諮商方法在實務上的應用。

第十二章
哲學與管理跨域研究的思維架構

一、思想單位與跨領域研究

（一）思想單位是合理的意義單元

「思想單位」，顧名思義，是有關思想的單位。不論哲學思想或管理思想，都是由眾多概念所組成，表現為語詞、合文法連結的語句。思想的內容十分豐富，它來自對於外在世界的認識、內在的感受、意向，以及自身的反省與回應等。在表達上，它可以是感受性的情感抒發、跳躍性的思想片段，也可以是有條理的結構組成。思想單位是從眾多概念、語詞中，豐富的思想內容中，掌握其中合理的意義單元。

所謂思想的意義單元，有些學者認為是概念，所以在西方傳統邏輯中，大詞、中詞、小詞等概念，就是分析推論形式的基本單位。[①]概念來自人的認知，人的認知帶有特定的觀點、預設，如管理學在觀察管理者與被管理者的互動關係，有其特定的觀點；這些特定的觀點造成一些主觀性，概念存在於主觀的思維情境中，這種思維情境尚不足以構成思想單位，這些透過概念組合所構成的意義必須具有合理性，也就是要有一定的因果關係與一致性，這樣的思維情境才可構成「思想單位」。由於個別概念的意義有限，因此，「概念」尚不足以成為思想單位。

此外，現代符號邏輯常以一語句作為思想單位，以英文字母代表一語句，來說明論證的形式或規則；但從中國哲學的內容來看，若以一句

[①] 張振東：《西洋哲學導論》，臺北：臺灣學生書局，1978年，頁47。

話作為思想單位，也未必恰當，雖然語句的意義較概念豐富，但仍然不足以呈現相對合理、完整的意義單元。簡言之，思想單位是集合一些概念所構成的語句，能表達事物的關係及其所以然的意義單元。它具有融合一致性與合理性；因此，單一語句仍不能構成「思想單位」。合理的意義單元包含哪些內容要素呢？以下說明。

（二）思想單位的層次結構

我們在前幾章已經指出，思想單位的結構可分為三大部分：1.情境構作層。2.情境處理層。3.情境融合。首先，情境構作層是來自客觀環境中的事物，如：電影、書籍等物件，透過認知者個人的感知慣性，在其思想中進行構作。情境構作，基本上是根據經驗現象或文字圖像，在腦海中形成人、事、物、場景、關係等組合；而情境處理則是對所構作的內容指出其所以然、指出其意義及作出回應的思想內容。再者，情境融合方面，一些小的思想單位彼此間必須能夠相互融合，從而構成大的思想單位。就思想單位本身，不論是大思想單位或小思想單位，在其單位內的情境構作與情境處理也都必須相互融合。[2]

（三）思想單位中的問題要素

哲學探索存在問題的：「有沒有、有什麼」，詢問判斷問題的：「是不是、是什麼」，而行為上的：「該不該、要怎樣」則涉及行為實踐的研究重點，哲學最關切的問題是「為什麼」的所以然，因此要探詢「有、是、要……的所以然」，能夠掌握其所以然的原因，也就能夠對於未來事態的發展做出預測：「會怎樣」，這也是管理學在效果評估與管理方法調整所特別重視的問題。「思想單位」中的情境構作與情境

---

[2] 參閱本書第九章第二節〈相應於「思想單位」的墨家「表述方法」〉、第十一章第二節〈意義世界與思想單位〉。

處理也可轉化為問題呈現，如情境構作層的主要問題：認知上的「有什麼？」，思想定位的「是什麼？」；情境處理層的主要問題有：所以然關係的「為什麼？」，預期發展的「會怎樣？」以及實踐上的「要怎樣？」等。而情境融合則是上述問答內容的合理性、一致性與相互融合。

　　環境與事物是客觀的，但經由人的感受、認知、解讀之後，則摻入了主觀性的思想定位；雖然非完全客觀，人的理性運作，必須依「理」而行，所謂「人同此心，心同此理」。人們思維情境之所以「有意義」，就在於他的思維情境具有合理性，且或多或少要回應上述那幾個綱領性問題，以尋求相互交集的相對客觀性，以下簡單說明這些問題的內涵：

1. 認知上的「有什麼？」

　　這是指認知主體或作者所觀察到的現象，以及對於該現象的描述，包含了：人、事、物以及其間的關係、變化。如：鳥語花香的公園、上街遊行抗議的人群。

2. 思想定位的「是什麼？」

　　這是指認知主體或作者所把握到現象背後的本質，或對於該現象的思想定位、價值定位。如：人「是」理性的、偷竊「是」不道德的。

3. 所以然關係的「為什麼？」

　　是指產生該現象之原因、思想定位、事態發展及主體意向、行為的所以然之把握與推論。此一部分依不同情況之因果關係而有：一因一果、一因多果、多因一果、多因多果，近因、中間因、遠因、最後原因，以及原因影響結果的效力等問題。如：大故（充要條件）、小故

（必要條件）。③

4. 預期發展的「會怎樣？」

是指此一現象情境本身或與觀察主體的各種關係（因果、利害、倫理、權利義務關係等）的可能發展，或對事態發展的預期與評估，以確定要如何回應。如：發展經濟會破壞環境，環境破壞到一定程度會導致極端氣候。④

5. 實踐上的「要怎樣？」

是指該現象與觀察者之間的關係所構成的問題要如何解決，如若帶來的好處要如何增加；對造成的困境、威脅提出解決的辦法，付諸實際的行動。此問題也與應該怎麼做，密切相關。

「思想單位」一方面類似對整體思想進行局部的區分，這些部分是有意義的基本單元。另一方面，就思想單位本身來看，它也是承載文字意義或現象意義的形式載體。透過動態思想的運作，可分析出構成「意義世界」的基礎要件，或是在分析整體思想過程中，人們可掌握的一種元件。

「思想單位」為一種後設的思維架構，是人類認知、思維必經的過程與遞演發展層次，可以作為跨領域的分析工具與整合方法。應用在哲學與管理學，也可擴及人文與社會科學彼此理論之間的溝通、了解，並促進不同領域學科思維方式的參照與調整，且能透過各自思想單位的運作，比較、連結、深化跨領域學科的整合性發展。

---

③ 參見本書第六章第一節〈（二）因果推論〉。
④ 參考李賢中：〈先秦邏輯史研究方法探析〉，《哲學與文化》第44卷第6期（總第517期）「中國邏輯史研究方法論」，2017年6月，頁80。內容稍作修正。

二、思想單位在管理學上的運用

　　美國學者道格拉斯・麥克雷戈（Douglas McGregor, 1906-1964）認爲：「成功的管理因素固然繁多，但最重要的莫過於擁有預測及控制人性行爲的能力。」[⑤]從上述這段話可以轉換爲兩個問題，也就是：1.「如何達成成功管理？」及2.「成功管理的重要因素爲何？」。就第一個問題而言，蘊含的答案是：要掌握各種成功管理因素。第二個問題是由第一個問題的答案衍生而出。從思想單位的架構問題來看，「擁有預測及控制人性行爲的能力」包含著「預測」層面，要了解基於人性的行爲在管理現象中「會怎樣」，以及「控制」層面的管理者「要怎樣」。從「成功的管理因素固然繁多」可分析出：「有什麼（有哪些）」成功的管理因素，以及這些因素「是什麼」。從因素的重要性分類，可衍生出次要、主要及最重要因素。其中焦點問題是：「爲什麼擁有預測及控制人性行爲的能力最重要。」如此，就可構成一思想單位中的五個綱領性問題，以做進一步的理路聯繫與意義呈現。

　　在影響被管理者的方法上，麥克雷戈指出以下三方面：首先，社會影響或控制的方法是權威，實施的方式如體罰。其次，社會控制的另一種方法是勸導，其表現形式也多種多樣，如推銷、廣告。還有一種影響方法是來自專業人士的協助，如律師、醫生、建築師、工程師等專業人士的意見。最終，我們判斷一種社會影響或控制方法是否成功，還要看他能否改變對方，以達成自身目標或滿足需求的能力。影響力或控制力之所以能發揮作用，必定是由於組織一方在某種程度上依存於另一方，這種依存或緊密、或疏鬆，或單方、或雙方。如果根本沒有依存關係的存在，也就不能進行控制。也就是說，除非我感到你能影響我滿足自身

[⑤] 道格拉斯・麥克雷戈著，Joel Cutcher-Gershenfeld注釋，韓卉譯：《企業的人性面》，杭州：浙江人民出版社，2017年，頁27。

需求的能力，否則你不可能影響我的行為。[6]任何組織理論的基礎在於「依存關係」，依存關係的強弱會影響控制方式的效用。

此外他也指出：管理角色不是單純不變的，管理關係中存在「角色彈性」，管理角色的彈性具有一定限度。這一限度不但受到管理者自身理論假設和態度的影響，同時也受到員工對其期望的影響。[7]適當的控制不能忽略管理者自身理論假設及態度的適當、合宜性。以下，我們用「思想單位」說明幾種不同的人性理論預設及基於該理論所產生的管理態度。

（一）X理論（強勢管理）假設人是：逃避責任、厭惡工作、不願思考

道格拉斯・麥克雷戈對傳統的管理方式進行分析，提出了X理論。這種理論認為：大多數人天生是懶惰的，他們都希望儘量地減少工作；他們不誠實也不願負責任，是被動和不關心集體的；多數人的個人目標與集體目標是矛盾的。因此，對人的管理必須採用強制的懲罰措施，迫使他們為達到組織目標而工作。以思想單位加以處理：

1. 面對工作時人有什麼表現？人們儘量地逃避工作，不願負責任和不誠實。

2. 人是什麼？人是以自我為中心，懶惰的，厭惡工作，缺乏理想而被動的。

3. 為什麼採取X理論？因為人在工作時逃避責任的消極性，一般人都願意接受監督，因此需要以處罰為手段的「嚴格管理」；[8]才能達成組織目標。

---

⑥ 道格拉斯・麥克雷戈著，Joel Cutcher-Gershenfeld注釋，韓卉譯：《企業的人性面》，杭州：浙江人民出版社，2017年，頁41-43。

⑦ 道格拉斯・麥克雷戈著，Joel Cutcher-Gershenfeld注釋，韓卉譯：《企業的人性面》，杭州：浙江人民出版社，2017年，頁49。

⑧ 道格拉斯・麥克雷戈著，Joel Cutcher-Gershenfeld注釋，韓卉譯：《企業的人性面》，杭州：浙江人民出版社，2017年，頁55-56。

4. 「嚴格管理」會怎樣？根據馬斯洛（Abraham Maslow, 1908-1970）的需求層次理論，[9]這種管理策略只能對於低層次需要未獲滿足的人有效，而對於那些追求自尊、自我實現等高層次需要的人無效。

5. 要怎樣？由於人是自我爲中心，有自利傾向，因此以處罰爲手段的「嚴格管理」之外，還需要以獎賞爲手段的管理；採取兩者折衷爲特徵的「嚴格而公平的管理」，配合所謂「胡蘿蔔加大棒」的動機理論。[10]

（二）Y理論（參與管理）假設人是：接受任務、喜歡挑戰、富有潛力

Y理論，又稱獎勵理論，也由麥克雷戈提出，這是一種與X理論根本對立的管理理論，他認爲此理論與現代社會相適應。主張：人是積極的、能動的和具有責任心的，人並非天生厭惡工作，一般人都是勤奮的，如果環境條件合宜的話，人們的工作就如遊戲和休息一樣，是生活中不可或缺的。[11]該理論認爲，控制與懲罰不是實現組織目標的好方法，人們在執行工作任務中能夠自我指導和自我控制，在正常情況下，一般人不僅樂於接受任務，而且會主動地負起責任。在人群中存在著高

---

[9] 需求層次由低至高爲：（一）生理需求，（二）安全的需求，（三）愛的需求（1954年以後，概念變成「歸屬與愛的需求」），（四）尊重的需求，（五）自我實現的需求。參見三島齊紀著，劉立善翻譯：〈論馬斯洛「自我實現」概念的內涵——以概念的嬗變爲中心〉，遼寧大學日本研究所《日本研究》2012年第3期，頁40-43。

[10] 道格拉斯・麥克雷戈著，Joel Cutcher-Gershenfeld注釋，韓卉譯：《企業的人性面》，杭州：浙江人民出版社，2017年，頁61。

[11] 道格拉斯・麥克雷戈著，杜建芳譯：《企業的人事》，北京：北京理工大學出版社，2015年，頁39。

度的想像力、智力和解決問題的創造性，只要使組織成員在努力實現組織目標的同時，也能夠很好地實現個人的目標，人就可以充分發揮自己的潛能。以思想單位呈現如下：

1. 面對工作時人有什麼表現？當人們物質生活達到一定水準，人們會自願去做使自己感到滿足的工作，並承擔責任。但也會逃避使人感到某種是懲罰的工作。

2. 人是什麼？人是依照自我感覺而調整態度與發揮潛能的工作者。

3. 為什麼採取Y理論？因為人是一個機能性系統，具有整體關聯性及個體選擇性，而不是一個機械的系統，採取Y理論才能達成組織目標。

4. 依照Y理論管理會怎樣？人會依人性內涵，隨環境因素變化與自我感受而調整工作態度。

5. 要怎樣？(1)分權與授權：讓被管理者有權支配自己的活動，並承擔相應的責任，為員工自我實現的需要提供條件。(2)使員工為自己制定指標或目標，並對自己的工作成績做出評價。(3)讓員工和下級參加組織決策及各級管理工作的討論，形成參與式管理。⑫

採取X理論，就會重視各種控制的技巧，包括：告訴人們該做些什麼？確定人們是否在做？以及給予獎勵和懲罰等。由於X理論的假設是人只有被指使才會為組織的成功效力，因此管理者會很自然地關注指揮和控制的技巧。相對而言，Y理論更關心「關係的特徵」，期待由此建

---

⑫ 宋學軍編著：《一次讀完28本管理學經典》，臺北：海鴿文化出版圖書公司，2006年，頁197-199。

立一種環境，鼓勵人們對組織目標做出承諾，同時也提供機會，使人們發揮最大的主動性、天賦及自我指導力等，以達到組織的目標。[13]由管理者的管理態度所表現出來的各種舉措、現象，會形成一種「關係氣氛」的企業文化氛圍。

　　以下再簡述由人際之間的親密關係，以及人與天地萬物整體的關係深化發展的Z與C理論。

（三）Z理論（綜合運用）假設人是：有個性的群體性存在、需親密性以凝聚

　　Z理論，由日裔美籍管理學家威廉・大內（William Ouchi, 1943- ）提出。該理論強調管理中的文化特性，重視人的因素。大內認為，人與人之間的關係既複雜又微妙，微妙性是指企業對員工的不同個性的了解，以便根據各自的個性和特長組成最佳搭檔或團隊，增強工作效率。強迫命令無法產生微妙性，微妙性一旦喪失，勞動生產率就會下降。而個人感情的作用需要親密性，進而使信任和微妙性得到發展，人們相互關心，在員工之間建立一種親密和諧的夥伴關係，集體意識和歸屬感是調動人們積極性、主動性和創造性的基本手段，管理者要努力營造和諧的環境，增進人際關係的親密性，使人們在和諧的氛圍中全面發展，為企業的目標而共同努力。「Z理論式的文化擁有這樣一套獨特的價值觀，其中包括長期雇傭制、信任和親密的個人關係。」[14]以思想單位呈現如下：

---

[13] 道格拉斯・麥克雷戈著，Joel Cutcher-Gershenfeld注釋，韓卉譯：《企業的人性面》，杭州：浙江人民出版社，2017年，頁145。

[14] 威廉・大內著，朱雁斌譯：《Z理論》，北京：機械工業出版社，2019年，頁160。

1. 面對工作時人有什麼？人有集體意識和情感，在相互信任和諧的關係中發揮潛能。

2. 人是什麼？人是具有個性的群體性存在，受文化的影響並藉親密性而凝聚。

3. 為什麼採取Z理論？因為集體意識是個體之自我定位，歸屬感可滿足安定、安全、社交、自尊與受人尊重等多方面的需求，採取Z理論才能達成組織目標。

4. 採取Z理論進行管理會怎樣？使人們在工作上發揮積極性、主動性和創造性，增強工作效率。

5. 要怎樣？(1)維持長期、穩定的雇傭關係。(2)建立上下級之間的融洽關係。(3)長期而全面的考察員工的表現。(4)使組織一體化的整體關係得到發展。[15]

（四）C理論假設人是：內外皆變，應變而變，體現本體價值的存在者

　　C理論是由華裔美籍哲學家成中英教授（Chung-ying Cheng，1935年11月8日－）於二十世紀末提出，所謂C是指中國（China）《易經》（*Change*）的創造性（Creativity）。該理論是以中國文化歷史經驗為背景，以中國哲學思想為基礎，對於現代管理問題所做的思考與回答。「管理」是有目標有組織的行為，從歷史發展上看，可分為文化、科學、哲學管理階段。該理論指出文化管理從個人到社會國家的管理，重倫理性與整體性；科學管理源自人的理性與分析性，只注重經濟發展而欠缺「整體的人」的理念，應綜合文化管理、科學管理而發展至哲學管

---

[15] 參見宋學軍編著：《一次讀完28本管理學經典》，臺北：海鴿文化出版圖書公司，2006年，頁388-395。及威廉・大內著，朱雁斌譯：《Z理論》，北京：機械工業出版社，2019年，頁34-46。

理，將文化與科學、感性與理性、整體與分析通通結合起來。管理系統有：手、腦、心、道四個層次，包含主觀方面的資訊、技術、知識、智慧，及客觀方面的程式、規則、原理、體系方面的研究，經由主客互動提出所謂自覺化的自動化管理。[16]以下從思想單位的問題架構來說明：

1. 人有什麼？人有手、腦、心，有欲望、理智、感情、意志及多方面的潛能。

2. 人是什麼？人是：理性、感性、情性、悟性共構的存在者。[17]

3. 管理爲什麼採取C理論？人是生存在大化流行的天地之間，受各種人事物變化影響的存在者。人性的各方面潛能受各種因素變化而影響，但變化中有其不變的原理，唯C理論具有全面的整合性，可達成人的完滿價值。

4. 以C理論來管理會怎樣？可使人在管理的終極目標定位於：提升人類生活品質，促成人類社會共同進步。追求本體價值、道德價值與功利價值的和諧一致性。[18]

5. 要怎樣？人之四性應平衡發展，相互補充與調和，因時、因

---

[16] 成中英：《C理論──易經管理哲學》，臺北：東大圖書公司，2004年，頁4-15。

[17] 成中英：《C理論──易經管理哲學》，臺北：東大圖書公司，2004年，頁154。

[18] 成中英：《C理論──易經管理哲學》，臺北：東大圖書公司，2004年，頁31-32。「本體價值、道德價值與功利價值三者是相互聯繫的，本體價值是前提，是一切價值的內在基礎，是最高的價值。道德價值則是主體的行爲方式，它是作爲主體的人在對宇宙生命本體取得認識之後所選擇的行爲方式，是人的投入與參與，要全面考慮到人的行爲的動機與效果。而功利價值在其現實的層面上，往往只是考慮行爲的效果。」成中英認爲：「只有把握本體價值，才能把握道德價值；而只有把握道德價值，才能把握功利價值的下限。」

地、因事而制宜。根據《易經》整體性原則、對偶性原則、轉化性原則、應變性原則進行決策、領導、權變、協調與創造，以綜合X、Y、Z等管理學理論。[19]

三、跨域思維架構下的比較與對話

（一）管理學理論間的比較

　　X、Y理論所設定的背景是人在面對工作時的態度，其觀察到的僅為局部現象，X理論將人視為：厭惡工作、逃避責任、消極被動；Y理論則看到：勤奮工作、願意負責、積極主動的一面。由於在初始現象「有什麼」掌握的不同，就會影響該理論對於人「是什麼」判定的不同；其後情境處理：「為什麼」、「會怎樣」、「要怎樣」思路發展出的管理理論、後續效應也會不同。

　　Z理論所設定的背景範圍較大，將人置於傳統文化及群體關係的網路中，Z理論將人視為：在親密和諧夥伴關係中，能相互關心、工作效率高且有創造性的工作者。X、Y、Z理論的管理目標，基本上都定睛於工作效率與工作所能達成的功利性目標。

　　C理論所設定的背景範圍最大，將人置於天地萬物的變化之中，工作只是為達成更高目標過程中的階段性目標，功利價值受到道德價值與本體價值的制約。C理論所觀察到的人：既是理性的，也是感性的，有欲望需要滿足；同時還有情性，懂得感激，更有悟性可以超越自我。[20]

　　由此可見，哲學在跨域研究的方法上，首先，要建立跨領域研究的思維架構，有了此共通的架構才能進行比較。其次，要從社會科學所設

---

[19] 成中英：《C理論──易經管理哲學》，臺北：東大圖書公司，2004年，頁159-160、166、186-189。

[20] 成中英：《C理論──易經管理哲學》，臺北：東大圖書公司，2004年，頁352。

定的背景視域，擴大其範圍，並提升現象中事理的普遍性。其三，在既有的可比性思維架構中，進行中國哲學事理原則的轉化應用；如先秦各家哲學事理普遍性提升，可以在許多社會科學領域發揮交談、對話、互補的作用，進而達成跨領域研究的目標。

所謂跨領域研究的互補作用，我們從上述四種理論的比較可知，X、Y、Z理論，屬社會科學領域，所提出「要怎樣？」的實踐方案較為具體，而C理論的哲學性較強，所提出「要怎樣？」的實踐方案相對抽象，為原則性的論述，並未形成可操作的實務步驟。兩相對比正有可以相互補足之處，促進學科之間的交流發展。

（二）先秦哲學與現代管理學的對話

所謂「管理」，是一種有組織地實現特定目標的活動。依美國管理學家Daniel A. Wren（1932-）的看法，由於人們具有經濟、社會、政治各方面的需求，這些需求必須透過組織的運作才能得以滿足，而組織就必須加以管理。[21]以下從管理的對象、根據、原則、方法、目標簡述先秦各家與管理學相關的課題。

儒家強調人具有德性，是道德的主體，[22]人與人的互動在於以禮相待、以和為貴；個人的道德修養是最佳的自我管理，「己欲立而立人，己欲達而達人」（《論語・雍也》）；內在「道之以德」（《論語・為政》）、外在「齊之以禮」（《論語・為政》），價值原則為「見利思義」（《論語・憲問》），管理的方法為「執經達權」。[23]管理者透過「推己及人」之愛，以達成「修己安人」的管理目標。

---

[21] 宋學軍編著：《一次讀完28本管理學經典》，臺北：海鴿文化出版圖書公司，2006年，頁18。

[22] 勞思光：《新編中國哲學史（一）》，臺北：三民書局，2011年，頁143。

[23] 黎紅雷：《儒家管理哲學》，廣州：廣東高等教育出版社，1993年，頁111-118。

　　道家主張人具有生命力及生命感，是自然情意的主體，[24]人際關係在於以情相感、以道相通；事物的發展相反相成，管理原則在於「無為而無不為」（《老子·37、48章》）的自然管理。管理方法在於順其自然，自由自在、法道而行、化繁為簡、以虛御實，[25]管理的目標在於不執著而能達到管理於無形的超越境界。

　　墨家強調人具有認知推理能力，是理性的主體，人際關係在於理性的溝通、持之有故、言之成理，要有思辨的訓練、邏輯的思考、以理服人。要有寬廣的視野與胸襟，行事原則為「兼相愛、交相利」（《墨子·兼愛下》），基於愛的公正管理；管理方法為兼愛貴義、以身作則、知人善任。[26]其管理目標在於興天下之利，除天下之害。

　　法家韓非子強調人具有欲望，是自利的主體，人人都為自己的好處而趨利避害。因此管理的制度在於嚴格賞罰且具強制性的「法」，管理的技巧在於對下層管理者進行責效、防奸的「術」，管理的權威基於信賞必罰之「勢」；最佳的管理就在於法、術、勢三者的靈活運用，[27]管理的目標在於茁壯組織、富國強兵。

　　由於時代背景的不同，先秦諸子的思想依司馬談〈論六家要旨〉來看皆「務為治者也。」[28]都是在尋求如何治理好國家的方法。從春秋末期到秦國一統天下，各家的治理目標與論述方式也不相同，因此需要化約入共通的思維架構，以進行對話。由於篇幅的限制，以下在思想單位的思維架構下簡論之，並作同一層次之對話與比較，反思古今管理思想

㉔ 勞思光：《新編中國哲學史（一）》，臺北：三民書局，2011年，頁241。

㉕ 柳振群：《老子管理思想研究》，天津：天津古籍出版社，2008年，頁68-78。

㉖ 王讚源：《墨子》，臺北：三民書局，1996年，頁286-291、299-310。

㉗ 李甦平：《韓非》，臺北：東大圖書公司，1998年，頁208-216。

㉘ 《太史公自序》：「『天下一致而百慮，同歸而殊途。』夫陰陽、儒、墨、名、法、道德，此務為治者也。」

的理論融通與互補的可能性。

1. 人有什麼？

儒家強調人具有德性，道家主張人具有生命力及生命感，墨家強調人具有認知推理能力，以及法家韓非子強調人皆有欲望；綜合先秦四家觀點，大致與C理論對於人的看法相近。其中，值得反省的是：「人有什麼」此一探問，不能就平面擷取所得到的現象觀察，而要考慮是在什麼情況下而有的。如：X、Y理論所設定的背景是人在面對工作時的態度，Z理論將人置於傳統文化及群體關係的網路中，而C理論所設定的背景範圍更大，將人置於天地萬物的變化之中。這與孟子見孺子將入於井而有惻隱之心的情境，或荀子見人有爭奪、殘賊、好聲色與好利行為的情境擷取並不相同。亦即在行為表現上「人有什麼」其所被觀察到的現象，必須參酌時代背景因素、思想者的立場、觀點來考慮。

2. 人是什麼？

儒家強調人是道德的，道家強調人是情意的，墨家強調人是理性的，法家強調人是自利的。其中儒家的觀點與Z理論接近，墨家觀點與Y理論接近，韓非的人性自為與X理論接近；道家一方面肯定人的情意性，另一方面也「不以人為中心」進行思考，此與C理論將人置於天地萬物的變化之中，而視人為內外皆變、應變而變、可體現本體價值的存在者，在理論上有更深層的相通。C理論本源自中國哲學，特別是《易經》哲學，《易經》與道家對「人」的看法有異、有同，仍值得進一步探討。

3. 為什麼？

因為道德價值遠高於專業技術價值，儒家主張：「見利思義」的管理價值觀、「執經達權」的管理方法以及「道之以德、齊之以禮」（《論語‧為政》）的內外控制。在孔子看來，「克己」、「修己」是

領導者的自我修養，「安人」（《論語・憲問》）作爲國家管理的最高
目標，一般組織目標無論其爲技術的、盈利的、機能的，由於缺乏更高
的最終目標以資統領，所以常有不能協調，甚至嚴重衝突的現象。儒家
的「安人」對管理者而言就是「克己復禮」（《論語・顏淵》），心安
理得；對被管理者而言也是安心、安全、安定，使組織能夠在穩定中成
長發展。在「安人」這一最高導向層次，蘊含著社會的穩定，以及組織
績效、利潤等其他層次的目標。

　　從道家來看，因爲「反者，道之動」（《老子・四十章》），萬
物變化皆有相對反的一面，既是變化的方向，也在每一變化過程中相反
相成。故道家主張自然而然的管理方法，包括：未雨綢繆──「爲之於
未有，治之於未亂」（《老子・六十四章》），在困難發生之前要能洞
燭先機，事先準備。其次爲化繁爲簡──「圖難於其易，爲大於其細」
（《老子・六十三章》），因爲管理者了解「道」的作用方向與事物發
展的過程，在發展初期就須掌握關鍵因素，從小地方做起。再者，於管
理之表現上無形無跡──「善行無轍跡」（《老子・二十七章》），道
家管理的方式，必須對於被管理者的干擾降至最低，最理想的狀態就是
化有形於無形，好像一種不管之管，組織的運作一切自然而然，以虛御
實，使被管理者在不知不覺中順其自然地達成任務、完成目標。

　　就墨家而言，因爲人應服從天的意志，作正義的事，「天志」也
要求人與人必須彼此相愛，墨家主張在管理上必須：整合大家的思想以
上同於天，因此要：把握「貴義」的經營理念，由賢能者擔任領導人，
修身興利，以身作則。並且在人才的任用上、績效的考核方面，知人善
任，賞罰公平。更重要的是必須以管理的對象爲關愛的對象，不是將員
工當成營利的手段，而是關注員工的物質、心理、精神各方面需要。企
業組織的產品也不能危害社會，重視環保責任。[24]企業組織只是全天下

---

[24] 參考《墨子》中〈天志〉、〈尚同〉、〈貴義〉、〈尚賢〉、〈修身〉等篇。

的組成部分，必須透過兼相愛、交相利的精神，互相合作，達成天下大利之目標。

在法家看來，因為歷史不斷演變，以前的治理辦法未必適合現在，現在人是自私自利的，人人都以自己的福祉優先，所以法家韓非子主張：組織的制度必須有公正性、普及性與強制性，使各級員工了解制度的要求，以及違反制度將會遭受的懲罰，達成各階段目標所能得到的獎勵，使所有員工遵守高效率指標的相關規定，達成目標。面對握有大權的高階主管必須用責效、防奸之術，因為高階主管有更多機會圖謀一己私利。權勢乃落實組織制度執行的力量，必須由最高領導人充分掌握。[30]透過法、術、勢的綜合運用，推動組織的快速發展，超越其他競爭者。

4.會怎樣？

若依照儒家、道家、墨家、法家的管理方法，可以達成安人，能夠成事，可以興天下之公利，能夠超越其他企業，成為第一。當然，若反之，則組織渙散，天下大亂。

5.要怎樣？

就管理目標而言，儒家關注管理者本身的道德素養以及被管理者的道德教化，其「見利思義」的價值原則與C理論強調功利價值不能牴觸道德價值相似。墨家管理目標則關注全天下、全人類的福祉，所謂福祉，就墨家時代背景來看，就是要普遍、平等地滿足人們基本生活的需求。法家韓非子的管理目標與X、Y、Z理論接近，都定睛於工作效率與工作所能達成組織本身的功利性目標。其中，較為特殊的是道家的管理目標，在於順乎自然、「不管而管」的超越境界，乃是在組織運作中

---

[30] 黃光國：《王者之道》，臺北：樂學書局，2000年，頁29-49、107-119、147-159。

順道而行，個人在其崗位上可以自然完成工作的狀態。值得反省的是：設立一個組織、建立組織制度，這組織本身是否合乎「自然」？[31]能否融入整體大自然中？不然，要求被管理者在一違反自然的組織中工作自然，是自相矛盾的。

綜上所述，管理乃是以人為主，管理者是人，被管理者也是人，而人是生存在天地之間、生活在人與人之間，人性的掌握、人際之間的溝通、表達及各種形式的互動，都是「管理」需要探究的層面。透過「思想單位」的思維架構，可有助於我們進行比較與分析。

四、小結

「思想單位」其結構是根據人們共通的認知系統、思想定位系統、關係把握系統、動態預期系統，以及主體的行為實踐系統所構成或大或小的意義單元。其中，每一個系統都與其他的系統有密切的聯繫。古今中外各種現象，經由人的認知、抽象、轉化而產生的理論，皆可以使用這一共通的思維架構進行比較、對話，進而互補、整合，凝聚眾人的智慧解決人類所面臨的問題。

本章透過「思想單位」的共通思維架構，進行多種管理學思想的理論意義單元呈現，並且透過「思想單位」的不同層次進行X、Y、Z、C管理學理論之間的比較。再者，經由思想單位的思路發展模式與情境融合，進行中西管理思想之對話與整合。由於篇幅有限，本章主要目的在展示此一共通思維架構的內容、層次及綱要性問題的展示。因此，對於古今多種管理學理論僅能用極為簡略的方式表達。實際上，「思想單

---

[31] 《道德經‧八十章》：「小國寡民。使有什伯之器而不用；使民重死而不遠徙。雖有舟輿，無所乘之，雖有甲兵，無所陳之。使民復結繩而用之，甘其食，美其服，安其居，樂其俗。鄰國相望，雞犬之聲相聞，民至老死，不相往來。」

位」可以使用於更爲細緻的內外現象進行分析，以處理各種學說。

實際上，在處理各種材料、文本之時，會產生更多更複雜的問題，且此與運用「思想單位」爲研究方法者的詮釋有關，亦即有可能在面對同一文本而有不同的詮釋結果，構作出不完全相同的「思想單位」。如此並不妨礙此一方法的客觀性，基本上任何詮釋方式與詮釋結果的解讀分析，皆與「思想單位」的情境構作、情境處理與情境融合的基本結構、形式相關；也無法脫離從認知、思維（定位、因果、預期）、行爲等脈絡。

當然，「思想單位」也有它的不足之處。通常，一種方法一旦設定出它的形式架構，或構作模式，逐步趨於固定化時，也就限制了在這架構、模式之外的其他要素與研究成果。因此，「思想單位」一方面需要與其他研究方法相互搭配運用；另一方面，使「思想單位」保持一種靈活的變通性也是必要的。「思想單位」的結構與要素看起來是固定的，但是隨著操作者與研究對象的特性而會有不同的作用與成效。[32]「思想單位」此一哲學與管理的思維架構還需要對更多領域的理論進行測試與比較，期待「思想單位」的研發對跨領域研究方法之發展有所助益。

---

[32] 李賢中：〈文本詮釋意義飽沃度與詮釋典範〉，《湖南大學學報》（社會科學版）第35卷，第4期，2021年7月，頁25。

參考文獻

一、古籍

〔先秦〕荀況：〔唐〕楊倞注：《荀子》，上海：上海古籍出版社，1989年。

〔漢〕趙岐注：《十三經注疏八・孟子》，新北：藝文印書館，1989年。

〔漢〕班固：〔唐〕顏師古注：《漢書》，臺北：宏業書局，1972年。

〔漢〕班固：《漢書・藝文志》，北京：國家圖書館，2009年。

〔漢〕劉向集錄：《戰國策》，臺北：里仁書局，1990年。

〔魏〕何晏注：〔宋〕邢昺疏：《十三經注疏八・論語》，新北：藝文印書館，1989年。

〔南朝梁〕陶弘景注：《鬼谷子》，臺北：臺灣商務印書館，1994年。

〔宋〕朱熹集注，〔清〕簡朝亮述疏：《論語集注補證述疏》，北京：北京圖書館出版社，2007年。

〔清〕孫詒讓：《墨子閒詁》，臺北：華正書局，1987年。

〔清〕孫詒讓：《定本墨子閒詁》，臺北：世界書局，1886年。

〔清〕郭慶藩輯：《莊子集釋》，臺北：河洛圖書出版社，1974年。

〔清〕焦循著，沈文倬點校：《孟子正義》，北京：中華書局，1987年。

《荀子》，《四書備要叢書》，臺北：臺灣中華書局，1966年。

《公孫龍子、尸子》，《四部備要・子部》，臺北：臺灣中華書局，1979年。

楊家駱主編：《名家六書・墨經校詮》，臺北：世界書局，1981年。

王啟湘：《公孫龍子校銓》，收入楊家駱主編《名家六書・墨經校詮》，臺北：世界書局，1981年。

王啟湘：《尹文子校銓》，收入楊家駱主編《名家六書・墨經校詮》，
　　臺北：世界書局，1981年。

陳啟天：《增訂韓非子校譯》，臺北：商務印書館，1994年。

二、專書

韋政通：《荀子與古代哲學》，臺北：商務印書館，1992年。

李哲賢：《荀子之名學析論》，臺北：文津出版社，2005年。

周云之：《墨經校注・今譯・研究──墨經邏輯學》，蘭州：甘肅人民
　　出版社，1993年。

周云之：《名辯學論》，瀋陽：遼寧教育出版社，1996年。

溫公頤、崔清田：《中國邏輯史教程》，天津：南開大學出版社，2001年。

勞思光：《新編中國哲學史（一）》，臺北：三民書局，2011年。

譚家健、孫中原譯注：《墨子今注今譯》，北京：商務印書館，2009年。

孫中原：《中國邏輯史（先秦）》，北京：中國人民大學出版社，1987年。

孫中原：《中國邏輯學》，臺北：水牛出版社，1993年。

孫中原：《詭辯與邏輯名篇賞析》，臺北：水牛出版社，1993年。

孫中原：《中國邏輯研究》，北京：商務印書館，2006年。

孫中原主編：《墨學與現代文化》，北京：中國廣播電視出版社，1998年。

孫中原、吳進安、李賢中：《墨翟與《墨子》》，臺北：五南圖書公
　　司，2012年。

李賢中：《先秦名家名實思想探析》，臺北：文史哲出版社，1992年。

李賢中：《墨學──理論與方法》，臺北：揚智文化公司，2003年。

李賢中：《墨子》，香港：中華書局，2014年。

李賢中：《韓非，快逃！》，臺北：三民書局，2016年。

李賢中導讀、題解：《墨子》上（據孫詒讓《墨子閒詁》校改），臺
　　北：五南圖書公司，2020年。

李賢中導讀、題解：《墨子》下（據孫詒讓《墨子閒詁》校改），臺北：五南圖書公司，2020年。

李賢中：《中國哲學研究方法的可能之路》，臺北：國立臺灣大學出版中心，2022年。

傅武光、賴炎元注譯：《新譯韓非子》，臺北：三民書局，1997年。

徐忠良注譯：《新譯尹文子》，臺北：三民書局，1996年。

史次耘注譯：《孟子今註今譯》，臺北：商務印書館，1984年。

溫洪隆注譯：《戰國策新譯》，臺北：三民書局，2008年。

陳瑞麟：《邏輯與思考》，臺北：學富文化公司，2005年。

溫公頤、崔清田主編：《中國邏輯史教程》，天津：南開大學出版社，2001年。

李甦平：《韓非》，臺北：東大圖書公司，1998年。

馬王堆漢墓帛書整理小組編：《戰國縱橫家書》，北京：文物出版社，1976年。

嚴一萍編：《帛書竹簡》，臺北：藝文印書館，1976年。

馬王堆漢墓帛書整理小組編：《馬王堆漢墓帛書》〔參〕，北京：文物出版社，1983年。

吳哲夫、吳昌廉主編：《中華五千年文物集刊——帛書篇一》，新北：中華五千年文物集刊編輯委員會，1984年。

司馬遷：《史記》，韓兆琦注譯，臺北：三民書局，2008年。

房立中主編：《縱橫家全書》，天津：學苑出版社，1995年。

熊憲光：《縱橫家研究》，重慶：重慶出版社，1998年。

黃錦鋐註譯：《莊子》，臺北：三民書局，1978年。

琼琼譯註：《鬼谷子》，太原：書海出版社，2001年。

鄭杰文：《能變善鬥——中國古代縱橫家論》，濟南：山東人民出版社，1995年。

楊儒賓、黃俊傑編：《中國古代思維方式探索》，臺北：正中書局，1996年。

嚴靈峰：《無求備齋選集‧經子叢書第十冊》，臺北：中華書局，1983年。

嚴靈峰：《墨子簡編》，臺北：商務印書館，1995年。

王讚源：《中國法家哲學》，臺北：三民書局，1991年。

王讚源：《墨子》，臺北：東大圖書公司，1996年。

王讚源主編：《墨經正讀》，上海：上海科學技術文獻出版社，2011年。

張曉芒：《先秦辯學法則史論》，北京：中國人民大學出版社，1996年。

張曉芒：《先秦諸子的論辯思想與方法》，北京：人民出版社，2011年。

袁保新：《孟子三辨之學的歷史省察與現代詮釋》，臺北：文津出版社，1992年。

陳孟麟：《墨辯邏輯學新探》，臺北：五南圖書公司，1996年。

徐復觀：《公孫龍子講疏》，臺中：東海大學，1966年。

伍非百：《先秦名學七書》，臺北：洪氏出版社，1984年。

彼得拉比（Raabe, Peter B.）著，陳曉郁、陳文祥、尤淑如、黃渼婷譯：《哲學諮商：理論與實踐》，臺北：五南圖書出版公司，2010年。

劉焜輝：《輔導理論的哲學基礎之研究》，臺北：天馬出版社，1977年。

王叔岷：《王叔岷著作集：莊子校詮（下）》，北京：中華書局，2007年。

崔清田：《顯學重光——近現代的先秦墨家研究》，瀋陽：遼寧教育出版社，1997年。

葉玉麟：《墨子新釋》，臺南：大夏出版社，1988年。

張振東：《西洋哲學導論》，臺北：臺灣學生書局，1978年。

黎紅雷：《儒家管理哲學》，廣州：廣東高等教育出版社，1993年。

柳振群：《老子管理思想研究》，天津：天津古籍出版社，2008年。

黃光國：《王者之道》，臺北：樂學書局，2000年。

成中英：《C理論——易經管理哲學》，臺北：東大圖書公司，2004年。

威廉‧大內著，朱雁斌譯：《Z理論》，北京：機械工業出版社，2019年。

道格拉斯‧麥克雷戈著，Joel Cutcher-Gershenfeld注釋，韓卉譯：《企業的人性面》，杭州：浙江人民出版社，2017年。

道格拉斯‧麥克雷戈著，杜建芳譯：《企業的人事》，北京：北京理工大學出版社，2015年。

宋學軍編著：《一次讀完28本管理學經典》，臺北：海鴿文化出版圖書公司，2006年。

高樹藩編纂：《正中形音義綜合大字典》，臺北：正中書局，1984年。

三、期刊論文

李賢中：〈孟荀辯論觀比較〉，《重慶工學院學報》第22卷第7期（2008年7月），頁24-28。

李賢中：〈《戰國縱橫家書》之蘇秦思維方法探析〉，輔大《哲學論集》第46期（2013年12月），頁1-18。

李賢中：〈荀子尚賢與管理思想探析〉，《孔子研究》2014年第1期（總第141期），頁46-51。

李賢中：〈《荀子》名辯思想探析〉，《臨沂大學學報》2015年第1期（總第182期），2015年1月，頁38-44。

李賢中：〈先秦邏輯史研究方法探析〉，《哲學與文化》第44卷第6期（總第517期）「中國邏輯史研究方法論」，2017年6月，頁71-87。

李賢中：〈墨子推理方法對於孟子的影響〉，《四川大學學報》（哲學社會科學版）2017年第5期（總第212期），2017年9月，頁41-48。

李賢中：〈《戰國縱橫家書》之蘇秦與墨家說服性推理方法之比較〉，《職大學報》2019年第3期（2019年6月），頁7-15。

李賢中：〈從「辯者廿一事」論思想的單位結構及應用〉，《輔仁學志——人文藝術之部》28期（2001年7月），頁79-90。

李賢中：〈墨家說服性推理與哲學諮商〉，《哲學與文化》第44卷第1期（總第512期）「哲學諮商與人文療癒跨領域發展」，2017年1月，頁39-55。

李賢中：〈傳統思想的現代重構與轉化——以墨、荀爲例〉，《哲學與文化》第42卷第3期（總第490期）「中國哲學走向世界的方法論問題」，2015年3月，頁117-140。

李賢中：〈墨家思維方法的發展與應用〉，《職大學報》2021第2期（2021年4月），頁1-7。

李賢中：〈文本詮釋意義飽沃度與詮釋典範〉，《湖南大學學報》（社會科學版）第35卷第4期，2021年7月，頁17-25。

李賢中：〈從先秦思想看定位系統〉，《鵝湖學誌》第69期，2022年12月，頁1-42。

李賢中：〈哲學與管理跨域研究的思維架構〉，《哲學與文化》第46卷第12期（總第580期）「中國哲學與管理跨域思維與實踐」，2022年9月，頁5-22。

楊寬：〈馬王堆帛書《戰國策》的史料價值〉，《文物》第2期（總第225期），1975年，頁26-34。

楊寬：〈戰國中期的合縱連橫戰爭和政治路線鬥爭——再談馬王堆漢墓帛書《戰國策》〉，《文物》第3期（總第226期），1975年，頁1-8。

馬王堆漢墓帛書整理小組：〈馬王堆漢墓帛書《戰國策》釋文〉，《文物》第4期（總第227期），1975年，頁14-26。

馬雍：〈帛書《別本戰國策》各篇的年代和歷史背景〉，《文物》第4期（總第227期），1975年，頁27-40。

王洪波：〈談談《戰國策》的部類歸屬問題和戰國縱橫家的人格精神〉，《遼寧大學學報》（哲社版）2000年第2期，頁10。

三島齊紀（劉立善翻譯）：〈論馬斯洛「自我實現」概念的內涵——以概念的嬗變爲中心〉，遼寧大學日本研究所《日本研究》第3期（2012年9月）。

四、專書論文

李賢中：〈論「同」與「推」——先秦邏輯基本概念探析〉，林正弘主編：《邏輯與哲學》，臺北：學富文化公司，2009年4月，頁565-582。

李賢中：〈論合理性標準在詮釋過程中的作用與限制〉，洪漢鼎、傅永軍主編：《中國詮釋學第13輯》，濟南：山東人民出版社，2016年12月，頁1-17。

李賢中：〈以名家爲參照的《莊子》解釋——論參照系的運用〉，洪漢鼎、傅永軍主編：《中國詮釋學第14輯》，濟南：山東人民出版社，2017年8月，頁71-88。

五、研討會論文

李賢中：〈墨家〈小取〉論「辭」的意義〉。發表於：東吳大學哲學系主辦，第四屆「哲學、符號、敘事」國際工作坊，2012年5月26-27日。

李賢中：〈從名辯觀點與思想單位看先秦儒墨的論辯〉。發表於：香港中文大學哲學系、中國哲學與文化研究中心主辦，「先秦諸子的哲學與交鋒」國際學術會議，2016年12月15-17日。

李賢中：〈中國法家的思維方法與文化影響〉。發表於：嶺南大學校、韓國新韓哲學會主辦，韓國新韓哲學會國際學術研討會，2017年11月4日。

後 記

　　人類理性的覺醒是漸進發展的過程，隨著經驗的不斷累積，反思的持續加深，不同文化傳統的互動、衝擊、回應與調整，人類理性的效能愈發顯著。回顧人類理性整合發展的過程，它並非斷然揚棄舊有不合時宜的部分，而是有機性的與過去保持聯繫地發展，因此探究古代哲學家的思維方法是很有意義的研究工作。在古代，思維方法從許多論辯的材料中可見，論辯的過程中可以分析出古人的推理方式；因此本書主題即「論辯與推理」。先秦時代百家爭鳴，各家各派有他們自己的理念、哲學觀點與思維方式，透過相互的比較，找出相同性、差異性及相關性，進而掌握整個先秦時代的思維方法；這些古代思維方法對於現代的意義，在於能否轉化為現代人可以加以利用的工具。因此，本書的副標題為：「先秦思維方法的對比與轉化」。

　　不論先秦諸子相互間的論辯，或各家對於君王的遊說，都要透過言說、語詞的掌握與表達溝通的技巧，才能達成互相理解或說服的效果。因此本書分別探討：名辯、推理、方法、比較、轉化與應用等課題。其中以「思想單位」擷取意義單元的方法，是從先秦諸子表達的材料，以及現代學者的研究方法所轉化而得。

　　此方法強調的是思維主體、思維內容與思維形式的相關性，雖然有三層次、五綱領問題的架構，但是各形式架構中的內容卻有個別的主觀性。其中，對於認知結果的「有什麼」會影響後續的思想定位與情境處理；其不同的觀點會影響認知者對於事實的掌握，因此我們在比較與我們思想有差異的對象時，首先就要考察對方的「有什麼」與自己的「有什麼」有何不同；再者，就算人我雙方所觀察到的事象相同，但在

選取所要的「事實」上仍然會有差異，這就涉及到情境處理中的「要怎樣」。「要怎樣」一方面受到認知結果（有什麼）、思想定位（是什麼）、因果關係（爲什麼）及預期發展（會怎樣）的影響；但另一方面，「要怎樣」也有影響擷取事實眞相的偏好觀點。也就是「有什麼」、「是什麼」等情境構作，可以在思維過程後導致「要怎樣」的情境處理，但「要怎樣」的主觀意向，也可能在一開始就左右認知特定觀點下的「有什麼」、「是什麼」；這就涉及到人的情感與態度等更複雜的人文層面。因此，「思想單位」是統合思維主體、思維內容與思維形式的思維方法。

「思想單位」是筆者近年來不斷思考、修改、調整、發展、應用的思維方法，雖然其中含有一定的主觀性，但可以透過情境融合的要求逐漸獲得愈發合理的客觀性。其目的在於使人與人之間、群體與群體之間、不同文化傳統之間能相互理解，人類的理性運作能更加互補整合；使認知者能懷有謙虛的態度，尊重那試圖了解的對方。因爲「我」不是「他」，「我們」不是「他們」，我們很難完全掌握對方意義世界中的「有什麼」及其思想單位中的各層面。

作爲哲學的研究者，以「思想單位」方法來分析、重組、理解、詮釋、創思、感悟等精神活動，其終極目標仍然在探求眞理，而非導向相對主義、懷疑論或不可知論等立場。「思想單位」與「眞理」的問題是筆者之後要繼續努力研究的方向。由於本書是筆者近年來在期刊或研討會上，陸續發表論文的彙整，仍然有其整體性，有許多地方前後呼應，許多在後的篇章會引用在前篇章的內容，以交疊的方式呈現，並作進一步引申、應用；如墨家論辯的類推方法以及第三部分的「思想單位」，各章都可有定義、層次結構、主要問題等相關論述，可以看到筆者思想發展的軌跡。其中有些內容雖有重複出現的狀況，基本上已經有所修改，或在注釋中說明各章相關的部分。以下說明各章原本的出處：

第一章　《荀子》名辯思想

　　原題目爲：〈《荀子》名辯思想探析〉。發表於：《臨沂大學學報》2015年第1期（總第182期），2015年1月，頁38-44。

第二章　《墨子‧小取》論「辭」的意義

　　原題目爲：〈墨家〈小取〉論「辭」的意義〉。發表於：東吳大學哲學系主辦，第四屆「哲學、符號、敘事」國際工作坊，2012年5月26-27日。

第三章　論「同」與「推」──先秦推理思維的基本概念

　　原題目爲：〈論「同」與「推」──先秦邏輯基本概念探析〉。發表於：東吳大學哲學系主辦，第三屆邏輯教學學術會議，2008年5月30日。後收錄於論文集：《邏輯與哲學》，臺北：學富文化公司，2009年4月，頁565-582。

第四章　《韓非子》的思維方法

　　原題目爲：〈中國法家的思維方法與文化影響〉。發表於：嶺南大學校、韓國新韓哲學會主辦，韓國新韓哲學會國際學術研討會，2017年11月4日。

第五章　《戰國縱橫家書》之蘇秦思維方法

　　原題目爲：〈《戰國縱橫家書》之蘇秦思維方法探析〉。發表於：輔大《哲學論集》第46期，2013年12月，頁1-18。

第六章　《墨子》與蘇秦論辯方法之比較

　　原題目爲：〈《戰國縱橫家書》之蘇秦與墨家說服性推理方法之比較〉。發表於：《職大學報》2019年第3期，2019年6月，頁7-15。

第七章 《墨子》與《孟子》論辯方法之比較

原題目為：〈墨子推理方法對於孟子的影響〉。發表於：《四川大學學報》（哲學社會科學版）2017年第5期（總212期），2017年9月，頁41-48。

第八章 《孟子》與《荀子》論辯觀之比較

原題目為：〈孟荀辯論觀比較〉。發表於：《重慶工學院學報》第22卷，2008年7月，頁24-28。

第九章 墨家思維方法與思想單位

原題目為：〈墨家思維方法的發展與應用〉。發表於：《職大學報》2021年第2期，2021年4月，頁1-7。

第十章 從名辯觀點與思想單位看先秦儒墨的論辯

原題目為：〈從名辯觀點與思想單位看先秦儒墨的論辯〉。發表於：香港中文大學哲學系、中國哲學與文化研究中心主辦，「先秦諸子的哲學與交鋒」國際學術會議，2016年12月15-17日。

第十一章 墨家說服性推理與哲學諮商

原題目為：〈墨家說服性推理與哲學諮商〉。發表於：《哲學與文化》第44卷第1期（總第512期）「哲學諮商與人文療癒跨領域發展專題」，2017年1月，頁39-55。

第十二章 哲學與管理跨域研究的思維架構

原題目為：〈哲學與管理跨域研究的思維架構〉。發表於：《哲學與文化》第46卷第12期（總第580期）「中國哲學與管理跨域思維與實

踐專題」，2022年9月，頁5-22。該論文爲科技部110年度專題研究計畫研究成果（計畫名稱：哲學與管理學跨域研究的思維架構）110/08/01～111/07/31，計畫編號：MOST 110-2410-H-002-191。

　　能將自己這十幾年來的研究成果有系統地集結成書，是令人愉悅與充滿感恩的事。感謝在許多場國內外研討會中，學者們的批評、挑戰與回饋，使我有機會思考改進之道；感謝許多期刊審查者提供的寶貴意見，使我得以精益求精地修改論文；也感謝許多在東吳、臺大哲學研究所修課的碩、博士生，於課堂上熱烈地提問與討論，讓我深深體會教學相長的喜悅。本書終於付梓，感謝熊偉均博士生研究助理對於初稿的用心整理，以及五南出版社編輯們仔細地校對修正。學術研究是延續性的工作，一個階段的完成正是下一階段的開始。感謝上帝賜我生命，得以「開始」！

李賢中 謹記

於臺大文學院副院長室

2023年6月30日

國家圖書館出版品預行編目(CIP)資料

論辯與推理：先秦思維方法的對比與轉化／李
　賢中著. -- 初版. -- 臺北市：五南圖書出
　版股份有限公司, 2023.11
　面；　公分
　ISBN 978-626-366-706-8(平裝)

1.CST: 先秦哲學　2.CST: 比較研究

121　　　　　　　　　　　　　112017045

1BX1

論辯與推理
──先秦思維方法的對比與轉化

作　　者 ─ 李賢中

發 行 人 ─ 楊榮川

總 經 理 ─ 楊士清

總 編 輯 ─ 楊秀麗

主　　編 ─ 蔡宗沂

特約編輯 ─ 張月嘉

封面設計 ─ 陳亭瑋

出 版 者 ─ 五南圖書出版股份有限公司

地　　址：106臺北市大安區和平東路二段339號4

電　　話：(02)2705-5066　傳　真：(02)2706-

網　　址：https://www.wunan.com.tw

電子郵件：wunan@wunan.com.tw

劃撥帳號：01068953

戶　　名：五南圖書出版股份有限公司

法律顧問　林勝安律師

出版日期　2023年11月初版一刷

定　　價　新臺幣350元

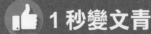

經典永恆・名著常在

五十週年的獻禮 — 經典名著文庫

　　五南，五十年了，半個世紀，人生旅程的一大半，走過來了。
　思索著，邁向百年的未來歷程，能為知識界、文化學術界作些什麼？
　　在速食文化的生態下，有什麼值得讓人雋永品味的？

歷代經典・當今名著，經過時間的洗禮，千錘百鍊，流傳至今，光芒耀人；
　不僅使我們能領悟前人的智慧，同時也增深加廣我們思考的深度與視野。
　　我們決心投入巨資，有計畫的系統梳選，成立「經典名著文庫」，
　　希望收入古今中外思想性的、充滿睿智與獨見的經典、名著。
　　　　　這是一項理想性的、永續性的巨大出版工程。
不在意讀者的眾寡，只考慮它的學術價值，力求完整展現先哲思想的軌跡；
　為知識界開啟一片智慧之窗，營造一座百花綻放的世界文明公園，
　　　　　任君遨遊、取菁吸蜜、嘉惠學子！